GÉOGRAPHIE MATHÉMATIQUE

DE PTOLEMÉE.

It must be obvious to every one, that arts and sciences, when represented only in their more ripened state of improvement, can never communicate a full degree of information, unless at the same time the ruder stages through which they passed before they arrived at that degree of perfection, are minutely traced and known.

Dr Blair, on the rise and progress of Geography, in the beginning.

Descripsit radio notum qui gentibus orbem.

VIRG., ecl. III.

ΚΛΑΥΔΙΟΥ ΠΤΟΛΕΜΑΙΟΥ

ΑΛΕΞΑΝΔΡΕΩΣ

ΠΕΡΙ ΤΗΣ ΓΕΩΓΡΑΦΙΚΗΣ ΥΦΗΓΗΣΕΩΣ

ΒΙΒΛΙΟΝ ΠΡΩΤΟΝ

ΚΑΙ ΤΟΥ ἙΒΔΟΜΟΥ ΕΣΧΑΤΑ.

TRAITÉ DE GÉOGRAPHIE

DE CLAUDE PTOLEMÉE,

D'ALEXANDRIE,

TRADUIT POUR LA PREMIÈRE FOIS, DU GREC EN FRANÇAIS,
SUR LES MANUSCRITS DE LA BIBLIOTHÈQUE DU ROI.

PAR M. L'ABBÉ HALMA,

CHANOINE DE L'ÉGLISE MÉTROPOLITAINE DE PARIS, MEMBRE DE L'ACADÉMIE ROYALE DES SCIENCES ET BELLES-LETTRES DE PRUSSE.

DÉDIÉ AU ROI.

Ptolemée a rendu de grands services à la Géographie, en rassemblant toutes les déterminations de longitude et de latitude des lieux connus, et en jetant les fondemens de la méthode des projections pour la construction des cartes géographiques. LAPLACE, *Exposit. du Syst. du Monde.*

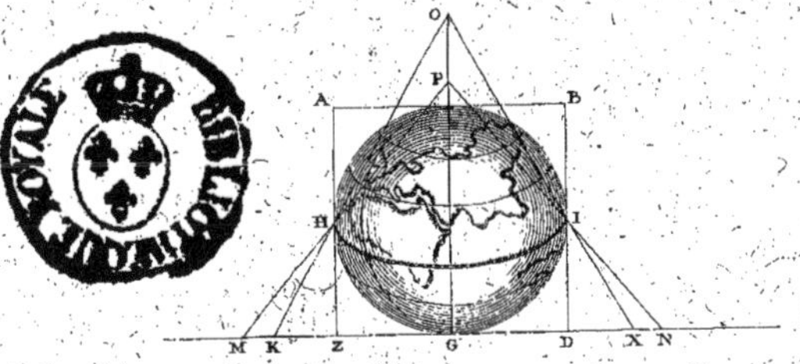

PARIS,

EBERHART, IMPRIMEUR DU COLLÉGE ROYAL DE FRANCE,
RUE DU FOIN SAINT-JACQUES, N° 12.

1828.

AU ROI,

SIRE,

C'étoit peu pour Ptolemée d'avoir expliqué les phénomènes célestes dans son Astronomie; il vouloit encore appliquer l'observation du ciel à la mesure de la terre. C'est ce qu'il a fait dans sa Géographie; composées en grec l'une et l'autre, sous l'empereur Antonin-Pie, et les seules fondées sur la géométrie et le calcul qui nous soient venues des anciens. L'Astronomie, qui n'avoit jamais été interprétée en aucune des langues modernes de l'Europe, a dû sa première publication en langue française au règne de Louis XVIII, qui a daigné, ainsi que V. M. S. en agréer l'hommage. Et la Géographie, que l'Orient et le Midi avoient depuis long-temps traduite en leurs langues, paroît aujourd'hui, pour la première fois, en français, sous les auspices et par la munificence du Roi Charles X.

Je suis,

SIRE,

De VOTRE MAJESTÉ,

Le très-respectueux sujet
et serviteur

HALMA,
Chanoine de la Métropole de Paris, etc.

ERRATA.

P. 6, l. 4, *de bas en haut :* παρακειμενων. Οτι, *lisez*, παρακειμενων ὀτι.
P. 8, l. 3, *de bas en haut :* astronomiques, *lisez*, météoroscopiques.
Ibid. l. 5, *de bas en haut :* μετέωροσκοπιον, *lisez*, μετεωροσκοπικον.
Ibid., l. 2, *de bas en haut :* ενφανιζων, *lisez*, εμφανιζων.
P. 9, l. 19, αννομένων : *lisez*, διαννομένων.
P. 10, l. 16, les mesures fondées, sont exemptes, *lisez*, la mesure fondée est exempte.
P. 13, l. 5, πρὸς τηὺ, *lisez*, προς τον.
Ibid., l. 20, μετεωροσκοπιου, *lisez*, μετεωροσπικου.
Ibid., l. 28, τουτον, *lisez*: τουτου.
P. 17, l. 1, de sa table, *lisez*, dans sa table.
P. 25, l. 29, de cet espace, si l'on comptoit, *lisez*, de cet espace, comme on le verroit, si l'on comptoit.
P. 52, l. 18, du quadran, *lisez*, du quadrans.
Ibid., l. 1, a néanmoins, *lisez*, il a néanmoins.
P. 26, l. 6, mais cela, *lisez*, et cela.
P 32, l. 2, *de bas en haut :* après détours, *ajoutez* d'après ses suppositions.
P. 33, l. 8, *de bas en haut :* ἀφ' ἧς μὲν ἐπὶ, *lisez*, ἀφ' ἧς ἡ μὲν ἐπὶ.
P. 34, l. 17, ajoutant donc aux 60 degrés, *lisez*, ajoutant donc 60[d].
P. 36, l. 5, *de bas en haut :* 29000, *lisez*, 19000. *Ibid.*, note, est, sud-est, *lisez*, sud, sud-est.
P. 38, l. 1, la terre est opposée au midi, *lisez*, il y a une terre opposée vers le midi.
P. 40, l. 14, mais, *lisez*, et.
P. 42, l. 5, *de bas en haut*, après parallèles, *ajoutez :* suivant leur description.
P. 44, l. 7, du royaume de Pont, *lisez*, de la mer de Pont.
Ibid., ch. XVII, l. 4, du grand nombre et de la diversité, *lisez*, du grand nombre, de l'isolement et de la diversité.
P. 48, l. 3 *d'en bas :* συνταξεσιν. Κεχωρισμένως, *lisez* συνταξεσιν, κεχωρισμενως;
P. 68, l. 24, si nous faisons ΘΤ, *lisez*, si nous faisons ce même arc.
Ibid., l. 7, *de bas en haut :* τῇ ΖΚ, *lisez*, την ΖΚ.
P. 79, l. 12, à ΕΟ, *lisez*, à ΑΟ.
P. 80, l. 13, (fig. 4), *lisez*, (fig. 4 et 5); même page, l. 17, δι' ἥ, *lisez*, δι' ἧς.
P. 83, l. 3 et 2, *de bas en haut :* γεκα αι. . . βοδ' τερῳ, *lisez*, Γενηται βορειοτερω.
Ibid., lig. dernière, νητ' μὲν, *lisez*, οἱ μὲν.

PRÉFACE.

Ptolemée, descendant de l'observation du ciel, à la description de la terre, remplit ici l'engagement qu'il a pris dans son Traité d'Astronomie, de donner à part une Géographie fondée sur les observations célestes. « Après avoir enseigné, nous dit cet Astronome géographe, la Méthode de trouver les angles et les arcs en chaque parallèle, j'aurois encore à parler de la position en longitude et en latitude, des villes les plus remarquables de chaque pays, pour servir au calcul des phénomènes célestes vus de ces villes. Mais nous traiterons à part ce sujet intéressant qui appartient à la Géographie ; et nous nous aiderons, pour cet objet, des Mémoires et des Relations des auteurs qui ont écrit sur cette matière. Nous marquerons de combien de degrés, comptés sur son Méridien, le lieu de chaque ville est éloigné de l'équateur ; et en degrés comptés sur l'équateur, la distance orientale ou occidentale de chaque méridien, à celui qui passe par Alexandrie ; car c'est au méridien de cette ville, que nous comparons ceux des autres points de la surface terrestre. Nous dirons seulement ici, comme une conséquence des positions des lieux supposées connues, que toutes les fois que nous nous proposons de savoir, par l'heure que l'on compte dans quelqu'un des lieux donnés, l'heure qu'il est au même instant dans quelqu'autre lieu pour lequel on fait cette recherche, il faut prendre la différence de leurs méridiens en degrés sur l'équateur : autant l'un est plus oriental ou plus occidental que l'autre, autant il faut augmenter ou diminuer de temps équinoxiaux (c'est-à-dire à raison d'une heure pour 15 degrés), l'heure du lieu donné, pour avoir l'heure demandée dans l'autre lieu. »

Le titre que Ptolemée a donné à ce traité, signifie en grec, *énarration géographique*. Ce titre est trop vague, et n'exprime pas assez le caractère distinctif de cette Géographie, d'avec toutes les autres. Celles-ci ne font qu'exposer historiquement ce qui appartient à chaque lieu. Mais celle de Ptolemée, fondée sur les observations célestes, et sur les mesures terrestres qu'elles ont déterminées, est par-là spécialement mathématique en ce qu'elle résulte tout à la fois de l'astronomie, de la géométrie et du calcul.

Ptolemée considérant la terre comme partie intégrante de l'univers dans ses Relations avec les corps qui lui paroissent circuler autour d'elle, assimile les espaces convexes de la surface terrestre aux espaces concaves qui leur correspondent dans la voûte céleste. Il mesure les uns et les autres par la trigonométrie sphérique, et ce premier exemple de triangulation sert encore de modèle aux astronomes et aux géographes de nos jours, qui veulent asseoir leurs démonstrations sur les principes inébranlables des mathématiques. Bien différent de Strabon, qui déclare n'avoir écrit qu'une Géographie historique et politique, où l'on n'a pas besoin, dit-il, de la solution des problêmes de géométrie, qui déterminent les positions relatives des divers points de la terre, Ptolemée fit de ces problêmes mêmes l'objet de son étude, et la base de sa Description géographique.

C'est donc bien à tort que dans la Biographie-Universelle on semble donner la préférence à Strabon sur Ptolemée, en disant que « seul parmi les anciens avec Hérodote et Tacite, Strabon a conçu la Géographie comme une doctrine historique, comme le tableau raisonné de la surface du globe, avec tous les objets de curiosité générale, à une époque donnée; tandis que Pline et Ptolemée dominés par un *faux* systême scientifique, n'y voient qu'une aride nomenclature ou une table de positions astronomiques (1). »

Ce reproche est injuste, et décèle peu de connaissance des vraies bases de la Géographie. Le faux systême de Ptolemée en astronomie n'influe nullement sur la Géographie; car soit que la terre ou le soleil parcoure l'écliptique en un an, soit que la terre tourne en 24 heures sur son axe d'occident en orient, ou tout le ciel d'orient en occident, les distances des lieux terrestres sont toujours mesurées par les arcs correspondans des cercles célestes, dans l'un et dans l'autre systême.

Pline, écrivant une Histoire naturelle, la commence par une exposition succincte des pays alors connus, sans calculs et sans démonstrations; il ne lui en falloit pas davantage pour parler ensuite de leurs habitans, de leurs animaux, de leurs productions naturelles ou industrielles. Il ne convenoit pas à son objet, de raconter les histoires politiques ou les fables propres à chaque localité, ou s'il lui arrive quelquefois d'en parler, c'est avec plus de réserve qu'Hérodote et Strabon. Mais Ptolemée voulant établir son Traité Mathématique de géographie, sur les bases invariables de l'Astronomie, a eu soin d'écarter tout ce qui étoit étranger à son objet. La science Mathé-

(1) Article *Strabon*.

matique, rigide et sévère, n'admet que des démonstrations concluantes, et rejette toute description qui ne mène pas droit au but.

A la vérité, Strabon reconnoît l'utilité des observations astronomiques pour la détermination des positions et des distances des lieux de la surface terrestre. Il dit aussi qu'on y parvient par des tableaux géométriques formés d'après les différences des temps où un même phénomène céleste aura été aperçu de la terre. Mais il soutient que c'est l'affaire du géomètre et non du géographe. Il ne donne ni les règles, ni la méthode de ces tableaux. Il n'est que l'historien de la terre, telle qu'elle étoit connue de son temps; il n'en est pas le géographe, à prendre ce mot dans toute la rigueur de sa signification mathématique. Aussi, sa Géographie n'est-elle qu'une description agréable et variée de l'Empire Romain, avec les mers et les pays environnans, dont il marque les limites en stades ou en lignes tracées sans aucune précision géométrique.

Les rapports des cercles fictifs de la terre avec ceux du ciel, sont constans. Mais l'état politique de la surface terrestre change avec les temps. Les divisions naturelles du globe par les mers, les fleuves, les chaînes de montagnes, leurs températures diverses, leurs animaux indigènes, hommes et brutes, et leurs productions dans les trois règnes de la nature, varient moins que les divisions par empires et par états politiques, qui sont sujettes à toutes les révolutions qui se succèdent sur la surface du globe. Toutefois, elles souffrent aussi des altérations qui, bien que moins fréquentes, n'en sont pas moins réelles. Strabon, avec tous les anciens, attribue l'Egypte à l'Asie, quoiqu'elle n'y tienne que par un isthme très-étroit entre les deux mers qui la séparent de cette partie du monde, et qu'elle fasse corps avec la grande Péninsule de l'Afrique. La raison des anciens étoit que l'Egypte dépendoit de l'Empire d'Orient, et avoit été en perpétuelle relation avec les pays orientaux, dès long-temps avant la conquête d'Alexandre; mais ces relations ne sont qu'accidentelles, et subordonnées aux occasions, et ne sont fondées que sur le commerce et la guerre dont les succès varient sans cesse. La division mathématique, au contraire, établie sur les rapports de la terre avec le ciel, et déterminée par les méridiens et les parallèles tracés d'après les observations célestes, est plus durable que les divisions physiques mêmes, puisque celles-ci éprouvent des changemens causés par des révolutions lentes ou subites de la nature, telles que les transports des mers qui abandonnent des terres pour en couvrir d'autres, les volcans, les tremblemens de terre qui engloutissent des villes, des fleuves et des montagnes, et poussent du fond des eaux, des îles à leur surface. Mais les points du globe terrestre quels qu'ils soient, eau ou terre, conserveront toujours leurs correspondances avec les cercles tracés fictivement dans le ciel, et feront toujours retrouver les anciennes situations relatives, même perdues, des lieux terrestres qui n'existeroient plus que dans l'Histoire. On cherche encore l'emplacement de l'Eden de l'Ecriture, parce qu'il n'a été fixé par aucun astronome; et l'on ne reconnoît celui de l'antique Babylone que par les observations astronomiques faites dans cette ville, conservées par Ptolemée, et comparées avec celles de notre astronome Beauchamp. Et c'est en cela que la Géographie mathématique fondée sur l'Astronomie, est surtout nécessaire aux navigateurs qu'elle guide au travers des mers, et qu'elle conduit aux lieux où ils se proposent d'aborder.

Ptolemée à l'exemple d'Hipparque et d'Eratosthène, cherchant dans le ciel la mesure des distances réelles des lieux de la terre, vit bientôt que les phénomènes célestes seuls pouvoient lui servir à les fixer, en les mesurant par leurs rapports avec les arcs et les points auxquels elles répondent dans la voûte céleste, il a donc repoussé de ses démonstrations tout ce qui étoit superflu. Aussi Mr Gosselin lui rend-il plus de justice dans sa Géographie analysée des Grecs, où il dit :

« Ptolemée entreprit de donner à la Géographie des principes purement astronomiques, et d'écarter de la science la combinaison des mesures itinéraires toujours si incertaine; marchant sur les traces d'Hipparque, il voulut que dorénavant les cartes fussent construites sur des bases sûres et invariables, susceptibles d'être connues et vérifiées par tous les peuples et dans tous les temps. » Ensuite M. Gosselin ajoute que Strabon affectoit d'écarter les calculs rigoureux d'Hipparque, parce qu'il n'en avoit saisi ni l'importance, ni l'utilité. Strabon n'étoit pas géomètre, et Hipparque ne déterminoit les positions des lieux terrestres que d'après les résultats de ses calculs géométriques, qui, en lui donnant les degrés égaux sur tous les grands cercles de la sphère, lui démontroient dans quel rapport ils diminuent sur les petits cercles, à mesure que ceux-ci sont plus éloignés du centre de l'hémisphère. Ce n'est donc pas la combinaison des méthodes astronomiques et géométriques, que M. Gosselin blâme dans la Composition géographique de Ptolemée; mais les erreurs qu'il a commises en appliquant ces méthodes à des récits mensongers de voyageurs, et principalement son évaluation du degré à 500 stades, et les fausses données de noms de lieux sur lesquelles il a trop compté. Strabon avoit déjà exercé contre Hipparque, une critique non moins rigoureuse que celle de M. Gosselin contre Ptolemée. Pour montrer un exemple de celle de Strabon, je ne rapporterai que la préférence qu'il donne à l'estime grossière et à la ressemblance arbitraire de tout pays avec quelque objet à volonté, sur la précision géométrique d'Hipparque :

« La grandeur, dit Strabon, sera suffisamment exprimée, si l'on dit que la terre habitée a pour sa largeur un peu moins de la moitié de sa longueur; et pour la forme, en la comparant à quelque figure géométrique, ou à quelqu'autre chose connue, comme par exemple, la Sicile à un triangle, l'Espagne à un cuir, le Péloponnèse à une feuille de platane. » Voilà certes une belle Géographie et bien utile!

Les premiers géographes, dit encore Strabon, furent Homère, Thalès et Anaximandre qui, au rapport de Diogène Laerce, a composé la première carte géographique; mais on ignore le nom de l'inventeur du premier globe, Strabon dit que ce fut Cratès. Il y eut bien un philosophe de ce nom, contemporain d'Euclide, auteur des Elémens de Géométrie. Mais on ne sait pas si ce fut lui qui construisit le premier globe terrestre.

Rien ne peut avoir acquis à Homère le titre de Géographe, que son Odyssée ou son bouclier d'Achille, qu'on ne prendra jamais pour des descriptions géographiques. Mais l'exemple de ces deux astronomes, à qui la Géographie doit ses premiers pas et ses progrès, par l'application des principes de l'Astronomie et de la Géométrie à cette science, sous la main d'Eratosthène et d'Hipparque, firent sentir à Ptolemée, que c'étoit dans le ciel qu'il falloit chercher la mesure de la terre et des parties de sa surface. Mais que de travaux avant d'y parvenir! Combien de siècles se sont écoulés avant la première tentative! et combien de savans s'y sont occupés avant de pouvoir réussir!

Le véritable père de la Géographie, comme de l'Astronomie qui en est la source, fut Thalès de Milet, si célèbre dans Hérodote, par sa prédiction de l'éclipse de soleil qui empêcha les deux armées des Mèdes et des Lydiens de s'entr'égorger. Il fut le premier qui rassembla des relations de voyages, qui les compara avec le ciel, et qui en conclut la sphérioité de la terre. A son exemple, les philosophes de l'Ecole Ionique, tracèrent sur une sphère les lieux de la terre à leurs distances présumées.

Apollonius dit dans ses Argonautiques, que les Egyptiens avoient des tableaux de la terre et de la mer. Mais ils n'étoient ni assez astronomes, ni assez géographes, pour en tracer qui ne fussent pleins d'erreurs. Car Thalès chez eux leur enseigna à mesurer la hauteur de leurs pyramides, par l'ombre de leur corps, lorsqu'elle lui est égale en grandeur. Aucun des anciens auteurs, ni Strabon, ni Diogène Laerce, ni Hérodote, n'attribue l'invention des cartes géographiques aux Egyptiens, mais bien aux Grecs de l'Asie Mineure et aux navigateurs Phéniciens. Ce n'est donc pas en Egypte qu'il faut aller chercher l'origine de la Géographie, qui se bornoit à des représentations plates de leur pays.

L'homme sauvage ne connoît que le sol qu'il habite; l'homme civilisé s'élance hors du cercle étroit qui limite sa vue. Autant par les conquêtes, que par le commerce, la Géographie s'accrut des découvertes successives qu'elle dut aux guerres et aux voyages. Et recueillies par les hommes savans qui les rédigèrent, et les comparèrent aux aspects du Ciel pour chaque pays nouvellement connu, elles commencèrent à former cet ensemble de science qui a pour objet la connoissance de la surface entière du globe terrestre.

Hudson a rassemblé dans ses *Geographi minores* les fragmens qui nous restent des premiers géographes et des anciens navigateurs. Le périple de Hannon autour de l'Afrique, est regardé par Dodwell, comme une pièce supposée. Athénée, dans ses Dipnosophistes, se moque de ce voyageur carthaginois, comme d'un conteur de fables. Hannon dit qu'il passa le détroit des colonnes d'Hercule, et qu'il entra dans une mer immense où il pénétra à l'ouest. Et au rapport de Pline (Hist. N., liv. 2.), il parvint à l'extrémité de l'Arabie. Cette contrée n'est cependant pas nommée une seule fois dans le périple, où le Hesperum Keras, pointe d'ouest, ne peut pas être le cap de Bonne-Espérance; car celui-ci n'a pas de golfe avec une île, et n'est pas à l'ouest. C'est le cap des Palmes, le plus méridional de l'entrée du golfe de Guinée, au fond duquel Hannon aura vu des femmes aussi sauvages que les hommes. Le Périple ne dit pas qu'il ait été au-delà. Ce Périple finit par les peaux de deux de ces gorgones velues que Hannon écorcha après les avoir tuées, n'ayant pu les emmener vivantes; il les apporta à Carthage; et Pomponius-Méla, renchérissant sur ce fait, ajoute que ces femmes concevoient et enfantoient sans le secours d'aucun homme. Que l'on juge, d'après de pareils contes, de la véracité de tels récits!

A la fin du règne d'Adrien, fut composé un périple du Pont-Euxin, par Arrien qui a écrit l'histoire de l'expédition d'Alexandre en Asie, et M. Gosselin, dans ses recherches géographiques, en réunissant au périple de Hannon, qu'il a commenté et traduit dans toute son étendue, le périple de Scylax, celui de Polybe jusques-là négligé, et les tables de Ptolemée auxquelles s'étoient presqu'exclusivement attachés les auteurs des cartes géographiques, a réduit à l'espace de deux cent quatorze lieues marines, les courses immenses de douze à quinze cents de ces lieues, que les savans prêtoient si complaisamment au navigateur carthaginois; et il a montré que les connoissances des anciens ne se sont jamais étendues dans ces parages, au-delà du cap Bojador, terme du voyage de Hannon. « Quant à l'époque de ce voyage, tous conviennent qu'elle ne dépasse pas le sixième siècle avant Jésus-Christ, et plusieurs ne la fixent qu'au troisième. »

Pour ce qui est du périple de Scylax, M. Letronne a prouvé dans le journal des Savans (mai 1826), que ce n'est qu'une compilation de divers voyages faits en différens temps, et que le compilateur de tous ces morceaux assez mal digérés n'a pas dû être antérieur à l'âge d'Hérodote. Si l'on considère d'ailleurs que tous ces périples écrits en grec, et dont nous n'avons aucun original en langue punique ou phénicienne, ne représentent la Géographie que dans l'état où elle étoit lorsque la langue grecque dominoit dans toute l'Asie antérieure, on conclura qu'ils sont peu croyables, et même peu authentiques.

Aristote qui avoit écrit que la rondeur de l'ombre de la terre sur la lune dans les éclipses de cet astre, prouve la sphéricité de notre globe, et qui avoit observé deux occultations de la planète de Mars, rapporte aussi la méthode des philosophes grecs, de mesurer la terre par la grandeur de l'arc céleste compris entre les zénits de deux lieux terrestres d'où ils concluoient celle de l'espace qui séparoit ces lieux, et la circonférence entière, par conséquent, comme par la différence des hauteurs d'une même étoile fixe, pour deux points différens de la surface terrestre, ils trouvoient au moyen de leur distance mesurée, la mesure du globe. Ce fut sur ces fondemens, qu'il décrivit toutes les villes de la Grèce, et les pays voisins; et Eratosthène porta ensuite ces anciennes méthodes des Grecs en Egypte.

« Cléomède nous raconte, dit M. Delambre dans son Astronomie, qu'Eratosthène s'étoit transporté à Syène pour s'assurer de la distance solsticiale du soleil au zénit, et la comparer à celle qu'il avoit observée à Alexandrie, avec l'instrument de Gnomonique, appelé *scaphè*, comme si Eratosthène, qui avoit placé les Armilles à Alexandrie, avoit pu se contenter de ce moyen grossier quand il en avoit d'autres à sa disposition. Mais le livre de Cléomède

(1) Cicer. de finib. D. laert. v. 2.

ressemble à certains traités de Cosmographie, composés pour le commun des lecteurs, par un homme instruit, à la vérité, mais qui n'a que des idées superficielles d'Astronomie. Eratosthène savoit qu'à Syène, le jour du solstice, à midi, un puits étoit éclairé jusqu'au fond, et que les édifices les plus élevés ne jettoient aucune ombre. Le soleil étoit donc au zénit du puits. Mais au même moment, à Alexandrie (à 5000 stades au nord de Syène), il voyoit le soleil à la distance de 7 degrés 12', ou de la 50e partie des 360 degrés de la circonférence. Il croyoit Alexandrie et Syène sous le même méridien. 5000 stades, selon lui, étoient donc la 50e partie de la circonférence terrestre, qui par conséquent étoit de 250000 stades. » (1)

« Posidonius, venu cent ans après Hipparque, indiqua une autre méthode, beaucoup plus simple suivant Cléomède, mais dans la réalité, beaucoup moins précise. Il supposa Rhodes et Alexandrie sous le même méridien. L'erreur étoit au moins d'un degré et demi, la distance en ligne droite étoit estimée de 5000 stades, comme celle d'Alexandrie à Syène. Canobus, belle étoile du vaisseau, est invisible en Grèce; à Rhodes, on la voit paroître un instant au méridien, tout-à-fait à l'horizon. Cette même étoile, lui dit-on, s'élevoit à Alexandrie, d'un quart de signe, ou de 7 degrés 30', ou de la 48e partie du méridien. 5000 stades, selon ce calcul, étant la 48e partie du méridien, le degré sera de 666,666 stades; il négligeoit la réfraction de Canobus, ce qui faisoit une erreur de 29 minutes. Sans parler de l'incertitude des 5000 stades d'Alexandrie à Syène, sur le récit des voyageurs,.... on sait que ces calculs sont fondés sur les données les plus incertaines.. Car ces mesures n'étant pas corrigées de la parallaxe ni de la réfraction, elles sont fautives et d'ailleurs très-peu exactes par la fausse supposition de l'identité du méridien. »

Il est vrai que Ptolemée dit qu'il n'est pas nécessaire que les deux lieux soient sous le même méridien, et qu'il suffit que l'on connoisse leur inclinaison au méridien. « *Géométriquement*, dit M. Delambre, *il a raison, mais l'observation n'est pas facile.* » (2)

Si l'on divise les 250000 stades d'Eratosthène, et les 240000 de Posidonius, par 360, on trouvera pour la valeur du degré en stades, 690 $\frac{4}{9}$ selon le premier de ces deux géomètres, et 660 $\frac{2}{3}$ selon le second. En nombres ronds, ce seroit 700 et 670, dont le moyen terme est 685. M. Delambre trouve 625 après les corrections de la parallaxe et de la réfraction. Ptolemée faisait la

(1) Délambre, abrégé d'Astronomie.
(2) Id. voyez la note.

circonférence terrestre, de 180000 stades, avec le degré de 500 stades, compte certainement en stades plus forts de $\frac{2}{7}$, que le stade de 700 au degré. En multipliant les 690 $\frac{4}{9}$ d'Eratosthène, par 360, on trouvera 248560 stades pour la circonférence terrestre. La différence d'avec 250000, est 1440. M. Gosselin a déjà remarqué qu'en estimant le degré de 700 stades, Eratosthène devoit trouver 252000 stades, au lieu de 250000. Il y a donc apparence qu'Eratosthène, ayant égard à la fraction $\frac{4}{9}$, aura soustrait des 252000 stades, les 2000 stades qui manquent au produit juste de 700 par 360, et il aura négligé de tenir compte de la différence de 1440 à 2000, qui n'est en effet que de 560 en moins sur 252000, ainsi on peut admettre l'évaluation de 250000 par Eratosthène, comme approchée à moins de $\frac{1}{450}$ près, au lieu de le chicaner sur les 2000 de plus ou de moins. Au reste, ni sa mesure de la terre, ni celle de Posidonius, par cela même qu'elles sont erronées, ne peuvent nous donner une connoissance exacte du stade, qui varioit selon les différentes contrées où cette espèce de mesure étoit usitée. »

Ainsi parle M. Delambre. Le silence de Ptolemée, sur cette question, donne lieu de croire qu'en adoptant la sphéricité de la terre, comme il le dit expressément dans son Astronomie, et en donnant 500 stades à chacun des 180 degrés comptés sur l'équateur, depuis les îles Fortunées jusqu'à l'extrémité la plus orientale des terres connues dans notre hémisphère, ses 180000 stades feroient environ 20 stades pour chacune de nos lieues moyennes.

Enfin, Hipparque est le seul, dit Ptolemée, qui ait marqué la hauteur du pôle, pour quelques villes situées sous un même méridien. Mais la plupart des distances, tant du nord au sud, que de l'est à l'ouest, étoient estimées grossièrement par les voyageurs, moins encore par incapacité absolue, puisqu'ils avoient le bon esprit d'estimer les distances terrestres par les hauteurs du pôle et par les différences des temps des levers et des couchers des astres, que parce qu'ils manquoient de moyens pour les bien déterminer. Car ce n'est que sur une simple relation de voyage, qu'une éclipse vue à Arbèle, à cinq heures, est dite avoir été observée à Carthage, à deux heures seulement; ce qui ne donnoit qu'imparfaitement la distance de ces deux villes de l'est à l'ouest, en temps équinoxial.

La méthode de déterminer les longitudes et les latitudes des lieux terrestres par les arcs célestes, quoiqu'introduite par Hipparque, n'a pourtant été employée ni par Strabon, ni par Vitruve, ni par Pline, dans leurs ouvrages où ils n'ont désigné les positions relatives d'aucun lieu terrestre en degrés et minutes d'arcs de cercle.

Si nous ne pouvons refuser à Hipparque la gloire de l'invention de cette méthode, nous ne saurions non plus, sans injustice, ne pas voir dans Ptolemée, l'auteur de la première construction géométrique des cartes de Géographie, qui a depuis été si variée et si bien démontrée ; toutefois, quelle différence encore entre sa représentation graphique du monde tel qu'il étoit connu de son temps, et la belle mappemonde que l'anglais Arrowsmith a publiée de nos jours.

Il est vrai pourtant que Ptolemée a pu puiser dans les écrits d'Hipparque, le tracé en plan de la surface sphérique de la terre, d'après les longitudes et les latitudes de ses points divers astronomiquement déterminées.

Mais il est vrai aussi qu'avant Ptolemée, nous ne trouvons dans toute l'antiquité aucune trace d'un tableau graphique, où la courbure de la terre ait été réduite à un plan par des lignes géométriques qui conservassent entr'elles et dans les angles de leurs intersections, les mêmes rapports qu'ont entr'eux les méridiens et les parallèles qui s'entrecoupent mutuellement sur la sphère.

La première carte dont l'histoire fasse mention, est celle où, selon Eustathe, dans son Commentaire sur le περιηγησις de Denis, Sésostris fit représenter ses conquêtes. Mais les choses incroyables qu'Hérodote raconte de ce roi fabuleux, nous autorisent à douter de la vérité de cette anecdote ; et fût-elle vraie, cette carte ne pouvoit être tout au plus qu'une indication topographique des distances en lignes droites, et des directions des chemins, plus mauvaise encore que la fameuse carte dite de Pentinger, bien postérieure, puisque celle-ci est du temps des Théodoses, et par conséquent de deux siècles après Ptolemée.

La carte de la Grèce, par Anaximandre, dont parle Strabon, n'étoit guères qu'un tableau de cette espèce, quoique Diogène Laerce le fasse auteur d'une sphère et d'une mesure de la circonférence terrestre. Car Eratosthène est après Aristote le premier qui ait abordé cette dernière question si importante pour la Géographie.

Un fait bien plus certain, et qui nous fera mieux juger de la forme de ces cartes antiques, c'est celle qu'Aristagoras de Milet présenta à Cléomène, roi de Sparte, pour l'engager à aller attaquer le roi de Perse, dans Suse même, cinq siècles avant notre ère. Hérodote dit que cette carte contenoit le tour de la terre et de la mer avec tous les fleuves. Mais tous ces grands mots se réduisent aux pays qui entourent la mer de Grèce, la mer Pontique, la mer Ionique, et celle qui baigne les côtes de l'Asie Mineure, de la Syrie, de la Phénicie, de l'Egypte, et de la Libye avec ses contrées voisines et les îles depuis la grande Grèce, jusqu'à la Perse. Cette carte n'étoit donc qu'un plan itinéraire semblable à celui que les deux ingénieurs grecs Bæton et Diognète dressoient par ordre d'Alexandre, pour lui rendre compte du nombre des milles parcourus en chaque jour de marche par son armée.

La meilleure preuve de la construction imparfaite des anciennes cartes de Géographie, tant de celles de Néarque et d'Onésicrite, commandants de la flotte d'Alexandre, réduites, dit Pline, par le géographe Juba, que de celles de Patrocle, amiral des flottes de Séleucus et d'Antiochus roi de Syrie, c'est l'imperfection de la carte composée par Eratosthène même sous le règne de Ptolemée. Cette imperfection a été reconnue par Hipparque, qui, dans sa critique de la Géographie d'Eratosthène, lui a opposé l'autorité des deux géomètres Mégasthène et Denys, envoyés dans l'Inde par Ptolemée Philadelphe, pour les progrès de la Géographie.

Pline rapporte les mesures prises par Diognète et Bæton, des espaces parcourus par Alexandre-le-Grand, et il ajoute qu'Onésicrite, commandant de la flotte de ce prince, navigua le long des côtes de l'Inde, d'où il rentra dans le golfe Persique, et qu'il donna à ce prince une description de la Taprobane. Mais Strabon, accusant Onésicrite d'avoir mêlé bien des fables à ses relations, n'est guères moins exempt de ce reproche lui-même, quand il écrit, d'après Patrocle, qu'Alexandre avoit parcouru toutes les contrées dont les savans lui donnoient des descriptions.

C'est donc à Eratosthène que la géographie proprement dite commence, et Pline l'assure en disant (l. II, c. 108.), qu'Eratosthène donnoit deux cent cinquante mille stades de tour à la terre. Strabon ajoute qu'il composa trois livres sur la Géographie qui ne nous sont point parvenus. Il relevoit dans le premier les erreurs des auteurs qui l'avoient précédé, et les fautes de leur mappemonde; il corrigeoit dans le second, l'ancienne Géographie, et il rapportoit dans le troisième, les observations nouvelles qui servoient de bases à ses corrections.

Sa mesure de la circonférence de la terre, conclue de la comparaison d'un arc du méridien terrestre à l'arc semblable du méridien céleste correspondant, outre la fausse supposition de l'identité du méridien pour les deux lieux séparés par l'arc terrestre, contenoit plusieurs autres causes d'erreurs que M. Gosselin a démontrées dans ses recherches sur les connoissances géographiques des anciens. Mais l'opération d'Eratosthène étoit un trait de lumière. Et Hipparque, la soumettant à sa Trigonométrie sphérique, devint par ce fait même le créateur de la véritable Géographie.

En supposant un méridien commun à trois lieux comparés par Eratosthène, et vû le peu d'exactitude dans la mesure d'un nombre de minutes qui excèdent les sept degrés entiers de l'intervalle entre le zénit d'Alexandrie et le tropique d'été à Syène, et les onze de Rhodes à cette dernière ville, soit que ces distances eussent été mesurées par la différence des ombres solsticiales du gnomon, ou par l'armille dont le plan auroit été placé dans celui de ce prétendu méridien commun, les fautes commises dans la mesure des deux distances itinéraires correspondantes aux deux arcs célestes, s'opposoient nécessairement à une juste comparaison de ces deux élémens d'une exacte mesure de la grandeur de la terre. Aussi la grande différence des résultats obtenus par ces deux géomètres-astronomes prouve bien que l'usage de leur méthode, quoique bonne en elle même, n'avoit pas eu plus de succès entre leurs mains, que n'en pouvoient obtenir les Chaldéens par leur impossible hypothèse d'un homme qui, marchant avec le soleil d'un pas toujours égal pendant un jour de 24 heures, feroit 300 stades purs comme le soleil, ce qui répond, dit M. Delambre, à 59' 8", qui est le chemin du soleil sur son cercle. Le diamètre de cet astre étant d'environ 30 minutes, les Chaldéens, (1) selon Achille Tatius, partageoient l'heure en 30 parties; une heure équinoxiale répondant à 15 degrés parcourus par le soleil, la 30e partie de 15 degrés fait un demi-degré ou les 30 minutes du diamètre du soleil, et les 300 stades multipliés par 365 jours produisent 109500 stades. Or, ajoute M. Delambre, « 100 stades feront le chemin de 8 heures, et $12\frac{1}{2}$ le chemin d'une heure ou une lieue ». Divisant donc 109500 par $12\frac{1}{2}$, on trouveroit environ 8760 lieues avec la fraction décimale récurrente 0,837 pour la circonférence de la terre. Ces 8760,837 seroient donc presque égales à 109500 stades, la lieue de France étant estimée de $12\frac{1}{2}$ stades. « Voilà, dit M. Delambre, encore un stade dont on n'a encore tiré aucun parti » (1).

Cependant M. Letronne s'emparant, depuis, de cette discussion sur le stade d'Achille-Tatius, l'a commentée, et en a tiré un parti très-avantageux, dans un mémoire qu'il a lu à l'Académie des Inscriptions. Mais il n'a pas dissipé les ténèbres qui nous cachent toujours la véritable valeur du stade.

On voit par ce passage qu'il y en avoit de différentes longueurs, puisque le stade olympique étoit estimé de 500 pas : mais quelle étoit chez les anciens la longueur du pas? c'est sur quoi on dispute encore autant que sur celle du stade. Kœler prétend avec Mannert que tous les stades étoient égaux. M. Ideler, dans la table suivante qui expose les rapports du stade aux mesures inférieures de longueur, mesurant le stade sur le nombre des pieds qu'il contient, lui donne 600 pieds, et il fait le pied égal à 12 doigts.

(1) Petav. uranolog.
(2) Hist. de l'Astron. anc. v. 1. p. 214.

Σταδιον. . . .	1								stade.
Πλεθρον. . . .	6	1							pléthre.
Οργυια. . . .	100	16 ⅔	1						orgyie.
Πηχυς.	400	66 ⅔	4	1					coudée.
Πους.	600	100	6	1 ½	1				pied.
Σπιθαμη. . . .	800	135 ⅓	8	2	1 ½	1			spithame.
Παλαιστη . . .	2400	400	24	6	4	3	1		palaiste.
Δακτυλος. . .	9000	600	96	24	16	12	4	1	doigt.

Mais cette estime ne fait qu'augmenter l'incertitude de la véritable longueur du stade supposé uniforme dans toute la Grèce, ou de ses différentes valeurs en divers temps et en diverses contrées de ce pays. Car il dit que la longueur du pied et celle du doigt, sont prises l'une de la longueur du pied d'un homme fait, et l'autre de l'épaisseur de son doigt. Mais le pied humain n'est pas égal chez tous les hommes, ni la largeur du pouce la même en tous. Car notre pied-de-roi, que l'on croit égal en longueur au pied de Charlemagne, est bien différent de la longueur ordinaire du pied humain. Eginhart témoigne que Charlemagne étoit à la vérité de belle taille, mais n'excédoit pas une juste grandeur. Eginhart devoit bien le savoir, lui qui étoit secrétaire de ce grand prince. Si Charlemagne eût eu six de nos pieds de hauteur, et que son pied fût la septième partie de sa taille, il faudroit que le pied de ce temps n'eût été que de 10 ⁶⁄₇ de nos pouces actuels. Cette longueur est celle du pied romain à très-peu près; ce qui montre que cette mesure romaine étoit alors usitée dans la Gaule ou France occidentale, ainsi nommée par distinction d'avec la Germanie appelée alors France orientale. Ainsi le pied romain étant la septième partie de la stature de Charlemagne, ce prince avoit donc six de nos pieds de roi de hauteur.

On ne trouve dans toute l'antiquité aucun étalon de longueur fixe, auquel on puisse comparer toutes les autres, pour en connoître les rapports, comme nous avons aujourd'hui dans la valeur d'un degré moyen du méridien, mesuré par l'abbé Delacaille, Delambre et autres membres de l'Académie des Sciences, une mesure commune et invariable prise dans la nature même, et à laquelle on peut rapporter toutes les mesures usuelles, itinéraires et autres qu'on retrouveroit par cette valeur, si celles-ci venoient à se perdre.

La raison principale, alléguée par quelques auteurs, de l'uniformité du stade dans toute la Grèce, est que les écrivains grecs qui ont parlé des mesures, ont dû réduire au stade olympique de 600 pas, tous les autres stades des divers états de la Grèce, et même les parasanges des Perses. Mais les états de la Grèce étoient entr'eux, comme sont aujourd'hui dans leurs relations réciproques, les états chrétiens de l'Europe. Et cependant, quelle différence entre le pied-de-roi français, et le pied anglais, ou le pied romain, ou le pied du Rhin? On ne peut donc rien conclure de la prétendue valeur du stade ni du pas, ni du pied olympique, pour la détermination précise et rigoureuse de la circonférence terrestre en stades. Car Aulugelle dit qu'Hercule mesura le stade avec ses pieds: en ce cas le pas étoit de $\frac{600}{125} = 4,8$ pieds : mais encore une fois quelle étoit la valeur du pied? tous ces passages où les auteurs ne s'accordent pas, et où la Fable est mêlée à l'Histoire, ne nous apprennent donc rien, et ne sont d'aucune valeur dans un traité de géographie mathématique. C'est donc avec raison que le célèbre Delambre dit, à ce sujet, avec Ptolemée, dans l'abrégé que l'astronome français a fait des premiers chapitres de la Géographie:

« Les mesures géodésiques ne suffisent pas encore, il faut les comparer » aux arcs célestes auxquels elles correspondent. Pour bien placer un lieu » sur la terre, il en faut connoître la latitude et l'angle au pôle entre son » méridien et celui d'un lieu déjà connu. La mesure en stades seroit moins » indispensable; les arcs célestes donneroient du moins le rapport de l'arc » compris entre deux lieux, à la circonférence de la terre. Mais la longueur » des degrés en stades étant connue, l'arc terrestre donnera l'arc céleste » correspondant, et réciproquement. En effet, la terre est sphérique; elle » n'est qu'un point en comparaison de la sphère céleste. L'arc de distance » entre deux lieux, est toujours un arc de grand cercle, et cet arc est la mesure de l'angle au centre de la terre.

» *Nos prédécesseurs*, dit Ptolemée, *pour déterminer le rapport des distances* » *à la circonférence entière du grand cercle, ont exigé que l'arc mesuré dans* » *une direction constante fût tout entier dans un méridien; observant aux sciotères la position des zénits de deux lieux, ils en ont conclu l'arc du méridien* » *compris entre les deux. Mais nous avons montré que l'arc terrestre pouvoit* » *se mesurer dans le plan d'un grand cercle quelconque, pourvu qu'à l'observation de la hauteur du pôle aux deux extrémités de l'arc, on joignît celle de* » *l'angle au zénit entre cet arc et le méridien de l'un des deux lieux. Nous* » *avons enseigné la construction d'un instrument propre à ce genre d'observations. Outre beaucoup d'autres usages importans, cet instrument peut servir* » *à prendre chaque nuit la hauteur du pôle, et à toute heure la position de la* » *méridienne et les angles azimutaux. Par ces moyens, on peut encore connaître l'angle au pôle entre les deux méridiens, ou, ce qui revient au même,* » *l'arc de l'équateur qui mesure cet angle. Il nous suffit donc d'un arc mesuré* » *dans une direction quelconque, pour trouver le nombre de stades de la circonférence entière.*

» Tout ce que dit ici Ptolemée, est géométriquement vrai ; mais, dans la » pratique, le moyen seroit à la fois et plus long et plus incertain : à moins » que l'arc mesuré ne fût d'une petitesse extrême, les deux stations seroient » invisibles l'une pour l'autre; on ne pourroit juger de la direction que par » celle du commencement de l'arc. Il faudroit déterminer l'angle avec la plus » grande exactitude, ce qui n'est jamais aisé, et l'étoit bien moins encore » pour les anciens; il faudroit être bien sûr qu'on ne s'est pas écarté de la » ligne, ce qui n'est pas non plus si facile qu'on le pense.

» Le calcul trigonométrique n'est pas bien long, mais un peu indirect. Le » triangle à résoudre est dans le cas douteux; il est vrai qu'on ne peut guère » s'y tromper ».

Entre Hipparque, le véritable auteur de la géographie mathématique, mais dont nous n'avons pas les ouvrages, et Ptolemée son imitateur, se trouve Strabon, le plus célèbre des Grecs qui ont traité la géographie plutôt en historiens qu'en géomètres. Sa description de la terre connue est un trésor de connoissances pour le temps où il vivoit, sous l'empereur Auguste; et je m'abstiendrai d'en rien dire de plus après ce qu'en a dit le savant et judicieux M. Gosselin. Ainsi Ptolemée, venu après Hipparque et Strabon, trouva la science différemment traitée par ces deux auteurs; et comme géomètre et comme astronome, il embrassa la méthode du premier. Quoique venu après Strabon, Ptolemée n'a parlé ni de lui ni de son livre, au lieu qu'il s'étend beaucoup sur les méthodes d'Hipparque et de Marin. C'est que préférant, en géomètre, l'utile à l'agréable, il trouvoit plus de science pratique applicable à la géographie, dans les ouvrages de ces deux auteurs, que dans l'exposé historique des contrées et des lieux, qui composoient l'empire romain. Ptolemée a écrit sa géographie pour les astronomes et les navigateurs, et non, comme Strabon, pour des gens curieux et désœuvrés.

Dans le premier de ses huit livres, Ptolemée remarque, sous le rapport mathématique, les défauts des cartes géographiques publiées avant lui; et il expose les méthodes à suivre pour en dresser de meilleures. Les six livres suivans comptent environ 8000 noms de lieux terrestres alors connus, avec les longitudes et latitudes de chacun exprimées en degrés et minutes, de même que pour les sources, les bouches et les courbures les plus considérables de plusieurs grands fleuves. Ces noms ne sont accompagnés de notes très-courtes que pour moins d'une centaine de points des extrémités de la terre. Une revue synoptique de ce qui précède, termine le septième livre, avec le plan d'une construction de la sphère terrestre, et quelques traces des nouvelles découvertes faites dans l'Inde et sur l'une et l'autre côte d'Afrique. Enfin, le huitième livre démontre la nécessité de représenter l'ensemble des parties de la surface du globe terrestre sur un nombre suffisant de cartes particulières, et il donne le moyen d'y parvenir, le plus convenable à cet objet. Il en décrit dix pour l'Europe, quatre pour l'Afrique, et douze pour l'Asie. Le dessin de ces cartes est basé sur la durée respective du plus long jour de 350 villes ou d'autres points principaux, déterminée avec le plus de certitude possible par des observations effectives, d'où l'on concluoit aisément les latitudes.

Les livres intermédiaires contiennent des tables de longitude des lieux par estime d'après leur distance présumée relativement aux îles Fortunées ; et un degré de l'équateur y est évalué de $12\frac{1}{2}$ milles géographiques, et, par conséquent, d'un sixième trop petit. Mais, dans le huitième livre, les longitudes de lieux sont calculées sur la distance respective de leurs méridiens à celui d'Alexandrie. Toutes les latitudes y sont estimées d'après les hauteurs du pôle observées pour 350 villes. Elles reposent donc, ainsi que les longitudes, sur des calculs et des estimes prises par conjectures.

Nonobstant sa sécheresse, ce livre est plus riche en ce genre de déterminations, qu'aucun de ceux des géographes grecs et latins. Dans les contrées même les plus éloignées dont il parle, il ne laisse voir ni lacune ni interruption. L'Arabie et l'Inde présentent proportionnellement un aussi grand nombre de noms, que les pays alors les plus connus, et chaque lieu, chaque point indiqué, est accompagné de son degré de longitude et de latitude. Théon ou plutôt Ptolemée lui-même, n'a fait que l'abréger dans ses Tables manuelles.

Cet avantage est malheureusement trop balancé par l'obscurité profonde qui dérobe presque toutes les démonstrations géométriques de ce livre à l'intelligence du lecteur, ce qui le rendoit de nul usage dans les lieux où l'on ne pouvoit pas y suppléer par des explications plus claires. Dès les premiers mots d'une série presqu'infinie de questions, dont la solution est renvoyée à un terme inconnu, ce livre, encore peu consulté, fait pourtant espérer plus de lumières, quoiqu'on l'ait privé de tout le jour qu'il pouvoit recevoir de plus d'exactitude dans ses transcriptions par les copistes grecs et les interprètes latins. L'ignorance de ces deux sortes de gens, en matière de géométrie, leur a fait intervertir les lettres indicatives dans les figures des constructions graphiques, et Werner et Regiomontan même n'ont fait qu'y apporter plus d'obscurité encore par leurs inutiles efforts pour en dissiper les ténèbres. J'y ai remédié en substituant, dans ma Traduction, ce qui m'a paru manquer dans le texte, tant pour le discours que pour les lettres indicatives. Il en est résulté que les figures et leurs démonstrations, en devenant plus intelligibles, sont devenues aussi plus susceptibles d'une explication fondée sur les procédés des géographes modernes.

Quant aux noms des villes, dont quelques auteurs sont étonnés que Ptolemée ait été si bien-instruit, nul autre ancien n'en montre un plus grand nombre. « Gatterer et d'autres avoient déjà trouvé l'origine tyrienne de ce trésor, dit Brehmer, quand Mannert, dans sa Géographie, en a donné les preuves les plus incontestables. Du milieu de ces régions éloignées, dont les Géographes ne racontoient que des fables, et dont ils ne citoient que des noms mutilés ou falsifiés, s'élève avec gloire ce catalogue unique de noms de peuples, de villes, de fleuves, de montagnes, que Ptolemée, vivant au bord de l'Égypte, séparé des autres contrées par des mers et des déserts de sables brûlans, a consignés dans son écrit avec tant de connoissance, que Cellarius n'a pu s'empêcher de témoigner son admiration et son étonnement de trouver tant de science dans un seul homme, et dans un temps où régnoit une ignorance si générale en cette matière.

Étienne de Byzance (vers l'an 500 de notre ère) nous surprend par la remarque qu'il fait, d'après Ptolemée, que l'Arabie est de toutes les régions la mieux cultivée. Le nombre des noms de lieux sur les trois côtes de cette péninsule monte jusqu'à 64, et à 108 dans l'intérieur de ses déserts de sable. Plusieurs peuvent n'avoir été que des stations de repos pour les caravanes qui traversoient ces vastes solitudes. On y voit jusqu'à 20 points où l'on connoissoit la durée du plus long jour par de bonnes observations, et aujourd'hui, comme avant Ptolemée, nous sommes moins riches en antiquités géographiques sur cette vaste contrée, si ce n'est peut-être depuis sa description par Niehuhr.

Les géographes grecs, venus après Ptolemée, se contentent, pour l'île de Ceylan, de nous donner son nom ancien de Taprobane. Mais Ptolemée y compte cinquante noms de lieux, et y nomme vingt villes. Il compte même 19 des 1378 îles Maldives et Lakedives. Dans l'Inde, il ouvre un nouveau monde, et tandis que Strabon n'y nomme que cinq villes, Ptolemée y détermine la position de près de 270 lieux, et y marque la durée du plus long jour pour 39 villes, en y nommant un nombre considérable de fleuves et de rivières.

Le nord de l'Asie est toujours resté inconnu aux Grecs et aux Romains. Le géographe d'Alexandrie, au contraire, y marque les bouches du Wolga; il connoît le grand détour de ce fleuve, et son rapprochement du Don, par lequel il marque qu'on alloit de l'un à l'autre, ses deux bras boréaux, ainsi que les sources du Wolga et du Cama. L'Ural, et divers petits fleuves des côtes de la mer Caspienne, deux même de l'intérieur des Steppes, sur le chemin du nord de la Chine, nous sont connus par son livre; cette immense étendue de terre y paroît même habitée. Et le quatrième volume de la géographie de Maunert est presque tout entier rempli des données de ce livre, dont il est par là le plus digne éloge.

Ptolemée se montre plus ferme et plus fourni encore de connoissances géographiques dans le nord de l'Europe, si couvert de tenèbres pour les géographes grecs et latins. Il y montre, entre le Don et la Vistule, plusieurs nations connues à l'est de ce dernier fleuve; il en nomme quatre autres qui se jettent dans la mer Baltique; à l'ouest, quatorze peuplades et quinze lieux jusqu'à la Chersonnèse Cimbrique, dans laquelle même se voient huit noms de peuples, et presque autant dans la Scandinavie. L'Écosse et l'Irlande restoient toujours fermées aux Romains, maîtres pourtant d'Albion depuis 200 ans. Mais Ptolemée semble, par les détails qu'il en donne, les avoir parcourues comme l'Inde et l'Arabie. Et ainsi, dans son ouvrage, on découvre plus d'exactitude dans les noms, plus de notions certaines, qu'il n'a jamais pû en recevoir des Grecs et des Romains.

Le premier et le dernier livre paroissent avoir été principalement composés sur le Modèle des *mémoires de Marin* pour les remplacer. Ptolemée y retrécit trop la largeur donnée par son devancier à la partie habitée de l'Afrique australe, ainsi que les longitudes déterminées dans l'Inde par le géographe Tyrien. Mais il corrige les positions fixées par Marin pour plusieurs villes, et il rectifie en douze lignes les limites de divers pays. Toutefois on lui reproche de n'avoir pas connu le principal mérite des cartes originales de Tyr, en ce qu'il ne dit pas un mot des routes des caravanes, qui, pourtant, s'y découvrent par la série des noms de lieux, disposés suivant leurs situations géographiques.

« Il est visible, par le premier chapitre, qui traite de la différence des cartes géographiques et des chorographiques, que Ptolemée en hérita de ces deux espèces, venues de Tyr jusqu'à lui. Il n'a donné que la carte générale du monde connu, assujettie à la projection stéréographique qu'il imagina pour le représenter sur un plan. Ses disciples et ses successeurs l'imitèrent en s'y restreignant comme lui; du moins, on ne voit pas qu'il ait exécuté d'autres cartes que celle de sa projection, puisqu'il ne parle que d'elle seule. » (Brehmer, *Entdeckungen im alterthum*).

Strabon, à l'exemple d'Hipparque et d'Ératosthène, prenoit, pour point fixe de sa mappemonde, l'intersection de deux lignes droites qui étoient censées se couper à Rhodes à angles droits. Mais au contraire d'Hipparque, qui courboit les méridiens et les parallèles, Strabon les trace en lignes droites, ce qui rend sa carte, de peu de distance en latitude, extrêmement défectueuse, attendu qu'elle n'est que le développement de la surface convexe d'un cylindre d'une hauteur égale au diamètre de sa base. Ainsi, les distances sur les parallèles, qui sont de petits cercles de la sphère, y sont égales aux distances de mêmes nombres de degrés sur l'équateur, quoique les degrés des parallèles décroissent en raison des cosinus de leurs latitudes.

Ptolemée évita ce défaut dans sa construction graphique, et profitant des erreurs de ses prédécesseurs, il les corrigea par une sorte de projection, optique et géométrique tout à la fois, de ce qui lui étoit connu de la surface terrestre. Elle lui a mérité le suffrage du célèbre Lagrange, qui, dans un mémoire sur les projections géographiques, confirme les angles droits formés par les intersections des méridiens et des parallèles, tous circulaires sur le plan de projection comme sur la sphère.

Le docteur Koeler, recteur du gymnase de Detmold, dit que, « pour représenter les méridiens, il y avoit deux moyens : celui de Strabon, qui étoit de les faire concourir aux pôles en forme de lignes droites, menées du sommet à la base d'un cône ; ou celui de Ptolemée, de les figurer en arcs de cercles. » Le premier de ces deux moyens donneroit à la mappemonde la figure d'un lozange, qui est la section faite, d'un des angles solides d'un octaëdre symétrique, à l'angle solide opposé, par un plan passant par le centre des bases des deux pyramides quadrangulaires apposées l'une contre l'autre ; mais dont les deux diagonales seroient inégales, et dont les côtés et les angles opposés seroient égaux. L'œil répondroit perpendiculairement au point d'intersection de ces deux diagonales, dont l'une seroit le méridien qui passeroit par le centre de la carte, et dont l'autre seroit l'équateur ; et les parallèles y seroient coupés assez en raison de leurs cosinus. Le second moyen donneroit à la mappemonde une forme circulaire où le méridien du milieu seroit une ligne droite, et où le parallèle mitoyen, seroit un arc de cercle qui paroîtroit être l'équateur : projection qui résulte de la section de la sphère, par un cône droit, que forment les rayons visuels qui la traversent pour aller projeter sur un plan tangent qui est la base du cône, les méridiens et les parallèles en arcs de cercles, dont la concavité est tournée vers le centre. C'est ce dont il est aisé de se convaincre, en inclinant antérieurement le pôle boréal de l'équateur d'un globe artificiel, de sorte que le point de vue tombe sur le tropique boréal.

Cette projection est bien différente de celle de Marin de Tyr, qui montre les méridiens tracés en lignes droites parallèles, censées ne se réunir aux pôles qu'à une distance infinie, comme dans la projection orthographique; et les parallèles en lignes droites également, et à des distances qui donnent à sa mappemonde la figure d'un parallélogramme rectangle, comme sont les cartes marines ou hydrographiques, avec cette différence que le rapport des latitudes aux longitudes, à mesure que les parallèles s'éloignent de l'équateur, n'y est pas conservé par les parties croissantes des méridiens en raison des sécantes de latitude.

Ptolemée prend pour parallèle moyen de la zône terrestre habitée, celui de Syène; et il fait passer le méridien du milieu de cette zône par l'île Tylos, aujourd'hui Bahrein, dans le golfe Persique. Il incline le pôle boréal d'une sphère terrestre, d'environ 66 degrés au dessus du plan de l'horizon, et il suppose qu'un cône de rayons lumineux, dont le sommet est vertical au-dessus du 66e degré de latitude nord de l'hémisphère postérieur, traverse la sphère, et va peindre les demi-cercles de cette sphère, par les extrémités de ces rayons, sur un plan horizontal tangent au 66e degré de latitude australe de l'hémisphère antérieur. Dans cette position de la sphère, le spectateur voit sur l'hémisphère antérieur tous les cercles parallèles tourner leur concavité vers le pôle boréal incliné; et tous les méridiens, à l'exception de celui du milieu, dans le plan duquel est l'œil, tourner leur concavité vers ce méridien qui paroît au spectateur en ligne droite perpendiculaire sur le plan horizontal tangent, sur lequel les mêmes apparences se montrent, tant pour les parallèles, que pour les méridiens.

Telle est la supposition sur laquelle Ptolemée a établi la projection de la zône terrestre habitée connue de son temps. Et le point central de sa mappemonde est l'île de Tylos, dans laquelle passent le parallèle moyen, qui est le cercle tropique d'été, et le méridien du milieu, en se croisant à 90 degrés de longitude orientale, comptés du premier méridien, qui est celui des îles Fortunées ou Hespérides, et à 23 degrés 50 minutes de latitude boréale.

Il eût mieux convenu que Ptolemée prît, pour parallèle moyen, celui de sa ville grecque d'Alexandrie, sur la côte boréale d'Égypte, à 31 $\frac{1}{2}$ degrés de latitude boréale. Il eût été à très-peu près moyen entre l'équateur et le parallèle de Thulé, l'Islande d'aujourd'hui, à 63 degrés Nord. Il eût encore mieux fait de choisir le parallèle de Rhodes à 36 degrés nord, comme d'abord il semble le faire avec Hipparque, pour moyen entre l'équateur et le 72e degré, latitude du Cap-Nord, ou de l'une de ses îles, que plusieurs regardent comme l'*Ultima Thule* de Virgile. Mais Danville trouve que la Thulé de Ptolemée est une des îles Schetland, au nord des Orcades, quoiqu'elles ne soient pas au 63e degré, mais bien les îles Danoises de Faroë, ou la Norwège, qui seroient ainsi la Thulé de Ptolemée. Ses variations, à l'égard du parallèle moyen, montrent qu'il étoit assez indécis entre Hipparque pour Rhodes, où il dit qu'avoient été exécutées les meilleures observations célestes, et la plupart des mesures terrestres, et Ératosthène pour Syène. Toutefois, Syène l'a emporté dans ses cartes et dans ses démonstrations géométriques.

A l'exemple de Werner et de Regiomontan, qui ne se sont attachés qu'au premier livre et à la fin du septième, je n'ai formé cette première partie de l'édition que je publie, que de ces deux morceaux de la Géographie de Ptolemée (1), et j'ai composé la seconde, du huitième livre, qui devroit faire le second de cette Géographie. Car ce huitième contient l'annonce du contenu des cartes, et ces cartes devant accompagner les tables des longitudes et des latitudes, d'après lesquelles elles sont dressées, il est naturel que ces cartes et ces tables suivent les chapitres qui contiennent le discours qui leur sert de préliminaire, et les démonstrations qui en sont les fondemens, plutôt que de les précéder. J'ai ajouté à la seconde partie, les tables des îles britanniques, avec la traduction de l'anglais du Dr Blair sur l'origine et les progrès de la Géographie.

La même confusion se fait sentir dans les figures, toutes fort maltraitées par les copistes. La première semble n'admettre que le parallèle de Rhodes pour celui qui tient le milieu entre les parallèles extrêmes. Aussi M. Delambre dit-il que la démonstration n'en peut servir que pour ce parallèle. Dans les autres figures, au contraire, quoique fondées sur la supposition de la première, le parallèle moyen est celui de Syène. Je donne, dans les notes qui terminent le texte, quelques éclaircissemens sur ces démonstrations, et je renvoie aux explications que M. Delambre en a publiées dans son analyse de cette Géographie.

La figure géométrique du frontispice de ce volume est le type de la projection stéréographique de la sphère sur le plan tangent, où se terminent les lignes droites divergentes du cône visuel qui traverse et embrasse la sphère supposée transparente et inscrite dans un cylindre transparent. J'y ai tracé les parallèles et les méridiens en lignes circulaires, d'après la démonstration qu'en donnent les géomètres. La vignette de la seconde partie est

(1) Suivant l'avis de M. Letronne, dans un des journaux des savants de 1816.

le lozange de Strabon, section dont j'ai déjà parlé, de l'octaèdre symmétrique, de laquelle la surface substituée à celle de la sphère, présenteroit en relief les méridiens et les parallèles, dans les mêmes rapports, que sur le plan de cette section.

La démonstration de ces constructions géométriques n'est ni claire, ni bien exacte dans le texte grec de Ptolemée, et encore moins dans celui de ses interprètes latins. Le grec est si altéré dans les manuscrits et les imprimés, qu'on n'y reconnoît pas même la description mécanique de sa mappemonde, et beaucoup moins encore dans la seconde démonstration linéaire qu'il y ajoute; c'est bien pis encore pour sa projection plane de la sphère armillaire. M. Delambre avoue qu'il est impossible d'y rien comprendre. J'y ai suppléé par une interprétation plus claire que celle des versions latines.

Quoique Ptolemée se soit appliqué à démontrer les principes mathématiques des mesures terrestres par les arcs célestes correspondans, quoiqu'il ait exposé la méthode de sa projection, quoique Théon l'un de ses successeurs dans l'école d'Alexandrie, le reconnoisse pour l'auteur de cette géographie, dans son commentaire sur l'astronomie de cet auteur; on a néanmoins voulu lui disputer l'honneur de l'avoir composée, on lui a même disputé les cartes géographiques, comme n'étant que de l'ingénieur Agathodæmon, mécanicien d'Alexandrie, qui effectivement les a dessinées, mais conformément aux prescriptions de Ptolemée. On a objecté que si cet astronome en étoit l'auteur, il auroit compté les longitudes sur ces cartes, non depuis le méridien des Iles Fortunées, comme elles y sont présentées, mais depuis le méridien d'Alexandrie, comme il l'annonce au commencement de son traité d'astronomie. Enfin, dit-on, pourquoi les nombreux climats de son Astronomie depuis l'équateur jusqu'au 63e degré de latitude boréale, seroient-ils réduits à un moindre nombre dans sa Géographie, si ce dernier ouvrage étoit de Ptolemée?

Le Docteur Brehmer l'a disculpé de cette triple accusation. Il veut que les longitudes comptées d'Alexandrie, ayent été ramenées à celles que l'on compte depuis les Iles Fortunées; et c'est en effet ce qu'on voit par le chapitre V du septième livre, où la longitude de l'extrémité orientale de la terre connue, et celle de l'extrémité occidentale sont comptées du méridien d'Alexandrie. Dans notre usage actuel, par la distinction des longitudes orientales d'avec les longitudes occidentales, nous comptons les unes et les autres depuis le méridien de l'Ile de Fer, l'une des Fortunées;

et nous réduisons aisément en nombre équivalent de degrés comptés depuis un méridien fixe quelconque, les degrés pris comme parties d'un hémisphère de 180 degrés, ou comme parties des 360 de la sphère entière, de même, Ptolemée pour établir une uniformité constante dans le calcul de ses longitudes, les a toutes rapportées aux Iles Fortunées, ou Canaries, d'où nous avons continué depuis à les compter comme lui.

Pour les climats de la géographie, ils ne peuvent pas être en même nombre que ceux de l'astronomie, puisque la géographie ne les compte que jusqu'au 63e degré de latitude, et que l'astronomie compte deux climats entre celui dont le parallèle passe par le golfe Adulitique, et celui qui a son parallèle passant par Syène : au lieu que la géographie ne fait qu'un seul climat des trois d'Adulis, de Méroë et des Nabatéens, et un seul encore des trois des Nabatéens, de Syène et de Ptolémaïs, en prenant pour parallèles moyens, ceux qui passent par Méroë et par Syène; ce qui réduit les quarante climats de l'Almageste aux vingt-un de la Géographie. Mais on peut aisément ramener les uns aux autres, et cette différence dans le nombre des climats de l'Almageste et de la Géographie montre bien l'origine phénicienne de la mappemonde que Ptolemée a copiée de celle des Tyriens qu'il nomme, et qu'on prétend lui avoir été inconnus. Ils lui furent transmis, selon le même savant, par les Tyriens qui voyageoient dans l'intérieur des pays; et l'imputation même qu'on lui fait d'avoir rempli ses tables de longitudes et de latitudes, de noms inconnus au temps où il vivoit, et qui se retrouvent sur ces cartes, est une preuve du soin qu'a eu l'ingénieur, de les modeler sur les données de l'astronome, d'après celles des Tyriens.

Alexandre n'avoit ruiné Tyr, que pour en transporter le commerce dans la ville qu'il fondoit à la bouche occidentale du Nil. Alexandrie et Rhodes profitèrent de la chute du commerce des Phéniciens, et des connoissances géographiques que leur avoient acquises leurs navigations jusques sur les bords de l'Océan occidental. Leurs voyages dans l'intérieur des pays où ils pénétroient, les mettoient à même de s'informer auprès des indigènes, des localités particulières, et d'en prendre des notes qui à leur retour servoient à composer les cartes qu'on distribuoit ensuite à chaque navigateur Tyrien. Elles passèrent à Alexandrie après la destruction de Tyr, et nous voyons en effet que toutes les cartes particulières de Ptolemée, ne sont que des portions de sa mappemonde, qui n'est elle-même que la carte générale de tous les pays où Tyr étendoit son commerce plusieurs siècles avant le temps d'Alexandre. Nous avons la preuve de ces voyages maritimes des Tyriens, dans ceux que les vaisseaux de

Salomon faisoient avec les flottes d'Hiram, roi de Tyr, son allié, jusqu'en *Ophir* et *Tharsis*. Ces deux noms ne se lisant ni dans Ptolemée, ni dans Strabon, je renvoie à une des notes suivantes, une dissertation qui seroit ici hors d'œuvre, sur les pays désignés par ces noms dans nos livres sacrés.

Maintenant, passons à une inculpation assez grave que M. Gossellin dirige contre Ptolemée. Il lui suppose une triple répétition dans sa description de l'Afrique, en prétendant qu'il présente jusqu'à trois fois une même côte occidentale de cette péninsule sous différens noms des mêmes lieux « dont les indications nominales ou géographiques ont, dit M. Gossellin, extrêmement varié dans les diverses relations des voyageurs, et dans la suite des temps : ce qui est cause, ajoute M. Gossellin, que l'on attribue à Ptolemée et aux autres anciens, une connoissance bien plus étendue de cette côte, du nord au midi, qu'ils n'avoient effectivement ».

Je n'entrerai dans aucune discussion à cet égard. Je me contenterai d'observer que M. Gossellin avoue que les Carthaginois, et les Tyriens par conséquent comme plus anciens, naviguoient au-delà du détroit des Colonnes d'Hercule, plusieurs siècles avant les Grecs, dont *Bœtis*, selon Hérodote, fut le premier qui le franchit, poussé par les vents jusqu'à Tartesse. Or Carthage fut bâtie dans le 9e siècle avant notre ère, Tyr par conséquent envoyoit ses vaisseaux dans l'Océan atlantique bien avant cette époque. Les noms de lieux, qu'ils rapportoient de la côte occidentale d'Afrique à Tyr, se conservoient dans cette ville, sans être communiqués aux Grecs, qui n'en eurent connoissance que depuis la ruine de Tyr par Alexandre. Il n'est donc pas étonnant que ni Strabon, ni Pline, ne parlent de ces noms. Le même intérêt de commerce exclusif, qui avoit empêché les Tyriens et les Carthaginois d'en faire part aux Grecs de leur temps, défendoit aussi aux Alexandrins de les faire connoître aux Romains, qu'ils regardoient comme leurs oppresseurs. M. Gossellin dit que la seule idée confuse que les anciens Grecs en aient pû avoir, se rattache aux Gorgones, qu'Hésiode place sur les bords occidentaux des régions hespérides de l'Afrique, ce qui a beaucoup de rapport aux Gorilles ou Guénons du Périple de Hannon sur ces mêmes côtes. Hésiode, contemporain d'Homère, vivoit deux ou trois siècles après la prise de Troye, détruite 13 siècles avant notre ère; il est donc bien naturel que ces noms se soient altérés parmi les navigateurs d'une nation étrangère dans un si long espace de temps, surtout des noms de lieux où peu de personnes alloient, et aussi très-rarement. Les Tyriens ne conservèrent que les noms les plus anciens, tels qu'ils les avoient reçus d'abord, ils les transmirent aux Grecs d'Alexandrie qui les copièrent sur ces anciennes traditions, et les navigations de Tyr et de Carthage ayant cessé par la destruction de ces deux villes, Ptolemée reçut des archives de Tyr transportées à Alexandrie, les noms des pays plus austraux, anciennement visités, et depuis nullement fréquentés. La fable de ces femelles de singes, produisant sans le concours des mâles, ne doit pas faire conclure que Hannon n'ait pas voyagé jusques-là; et moins encore, que les anciens Tyriens n'y soient jamais allés. Marmol, dans sa description de l'Afrique, reconnoît Agizymba dans Zimbaoë près de Sofala, jusqu'où, selon lui, s'étendoit de l'Ouest à l'Est l'Agizymba de Ptolemée : opinion confirmée par Dapper qui assure que l'Anghizyrimba du royaume de Batta ou Butua, comme Marmol l'appelle, est l'Agizymba ancien dans le Congo. Sénéque rapporte que Marseille envoya Euthymène dans l'Océan du Sud aux côtes occidentales de l'Afrique, comme elle envoyoit Pythéas dans l'Océan du Nord, à la découverte de nouvelles terres. Et la tradition obscure des anciens voyages des Tyriens jusqu'en Guinée, dont Ptolemée retrouvoit le souvenir confus dans Marin, est peut-être la cause du désordre que M. Gossellin nomme une répétition des pays de cette côte.

René Bougainville, en effet, a montré dans deux mémoires de l'académie des inscriptions, que Hannon avoit navigué jusqu'aux côtes du golfe de Guinée, quoique ni Danville, ni M. Gossellin, ne soient de cet avis. Tyr et Carthage s'étoient relevées de leurs ruines. Leur marine s'étoit rétablie, et leurs vaisseaux avoient repris leur commerce sur l'Océan et la Méditerranée, au temps où nous lisons dans les Actes des Apôtres (1), que des disciples de S. Paul allèrent par mer, de Patare à Tyr, d'où ils se rendirent à Césarée. Et S. Augustin nous dit, dans ses Confessions, qu'il apprit à Carthage l'astronomie qui est le fondement de la géographie et de l'art nautique. Tyr et Carthage et leurs navigations étoient donc rétablies. Rhodes et Alexandrie rivalisèrent avec ces fameuses villes maritimes, et bientôt les surpassèrent. Hipparque à Rhodes corrigea les erreurs d'Eratosthène; et Ptolemée à Alexandrie, celles de Marin de Tyr. Il composa, des erreurs des uns, en les rectifiant, et des données exactes des autres, en les adoptant, cette géographie, qui a été pendant près de quinze siècles le seul guide des voyageurs, des historiens et des géographes eux-mêmes.

(1) S. Luc étoit de ce voyage, car Sulpice Sévère, dans son Hist. Sacr., et S. Jérôme dans ses *Scriptor. Ecclesiast.* disent que S. Luc est l'auteur de ces actes; et cet auteur, sans se nommer, y parle en première personne du plurier, ἐπλέομεν εἰς Συρίαν, καὶ κατήχθημεν εἰς Τύρον. ...
Act. Ap. C. XXI. v. 3,

*d

Aussi, jamais livre n'a été plus souvent traduit, commenté, publié, étendu et augmenté, que cette géographie. L'intérêt du commerce la fit étudier, et la découverte des Indes occidentales qui aggrandissoit le monde, fit ajouter ce nouveau continent à l'ancien, même à la suite de celui que Ptolemée avoit décrit comme unique.

Erasme fut le premier éditeur du texte grec de cette Géographie. Il le fit imprimer à Bâle en 1533, sans cartes et dans le format in-quarto : il remercie dans sa Préface latine adressée au médecin Théobald Fettich, ce Docteur, de lui avoir prêté le manuscrit qui lui a servi pour cette première édition, qu'il date de Fribourg en Brisgaw.

Le Géographe Hondius de Wackern en Flandre, rapporte dans son édition de la version latine de la Géographie de Ptolemée par Gerard Mercator de Rupelmonde, que la première traduction latine moderne sans le texte grec de cet ouvrage est due à Jacques Angeli, Angelo ou Angiolo, qui la dédia en 1409, au Pape Alexandre V. Elle passa ensuite au Cardinal Cusa qui la corrigea; et après la mort de ce savant prélat, à l'Archevêque électeur de Trèves, Jacques d'Eltz, de qui Hondius la reçut. Elle fut imprimée à Vicence en 1475 par Hermann Lichtenstein de Cologne, quinze ans après l'édition des cartes géographiques de Ptolemée, par Mercator. Celle-ci fut suivie de l'édition latine d'Ulm, in-folio, en 1482, et d'une autre dans la même ville en 1486. Il en parut, ajoute Hondius, une autre édition latine à Rome, en 1490, peut-être celle de ce Hermann, car Hondius dit que ce fut Helman de Cologne qui la lui donna ; à celles-ci succédèrent, en 1506 celle de Montanus avec le grec, à Amsterdam, et en 1508, l'édition de Rome par le moine Marc de Bénévent, et celle de Venise en 1511, par J. Cotta de Vérone. En 1525 parut à Strasbourg celle de Bilibald Pirckheimer avec les notes critiques de J. Muller, Regiomontan, sur la version d'Angelo. Cardan se vante, dans son livre *de sapientia*, d'avoir aussi traduit la géographie de Ptolemée ; mais on ne connoît pas cette version.

En 1535, le trop fameux Michel Servet, caché sous le nom de Villeneuve, fit réimprimer à Lyon, la version latine de Pirckheimer ; une autre traduction latine que Hondius dit avoir consultée, fut celle de Jean de Nimègue à Cologne en 1540 : elle fut suivie d'une version Italienne faite d'après celle de Munster, par le médecin Mattiolo de Siène, à Venise, in-8°, en 1548, sans cartes ; et d'une troisième édition de la version latine de Pirckheimer, par J. Molet à Venise encore, in-4°, en 1562. L'une et l'autre, ainsi que celle de Pirckheimer et ses éditions subséquentes, augmentées des nouvelles découvertes en géographie.

Werner avoit fait imprimer en 1514, à Nuremberg sa version latine du premier livre seulement avec la fin du septième, pour expliquer les constructions géométriques : mais il n'y a nullement réussi. Je n'en donnerai pour garant que le témoignage d'un seul homme, et il suffira. C'est celui d'Erasme, qui dit dans son édition grecque : *Locus hic totus quomodo sit restituendus, tradit Vernherus norinbergensis mathematicus, cujus quia liber de hac re extat, noluimus exemplaris veteris fidem in dubium vocare, præsertim quia ne Vernher ipse quidem, opem quam promittit, præstitisse plane videtur.*

Bertius, professeur au collége de Boncours ou Bécoux, à Paris, a publié in-folio sur un manuscrit de la bibliothèque Palatine, son *Theatrum geographiæ veteris* en deux parties. La première contient les huit livres de Ptolemée en grec et en latin, et la seconde l'itinéraire d'Antonin, la table de Peutinger, et un abrégé de la géographie ancienne par Ortelius. Cette édition dédiée au Roi Louis XIII, est copiée de celles d'Erasme et de Pirckheimer pour ce qui appartient à Ptolemée.

Je passe sous silence toutes les versions en langues arabe, persane et syriaque de cet ouvrage. Verdier dit en avoir vu une en français; si cela est, elle est donc anéantie, ou elle est si bien cachée que personne, sinon lui seul, ne l'a jamais vue. Il en existe une en vers italiens dans la Bibliothèque royale de l'Arsenal. Assurément on n'ira pas la consulter pour l'exactitude du texte. Une géographie en vers, et surtout une géographie telle qu'est celle de Ptolemée, est un travertissement plus ridicule encore, que celle du P. Buffier.

Les éditions imprimées de Ptolemée ont donné lieu aux géographes modernes de l'examiner, ils ont signalé un grand nombre de fautes dans les longitudes et les latitudes, et surtout dans l'édition de Bertius. Chazelle, de l'académie des sciences de Paris, a prouvé, par ses mesures en Egypte même, que Ptolemée s'étoit grièvement trompé dans celles d'Alexandrie. Et Grævius, dans la description qu'il a publiée de l'Arabie de Ptolemée, comparée à celle de l'arabe Abulfeda, a corrigé le grec et le latin d'après un excellent manuscrit de Selden, à Londres, en 1650. Saumaise, reproche à Ptolemée d'avoir mis Persépolis au nombre des résidences royales de la Perse, quoique cette ville eût été ruinée depuis plus de 400 ans, par Alexandre. Mais Ptolemée ne dit pas qu'elle ait fleuri de son temps; et d'ailleurs les restes de cette ville qui existent encore de nos jours, ne sont que des ruines à la vérité, mais ces ruines suffisent pour disculper Ptolemée qui a seulement voulu témoigner l'ancienne existence de cette ville. Ortelius, Paul Merula, et bien d'autres depuis ces érudits, ont tourné contre Ptolemée les connoissances qu'ils avoient d'abord prises dans son livre, après les avoir rectifiées et augmentées. Les découvertes faites entr'eux et lui ne pouvoient être connues de ce maître de la science, le premier qui l'ait considérée sous son véritable point de vue mathématique, et le premier qui l'ait présentée sous les rapports physiques de la terre dans le mécanisme de l'univers.

La critique du texte a été suivie de celle des cartes : le Docteur Kœler, recteur du Gymnase de Detmold, dans le livre qu'il a publié à Lemgo sur la Géographie des anciens, a remarqué que Marin avoit sur Ptolemée le mérite d'avoir espacé ses méridiens de 15 en 15 degrés, pour représenter les cercles horaires, au lieu que la mappemonde de Ptolemée les trace de dix en dix; mais aussi, que Marin n'observe pas un ordre bien régulier dans ses parallèles, puisqu'il ne les fait passer que par les lieux les plus célèbres, sans mettre d'égalité dans les intervalles.

Les cartes qui accompagnent la Géographie de Ptolemée, dans les manuscrits et les éditions imprimées, nous viennent d'Agathodémon, ingénieur qui vivoit à Alexandrie dans le cinquième siècle de notre ère, 300 ans après Ptolemée. Ce mécanicien les a copiées sur d'autres cartes plus anciennes qui avoient été transportées de Tyr, où elles avoient été originairement composées, à Alexandrie, dans la bibliothèque du Musæum de cette ville. Brehmer dont le sentiment semble bien appuyé par celui de M. Gossellin, témoigne qu'en beaucoup d'endroits elles ne répondent pas au texte de Ptolemée. Le premier des modernes qui ait publié les cartes d'Agathodemon, est un bénédictin de Reichenbach, nommé Nicolas Donis, qui, vers la fin du 15e siècle, les traça d'après un exemplaire moins parfait. Elles se répandirent bientôt par la voie de l'impression qui venoit d'être inventée. La première édition de ces cartes, et qui existe encore dans la Bibliothèque de Leipzig, est celle de Bologne en 1462; elle est grossière et presque informe, comme faite sur des planches grossièrement gravées en bois. La seconde est celle de Gérard Mercator qui la donna en 1528, mais peu fidèle, et plutôt comme le fruit de son imagination, que comme la copie du manuscrit original. Ces deux premières éditions des cartes d'Agathodémon sont en latin, et par conséquent traduites par Donis pour les noms des lieux, d'un manuscrit qui sans doute présentoit ces noms en grec : Si toutefois ces cartes n'étoient pas de simples tableaux sans noms, qu'on aura substitués dans la suite pour l'impression, afin de les conformer aux listes de noms dont les tables de Ptolemée sont composées.

Fabricius (*bibliotheca græca*), dit que Donis, sous le règne de l'empereur Frédéric III, rendit en latin les noms grecs des lieux des cartes primitives. Et Fabricius ajoute que la Bibliothèque impériale de Vienne en Autriche, possède un manuscrit enrichi des antiques cartes grecques. Kollarius en a parlé dans son premier supplément à Lambecius, et l'a comparé avec le manuscrit de Coislin, dont Monfaucon a fait mention. « Il est impossible, dit Brehmer, que les cartes alexandrines de la géographie de Ptolemée dans les copies que Donis en a faites, n'aient été dessinées que d'après ces listes de noms, sans que leur premier auteur en ait eu un modèle original, tant ces cartes s'accordent bien avec les nouvelles cartes que nous avons actuellement sous les yeux ».

Ce n'est pas ce que dit M. Gossellin qui trouvant au contraire de grandes différences entre ces dernières et les premières, soutient que celles-ci ne leur ont jamais servi de modèles. M. Brehmer cite beaucoup d'exemples de l'exactitude de ces cartes actuelles, et M. Gossellin en cite beaucoup plus de leurs défauts. Je ne prendrai aucun parti entre ces deux savans. Je ne présenterai pas même ces cartes qui ne sont pas l'ouvrage de Ptolemée, soit qu'elles aient une origine tyrienne, soit que nous ne les devions qu'au mécanicien d'Alexandrie. A l'exemple d'Erasme qui ne publia que le texte de Ptolemée sans cartes et seulement avec les figures des constructions géométriques, je ne présente outre ces figures, qu'un simple tracé des côtes du continent et des principales îles de Ptolemée. On suppléera bien avantageusement à l'absence de sa Mappemonde, comparée à celle de Marin, par les deux Mappes de ces auteurs, que M. Gossellin a dessinées et publiées dans sa Géographie analysée des Grecs.

M. Letronne pense qu'à la réserve des livres qui précèdent et suivent les tables, tout le reste ne mérite guères d'attention, et M. Gossellin prouve que ce n'est qu'un tissu de fautes de copistes ou d'interprêtes. Néanmoins, M. Brehmer est d'avis de ne pas négliger ces catalogues, comme restes précieux des connoissances les plus antiques des lieux que les voyages avoient fait connoître, mais qui ont disparu par suite des révolutions politiques, et par l'effet de la barbarie qui a pesé sur toute la terre depuis la chûte de l'empire romain, et pendant tout le moyen âge jusqu'au règne de François Ier.

Malgré tout ce qu'on a reproché à Ptolemée, malgré l'insuffisance et les erreurs de ses tables et de ses cartes, malgré la préférence que Strabon obtenoit sur Ptolemée dans les cabinets des érudits, et chez les gens qui ne voyageoient que dans leurs chambres, Ptolemée l'emporta toujours, parmi les navigateurs, comme étant leur seul maître par les leçons qu'ils y trouvoient pour la pratique de l'art nautique. Il s'y est trompé le plus souvent, mais il a mis ses successeurs sur la voie en leur enseignant les moyens de le corriger lui-même. Les écrits d'Hipparque avoient effacé ceux d'Eratosthène. Les tables de Ptolemée firent disparaître celles de Marin de Tyr, et aujourd'hui même après toutes les tentatives et tous les efforts des voyageurs, toutes les observations des astronomes, des navigateurs, et des géographes, on n'est pas encore parvenu à déterminer dans toute la rigueur mathématique, l'exacte position de chaque ville, comme on le verra dans la dissertation suivante du Dr. Blair.

Avec l'astronomie de Ptolemée, sa Géographie passa chez les Arabes : le calife Almamon mit en pratique la méthode qu'il y puisa de mesurer la terre par l'inspection du ciel. Il fit mesurer dans la plaine de Sangiar, et près de la côte de la mer Rouge, un degré du méridien terrestre qu'il compara à l'arc céleste correspondant pour en déduire la mesure de la circonférence de la terre. Ulug-Beigh, prince tartare, le Persan Nasir-Eddin, l'Arabe Edrisi et autres l'étudièrent; les Arabes et les Grecs du Bas Empire transportèrent la Géographie de Ptolemée dans l'occident, et Martien d'Héraclée dans son périple, Etienne de Byzance, Agathemére, Philopon et Jornandès en parlèrent avec éloge. Cosmas Indopléuste, l'anonyme de Ravenne, enfin les Géographies informes d'Alcuin et de Charlemagne, en perpétuant l'étude de Ptolemée qui s'enrichit peu-à-peu de nouvelles acquisitions par les navigations continuelles sur l'Océan, réveillèrent l'entreprise de la mesure de la terre.

Le médecin Fernel, pour l'exécuter dans le 16e siècle, remit la méthode de la hauteur du pôle en pratique, d'une manière mécanique et peu exacte, que Snell en Hollande imita, mais au nombre des tours de la roue de Fernel, de 20 pieds de circonférence, dans l'espace d'un demi-degré terrestre, reconnu par la même quantité d'élévation du pôle, d'une extrémité à l'autre de cet espace, il substitua des triangles, qui lui donnèrent la longueur de la portion du méridien compris entre ces deux extrémités. L'abbé Picard après Snell, dans le 17e siècle, suivit la même méthode que lui; et depuis elle a toujours été préférée par Cassini, l'abbé de la Caille, Maupertuis, l'abbé Outhier, la Condamine, les jésuites Hell et Boscowich, les Académiciens Delambre, Biot, Arago, de nos jours, et autres astronomes géomètres, tant en France, que dans le Nord, en Amérique, en Angleterre, en Allemagne et en Italie, par des procédés bien supérieurs à ceux de Ptolemée, sans doute, mais qui sont le fruit de près de dix-huit siècles d'efforts pour la perfectionner.

Les cartes qui précèdent le texte grec et latin des huit livres dans l'édition de Montanus sous le nom de Mercator, suivent le huitième livre dans la version latine de Pirckheimer, ainsi que dans celle de Servet, et dans les plus anciennes, comme aussi dans celle de Pontius de Leucho, où la mappemonde termine les cartes au lieu de les commencer. Dans les manuscrits grecs de la bibliothèque du Roi, le plus beau, quoique peut-être le moindre en valeur, contient les cartes à la suite du huitième livre, mais la mappemonde y est immédiatement après le septième. Et le manuscrit latin de la version d'Angelo, offre toutes les cartes à la suite du huitième. J'ai divisé ce livre en faisant précéder chaque partie du monde, de l'annonce de son contenu.

Toutes ces différences et le désordre qui règne dans l'arrangement des livres, prouvent que cet ouvrage a beaucoup souffert de la part des copistes et des interprètes. C'est aussi l'avis de M. Delambre dans son Histoire de l'astronomie ancienne, « la géographie de Ptolemée a été encore plus altérée que son astronomie, par les copistes. » Et il ajoute dans son rapport au Ministre du Roi, sur la présente traduction : « La Géographie de Ptolemée est encore un ouvrage unique en son espèce chez les anciens, en ce que tous les lieux de la terre alors connus y sont désignés par leurs longitudes et par leurs latitudes. Ainsi la moitié du livre est composée de tableaux géographiques tout en chiffres. Le travail du traducteur seroit facile si les chiffres étoient exacts. Mais pour en corriger les fautes il faudra comparer tous les manuscrits de la Bibliothèque royale, et ceux qu'on pourra trouver dans les bibliothèques publiques. Nous en avons, il est vrai, des traductions latines et des éditions dans les deux langues, qui sont moins inexactes que celles de l'Almageste. Peu d'hellénistes étoient en état d'entendre cette géographie. Cependant je n'en connois aucune édition française, ce seroit donc encore une entreprise utile ».

C'est d'après ce jugement d'un homme aussi versé qu'il l'étoit dans ces matières, que je ne publie actuellement que la partie mathématique de cette géographie, en remettant à d'autres temps et à de plus amples secours pour la résurrection de ces précieuses reliques de la savante antiquité, la publication de ces tables de longitudes et de latitudes, peu utiles à la vérité, aujourd'hui que la géographie est portée à un si haut point de perfection, mais infiniment curieuses, et d'un aussi grand intérêt que le catalogue des étoiles dans l'astronomie du même auteur, pour la comparaison de l'état passé de ces deux sciences avec celui où elles sont parvenues de nos jours.

Emmanuel Chrysoloras au 15e siècle, apporta à Rome des manuscrits de cette Géographie, et il entreprit de la traduire ; mais la mort ou le défaut de connoissances suffisantes en mathématiques, l'empêchèrent de terminer ce travail, continué ou repris par Jacques Angelo ou Angeli qui vient d'être nommé comme premier interprète latin de cet ouvrage. Il en existoit cependant une plus ancienne par Boëce, sous le Roi Théodoric, suivant Cassiodore. C'étoit de celle-ci, sans doute, que se servoient les navigateurs Italiens du moyen age, pour se diriger dans leurs courses maritimes, et comme d'un modèle pour la construction de leurs globes et de leurs mappes, tels qu'en faisoient le frère de Colomb en Espagne, au rapport de l'histoire de ce grand homme, écrite par son fils, et Behaim de Nuremberg qui dans le même siècle composoit son globe d'après Ptolemée. La bibliothèque du Roi ne possède aucun manuscrit de cette ancienne version de Boëce, qui s'est perdue ou fondue dans les Géographies défectueuses et partielles qui lui ont succédé. Le premier des manuscrits de la traductions latine d'Angelo, est une magnifique copie de l'original de cet interprète. Mais avant d'en venir aux manuscrits latins, il convient de parler de ceux qui sont en grec.

Le plus beau est un immense in-folio, décoré de tout le luxe dont les copistes savoient alors relever leur écriture. Il est en parchemin, et ses couvertures, en bois sous un cuir cizelé et découpé de couleur d'or terne, sur un fond blanc et en partie bleu, portent les chiffres de Henri II et de Catherine de Médicis, avec les trois croissans entrelacés formant la lettre initiale du nom de cette Reine qui apporta ce beau livre en France ; et au milieu, l'écu de France des trois fleurs de Lis, couronné et entouré du collier de S. Michel. Le titre en lettres grecques byzantines de la forme de celles qu'on voit sur monnoies du Bas Empire, est dans un cartouche posé au-dessus d'un paysage lavé au pinceau et en verd nuancé.

On voit au frontispice la figure de Ptolemée assis et regardant au Ciel, et pointant avec l'index de la main droite vers la petite ourse qui est sur le même parallèle que la grande, ayant l'une et l'autre la tête vers le même côté du ciel, ce qui dénote dans le peintre une grande ignorance du ciel; car de plus les étoiles qu'on y voit ne sont pas disposées comme celles de ces deux constellations. De la main gauche, d'où pend un quart de cercle gradué avec un fil à plomb, Ptolemée tient un compas ouvert, dont les pointes sont tournées vers la petite ourse. Derrière lui sur son siége, sont des livres dont l'un est ouvert; et devant, est un globe terrestre sur lequel un jeune homme marque les lieux avec un style. Ce globe n'est pas indifférent à considérer pour l'âge du manuscrit. On y voit l'Afrique toute entière qui n'a été connue dans toute son étendue, qu'à la fin du quinzième siècle, ainsi que l'Amérique, dont on apperçoit ici le cap le plus oriental. Ce manuscrit ne peut donc pas remonter plus haut que cette époque, qui est celle de la fin de l'Empire Romain Grec d'Orient. Tous les cercles parallèles de ce globe sont concaves, vers le pôle Nord, mais ce pôle n'est pas incliné vers le spectateur, comme il faudroit qu'il le fût dans cette position de la sphère. Enfin, tous les méridiens, excepté celui du milieu, qui est droit, y sont concaves vers le centre, mais à des intervalles les uns des autres, d'autant plus petits, qu'ils sont plus proches de la circonférence de cet hémisphère, propriété de la projection orthographique qui n'est cependant pas celle de l'hémisphère de Ptolemée.

Le frontispice de ce manuscrit 1401 présente le titre *τα δε ενεστιν εν τω της του Κλαυδιου Πτολεμαιου γεωγραφικης υφηγησεως βιβλιω πρωτω*, en lettres d'or dans le cartouche placé au haut du ciel peint en bleu, au-dessus du paysage. La première lettre du premier chapitre est une H figurée par Adam et Eve nuds, à l'exception d'une large ceinture de feuillages, et se tenant par la main qui donne la pomme et par celle qui la reçoit. Toutes les cartes sont peintes et enluminées; les noms grecs des lieux particuliers y sont en petits caractères noirs; mais les noms des régions y sont en majuscules dont la grandeur semble proportionnée à celle des pays. Je n'en examinerai que la mappemonde. Elle a en grand la même forme que celle que je présente ici réduite de grandeur, les terres s'y étendent depuis les îles Fortunées sous le méridien o à l'occident, jusqu'au 180° à l'Orient où on ne lit ni Cattigara, ni Thynæ. Mais ces villes à l'exception de Thynæ sont marquées, ainsi que toutes celles des tables, sur les cartes particulières auxquelles elles appartiennent respectivement, à leurs degrés propres de longitude et de latitude. Cattigara est marquée comme ville et port sur la côte des Sines, à 179 degrés de longitude, et à 8 degrés 30′ de latitude australe sur la dernière carte qui contient le golfe du Gange, la Chersonèse d'or et les golfes voisins avec les pays environnans. Toutes les cartes sont à la suite du texte, dessinées et enluminées, et conformes en nombre et en disposition aux indications des tables. Il n'y en a aucune qui montre les découvertes de l'Amérique et du passage au sud du cap de Bonne-Espérance. Elles sont donc, ainsi que le texte original, antérieures à la peinture du globe du frontispice. Sous le parallèle le plus boréal, au climat de 20 heures, est l'île Thulé, du 30e au 35e degré de longitude orientale. A l'occident et le long du premier méridien, descend du Nord au Sud une bande rouge, courbe, qui contient les noms des 20 climats écrits en or, et depuis l'équateur, cette bande se rétrécit et s'incline vers le midi, ne contenant que cinq climats, depuis celui de 12 heures sous l'équateur, jusqu'à celui de 13 au-dessous des sources du Nil. L'Océan et les mers particulières sont en bleu, et leurs noms, ainsi que ceux de leurs îles en majuscules d'or; on y lit Canaria l'une des Fortunées. L'Océan Indien est enfermé entre ce continent, et une terre plus australe qui va du cap Prason, jusqu'au pays des Sines. On ne voit ni le nom d'Alexandrie, ni celui de Syène, pas même ceux de Rome ni de Constantinople ou Byzance. Les divisions des provinces de l'Empire Romain y sont marquées comme par Ptolemée, et dans les pays peu connus, comme la Scythie, la Sérique, on ne voit que des fleuves en bleu, et des chaînes de montagnes dorées ou azurées. La Taprobane s'étend jusques sous l'équateur, et toute la mappe est entourée des douze têtes de vents qui soufflent chacun vers leurs plages, avec leurs noms en or dans des nuages blancs. Sous l'image de Ptolemée, on lit le titre du premier chapitre en caractères byzantins et en rouge. Les titres suivans sont en lettres d'or et en mêmes caractères.

Ce manuscrit qui paroît être du XVe siècle, vient de la bibliothèque du château royal de Fontainebleau, où celle que le roi Charles V avoit commencé à rassembler au Louvre, avoit depuis été transportée. Il est très-beau et très-bien exécuté, et l'écriture en est assez lisible, quoique maigre et chargée de ligatures, avec des mots dont souvent les syllabes sont trop séparées. Il contient les huit livres de Ptolemée, avec trente-sept cartes géographiques enluminées et tracées d'après celles que l'ingénieur grec Agathodæmon avoit dressées selon les longitudes et les latitudes marquées par Ptolemée. C'est ce que témoignent les mots suivans écrits à la fin de ce volume : *E Cl. Ptolemæi geographicis libris octo universum orbem Agathodæmon Alexandrinus mechanicus expressit.*

On ignore, dit-on, si cet Agathodæmon est le grammairien à qui Isidore de Péluse adressa quelques lettres que nous avons encore. Mais puisque de ces deux personnages, l'un étoit mécanicien et l'autre grammairien, ils ne sont pas le même homme, car ces deux professions n'ont rien de commun. Les cartes d'Agathodæmon se voient à la suite du huitième livre qui est divisé en trois chapitres avec les descriptions des cartes après le troisième. Ces cartes commencent par celles d'Europe, qui sont précédées du titre ἀρχη τῆς Εὐρωπης, πίναξ πρῶτος, *commencement de l'Europe, première carte.* Les figures géométriques de ce manuscrit sont assez bien tracées, et il en contient quelques-unes d'inutiles, qui ne se voient pas dans les autres éditions imprimées ou manuscrites.

Le Mit 1402 est aussi un grand in-folio double composé de 76 peaux de parchemin. Il paroît être également venu de la bibliothèque florentine des Médicis, avec la même Reine Catherine épouse de Henri II. Car la première page offre ces mots : Κλαυδιου Πτολεμαιου οἱ Γεωγραφικοι πινακες τῶν προκειμενον μετα και τινων διαγραμματων ταδε λοιπα ὑφηρησθαι δοκει, traduits ainsi sur ce manuscrit : *Codex membr.* **XIV** *sæculo scriptus quo continetur Ptolemæi Geographia ibi plures tabulæ geographicæ desiderantur quas ab Agathodæmone Alexandrino mechanico delineatas amanuensis contendit.* Ce manuscrit commence le premier livre par le titre : Κλαυδιου Πτολεμαιου Γεωγραφικης Υφηγησεως βιβλια, τὰ δὲ ενεστιν εν τω πρωτῳ. Il est sans contre-dit préférable au précédent, pour la netteté des caractères et la correction des mots et des phrases. L'écriture en est belle et ronde, sans trop de ligatures. Les figures sont bien faites, il est plus correct que le n° 1401, et de la main de Michel Apostolius. On y lit dans une note grecque, que ce manuscrit d'abord très-négligé et délaissé comme inutile, a été reconnu avoir de la valeur en 1699, sous le règne de Louis XIV, lorsque Michel Letellier présidoit à la bibliothèque du Roi Louis XIV le Grand, (1) dès le mois hécatombæon (juin).

Le Mit 1403 est couvert en bois, recouvert de maroquin rouge, orné des armes accollées et couronnées de France et de Navarre avec les fleurs de lis entourées des ordres de S.-Michel et du S.-Esprit et le monogramme de Henri IV autour. Il est en papier, l'écriture en est fine et maigre

(1) Αὐτὴ ἡ βιβλος αὖθ τὸ πρὶν ἠφελημένη καὶ εἰκη κειμένη, φροντιδός τε ἠξιωται καὶ εἰς τὸ εὐπρέπεστερον μετεσχηματιθη ἔτει αχϟθ του ἑκατομβαιωνος ἰσαμέρου, βασιλεύοντος μὲν Λοδοίκου τοῦ ιδου τοῦ μεγαλοῦ, βιβλιοθηκης δὲ τῆς βασιλικης προεστωτὸς καμίλλου τοῦ Τελλερίου.

en noir, celle des titres est rouge et assez lisible, les figures géométriques y sont irrégulières et mal tracées.

Le M[ss] 1404, en papier, ne contient, ainsi que le précédent, que les sept premiers livres. C'est un grand in-quarto. L'écriture des titres est en majuscules rouges byzantines. Celle du texte est très-petite, ronde et belle, malgré ses ligatures. Elle est du 15e siècle. Ce M[ss] faisoit partie de la bibliothèque de Letellier premier bibliothécaire du Roi.

Parlons maintenant des manuscrits latins. Celui d'Angelo est le premier. La bibliothèque du Roi en possède un magnifique qui mérite une description particulière. C'est un in-folio aussi grand que le manuscrit grec 1401. Il est en parchemin, sous le n° 4804, dédié au Pape Alexandre V, et orné en tête, d'une peinture qui représente Louis XII, reconnoissable à son visage qui ressemble à celui de sa statue couchée sur son tombeau. Son manteau bleu est semé de fleurs de lis et de lettres L en or. Il est à genoux devant l'autel de sa chapelle. Cette page est encadrée dans des fleurs, entre des écussons autour desquels on lit en lettres demi-gothiques : *plus est en vous.* La page suivante montre au bas de la dédicace l'écu des armes de France, autour duquel on a effacé le cordon d'un ordre qui étoit sans doute celui de St.-Michel. On revoit le même écu sans cordon au bas de la page du 1er chapitre, vis-à-vis de laquelle au revers du précédent feuillet est peint un château, peut-être le Louvre, fortifié de tours avec un pont de bois sur un fossé plein d'eau, qui vient de la rivière qu'on voit en regardant de la rive droite vers l'entrée de la ville dont on apperçoit les maisons derrière, et sur le côté une montagne couverte d'arbres et de maisons. Au devant du pont est une maison forte qui sert d'entrée et de corps de garde. A la porte de la tour se tient un soldat armé de toutes pièces et d'une pertuisane dans une main avec un bouclier dressé sous l'autre. Le donjon est orné de pannonceaux rouges, jaunes, bleus, et mi-partis, et il est terminé par une flamme ou pavillon flamboyant. Sur le bord du fossé paroissent trois hommes habillés comme les Russes d'aujourd'hui. Ce qu'il y a de plus remarquable ce sont des canons ou mortiers sur leurs affuts, qui consistent en une croix de madriers sur lesquels s'appuye la culasse, et la bouche est relevée sur un madrier perpendiculaire, dans lequel se voit une vis qui sert à faire varier l'angle d'inclinaison. Tel étoit à cette époque l'état de l'artillerie. Le bon Pape Alexandre V, au bout de dix mois de pontificat mourut en 1710; cette version latine qui lui est dédiée, ne peut donc être que de cette année au plus tard. Ce manuscrit est en grandes lettres demi-gothiques, très-bien exécutées sur parchemin avec les cartes toutes enluminées.

Je parlerai dans les notes, de quelques autres Manuscrits latins aussi beaux. En attendant, il faut bien dire ici quelques mots de celles des premières éditions imprimées que j'ai eues sous les yeux. Après l'édition grecque d'Erasme, outre ces manuscrits grecs et latins, j'ai surtout consulté l'édition latine de Pirckheymer, dans laquelle se trouve la critique de la traduction latine d'Angelo par Regiomontan ; c'est un in-folio imprimé à Strasbourg en 1525, qui appartenoit à la bibliothèque de l'église de Paris en 1530, et qui appartient depuis 1734 à celle de Sainte-Geneviève. Celle-ci en possède encore trois autres plus rapprochées de l'époque de l'invention de l'imprimerie, j'en parlerai aussi, mais aucune ne corrige les fautes du grec des démonstrations géométriques.

Telles sont les sources où j'ai puisé : telle est la géographie mathématique de Ptolemée, que j'en ai tirée. Sans doute, elle n'a plus d'utilité aujourd'hui ; mais elle montre le premier pas de la science dans l'application de la théorie à la pratique. Elle montre le premier emploi de la géométrie, dans la détermination des points divers de la surface terrestre et dans la mesure de leurs distances. Elle montre enfin la première introduction des observations astronomiques, dans le calcul géographique. Et ne dût-elle que nous représenter les travaux d'Hipparque à qui, selon M. Laplace *, « la » géographie est redevable de la méthode de fixer les lieux sur la terre, par » leur latitude et leur longitude pour laquelle il employa le premier les » éclipses de lune, » ne seroit-ce pas une aussi grande satisfaction de l'admirer dans ces premiers efforts, que celle de voir de quels foibles commencemens un empire est parvenu à son plus haut degré de gloire et de puissance? L'esprit n'éprouve-t-il pas le même plaisir à parcourir dans l'histoire d'une science, toutes les erreurs, toutes les difficultés qu'il lui a fallu franchir pour arriver à ce point de perfection, qu'elle est en apparence si près d'atteindre, qu'à suivre dans l'histoire politique, la série des évènemens trop souvent plus malheureux que glorieux, qui ont conduit un état à une splendeur moins réelle que spécieuse? avec cette différence que l'une n'a point coûté de larmes, tandis que l'autre a toujours payé trop cher la grandeur qu'il s'est acquise.

» La Géographie, dit Cassini **, n'est pas moins redevable à Ptolemée que l'astronomie. Car il fit aussi une description du globe terrestre, beaucoup plus ample et plus exacte que toutes celles qui avoient été faites jusqu'a-

* Exposit. du syst. du monde, 5e édit.

** De l'origine et des progrès de l'astronomie, et de son usage dans la géographie et la navigation, dans les Mém. de l'Acad. des Sciences. T. VIII 1666.

lors; et ayant réduit les distances de tous les lieux de la terre en degrés et en minutes, suivant la mesure qui avoit été déterminée par Possidonius, il disposa ces mêmes lieux dans des tables géographiques selon la différence de leur longitude et de leur latitude, de la même manière qu'il avoit disposé après Hipparque les lieux des étoiles fixes. Il prit pour fondement de sa nouvelle Géographie, les observations astronomiques faites dans les principales villes de différentes provinces, depuis l'Irlande jusqu'à la Chine, et par ces observations il détermina les latitudes de ces villes. L'expérience a fait connoître, aussi bien que la raison, que cette méthode de disposer les pays selon leurs parallèles et leurs méridiens par l'observation des astres, est la plus exacte et la plus assurée pour la construction des tables géographiques.

» Les grands ouvrages n'étant jamais parfaits dès leur commencement, il ne faut pas s'étonner que l'on ait trouvé tant de choses à réformer dans la Géographie de Ptolemée. S'il avoit eu des observations astronomiques faites avec exactitude en des lieux fort éloignés les uns des autres dans toute l'étendue de la terre qui étoit connue de son temps, il auroit déterminé leur situation avec plus de justesse qu'il n'a fait. Mais il étoit obligé de s'en rapporter aux relations des voyageurs, et à l'estime qu'ils avoient faite de leurs distances; et par des connoissances si incertaines il ne pouvoit pas déterminer exactement les longitudes ni les latitudes. De là viennent tant de fautes grossières qu'il a faites dans sa Géographie: il a mis toutes les îles Fortunées sous un même méridien, quoiqu'elles aient entr'elles une différence de longitude de plusieurs degrés, et il leur a donné dix ou douze degrés de latitude moins qu'elles n'en ont en effet. Il a encore plus mal déterminé la situation des parties les plus septentrionales des îles Britanniques du côté de l'Orient, et des autres îles voisines. Dans la description de l'Asie, il donne à la capitale de la Chine trois degrés de latitude australe, bien que les parties les plus méridionales de la Chine ayent plus de vingt degrés de latitude septentrionale. Il fait terminer ce grand royaume du côté de l'Orient, à des terres inconnues; et néanmoins il est certain que l'Océan lui sert de bornes. Il donne aussi pour limites à l'Afrique des terres inconnues, peut-être parce qu'il n'avoit point d'observations des parties plus méridionales de cette partie du monde. Enfin la situation qu'il donne à la grande île Taprobane dans la mer des Indes, est si incertaine que l'on ne sçait si c'est l'île de Ceylan, ou celle de Sumatra ou celle de Bornéo.

» Bien qu'il y eût tant de choses à corriger dans la Géographie de Ptolemée, plusieurs siècles s'écoulèrent sans que personne y mît la main; soit parce qu'il ne se trouvoit alors personne capable de le faire, ou plutôt qu'il ne se trouvoit point de princes qui voulussent faire la dépense des observations. »

Ce qu'on reproche le plus à Ptolemée, c'est surtout le peu qu'il décrit de la surface terrestre, trop insuffisant pour en donner une juste connoissance : ce sont aussi les fautes de ses longitudes et de ses latitudes, et enfin les erreurs de sa projection et de ses cartes. Mais si après tant de voyages entrepris dans ces derniers temps autour du monde, les terres circompolaires au Nord et au Sud nous restent encore inaccessibles par les glaces éternelles qui en ferment l'approche ; si avec la perfection de nos instrumens et avec la plus rigoureuse application de l'astronomie à la géographie, on ne peut pas répondre de quelques secondes ou de quelques minutes d'erreur sur les longitudes et les latitudes les mieux déterminées ; si enfin les voyageurs qui ont parcouru l'Asie et l'Afrique depuis Rubruquis et Marcopaulo, jusqu'à Mungo-Park, ne nous ont pas encore donné une connoissance certaine de l'intérieur de ces deux grandes parties du monde, comment Ptolemée dépourvu de tous les secours que la navigation, la mécanique, l'optique et la physique si perfectionnées de nos jours, ont fournis aux astronomes et aux géographes modernes, eût-il pû suppléer à ce qui nous manque encore?

Il y a loin, sans doute, de cette description incomplète et inexacte de la terre à celle que nous devons aux dernières découvertes. Mais quelle différence bien plus grande encore entre les erreurs qui ont précédé les essais de l'esprit humain pour déterminer la forme et l'étendue de la terre, et l'exposition que Ptolemée en publia pour la première fois! Remontons à dix-sept siècles avant ce grand homme, car il s'en est écoulé autant entre lui et nous ; que trouverons-nous à l'époque de quinze cents ans avant notre ère chrétienne? Je le demande à tous les chronologistes et à tous les géographes.

Les mémoires de l'académie anglaise de Calcutta, dans le Bengale, nous attestent que les plus anciennes traditions orales ou écrites de l'Inde ne remontent pas à une époque antérieure à celle que nous donnons à Noë : prétendra-t-on que les Chinois, seule nation de continent qui alors sût lire et écrire, selon ses docteurs, eussent déjà quelque connoissance d'autres pays que le sien? Mais Cassini et les PP. Gaubil et Souciet ont prouvé que leurs éclipses les plus avérées ne vont pas à plus de 700 ou 800 ans avant notre ère. Le fameux Confucius n'est que du sixième siècle avant J.-C. ; et certes, à cette époque, les Chinois, les Egyptiens, les Perses et les Hindous, dont on aime tant à proclamer les connoissances, n'avoient qu'une civilisation bien peu avancée, à en juger par leurs écritures et leurs fables. Tous ces peuples, bien loin d'avoir une géographie, se croyoient chacun les seuls sur la terre. Que l'on compare maintenant à cette ignorance, les travaux géographiques de Ptolemée, et l'on avouera que, proportion gardée, il a fait faire plus de chemin à la science par son livre, que n'ont fait nos navigateurs et nos géographes avec tant de moyens à leur disposition, puisqu'ils n'ont pas encore exploré ni décrit la surface entière du globe.

Disons donc de Ptolemée considéré comme géographe, ce que le célèbre Delambre a dit du même auteur jugé comme astronome : « Sans la syntaxe mathématique (Almageste ou composition mathématique du monde), nous serions bien moins avancés en astronomie. Probablement nous n'aurions eu ni Képler, ni par conséquent Newton ». De même aussi, sans la géographie de Ptolemée, nous n'aurions eu ni un Guillaume Delisle, ni un Danville, ni même ce Christophe Colomb à qui nous devons le nouvel hémisphère qu'il apprit à découvrir dans la méditation du livre de Ptolemée. Les Italiens ont trouvé dans Ptolemée les premières bases des connoissances géographiques. Ils y ont ajouté, le mieux qu'ils ont pû, les pays dont parle Marco-Polo, qui devoient se trouver à l'orient des limites que les anciens avoient assignées à l'Asie. Ptolemée, avoit donné beaucoup trop d'étendue à cette partie du monde vers l'orient. Colomb crut qu'en s'avançant dans une direction opposée, en allant vers l'ouest, il n'auroit que le tiers de la circonférence du globe à parcourir. .. « Le vendredi 3 août 1492, il mit à la voile. *. Et dans la nuit du 11 au 12 octobre, après une navigation de soixante-dix jours, il fit la découverte du nouveau-monde, » quatorze siècles après que Ptolemée eût prouvé la sphéricité de la terre, d'après laquelle Colomb conclut l'existence d'autres régions à l'Occident.

Enfin si l'on s'arrête à l'inexactitude des cartes de la géographie de Ptolemée : si l'on en prend sujet de rejetter cet ouvrage unique en son espèce chez les anciens, sous le rapport de ses mesures terrestres exécutées imparfaitement d'après les dimensions des espaces célestes correspondans : si l'on oublie les égards que l'on doit à la mémoire de ces laborieux personnages de l'antiquité qui ont consacré toute leur vie à l'instruction de la postérité : si on leur refuse le tribut de reconnoissance que leur méritent des travaux qui ont préparé les succès des siècles suivants, je dirai avec le savant docteur Blair, dans sa dissertation sur l'origine et les progrès de la géographie, dont je présente la traduction dans la seconde partie qui suivra cette première :

* Vie de Chr. Colomb par son Fils.

I must observe upon the whole, that Geography is a science even still many stages removed from perfection. The maps of America and the eastern parts of Asia, though they have been two of the great Theatres of war and commerce, are perhaps more unfinished than any of the rest. Every new map that is published of these countries, seems to blast all those that went before them, and it will require perhaps the experience of half a century to come, before a sufficient number of observations shall be made to verify the situations of their most considerable towns, coasts, and rivers, so as to approach the accuracy with which the maps of the different kingdoms of Europe are now executed.

And yet, upon this occasion, I must confess, that even the maps of Great Britain and Ireland are still very imperfect and unsatisfactory; and the numbers we have of them, varied and republished without any real improvements, justly confirm an observation which lord Bacon has wisely made in a similar case, *that the opinion of plenty is one of the causes of want* *. The late Dr. Bradley was of opinion, that there were but two places in England whose longitude might be depended upon as accurately taken, and that these were the observatory of Greenwich, and Sherborn castle, the seat of the Earl of Macclesfield in Oxfordshire, and that their difference was one degree in space, or 4' in time; but even this has been found to be inaccurate by the late transit of Venus, as being only 3' 47''. If we should examine the longitude of *the Lizard*, we shall scarce find two Geographers of the same opinion. In the account of longitudes prefixed to Halley's tables, it is said to be 4° 45' from the observatory, which is therefore 4° 40' from London : according to others it is 5° and 5° 5'; and by some 5° 14', and by others it is enlarged even to 6°. This surely is a matter worthy the public attention, when we consider that it is a point of land the most important of all others to the navigation of the Kingdom **.

I shall therefore conclude this dissertation with observing, that all maps in general ought to be considered as unfinished works, were there will be always found many things to be corrected and added, and that they ought to have a kind of *floating Title* affixed to them, expressive of their imperfect state, similar to what Pliny tells us was practised by the greatest painters and statuaries of antiquity; such as : *Apelles faciebat aut Polycletus*, but not *fecit*; claiming an indulgence to the artist as if he was employed to his last moments in correcting the faults of his composition, *tanquam inchoata semper arte et imperfecta, ut contra judiciorum varietates superesset artifici regressus ad veniam, velut emendaturo quid desideretur, si non esset interceptus.* (Plin. Præfat. Nat. Hist.)

* Philosophical Transactions for 1762, vol. iij, p. 624.

** This is held to be so uncertain, that sailors when they approach the mouth of the channel generally think it safest to grope their way by soundings, rather than depend upon observation or calculation.

ΚΛΑΥΔΙΟΥ ΠΤΟΛΕΜΑΙΟΥ

ΑΛΕΞΑΝΔΡΕΩΣ

ΠΕΡΙ ΤΗΣ ΓΕΩΓΡΑΦΙΑΣ

ΒΙΒΛΙΑ ΟΚΤΩ.

ΒΙΒΛΙΟΝ ΠΡΩΤΟΝ.

TRAITÉ DE GÉOGRAPHIE

EN HUIT LIVRES,

PAR CLAUDE PTOLEMÉE.

LIVRE PREMIER.

Τὰ δὲ ἔνεστιν ἐν τῷ πρώτῳ βιβλίῳ.

Τίνι διαφέρει γεωγραφία χωρογραφίας. α

Τίνα δεῖ ὑποκεῖσθαι πρὸς τὴν γεωγραφίαν. β

Contenu du premier Livre.

1° En quoi la Géographie, ou description de la terre, diffère de la Chorographie (ou description particulière des lieux).

2° Connoissances préliminaires qu'il faut supposer pour l'étude de la Géographie.

3° Comment par le nombre donné des Stades d'une distance quelconque, en ligne droite, quoique non sous le même méridien, on parvient à connoître le nombre des Stades de la circonférence de la terre, et réciproquement.	Πῶς ἀπὸ τοῦ σταδιασμοῦ τῆς τυχούσης ἰθυτενοῦς διαστάσεως, κἂν μὴ ὑπὸ τὸν αὐτὸν ᾖ μεσημβρινὸν, ὁ τῆς περιμέτρου τῆς γῆς σταδιασμὸς λαμβάνεται, καὶ τὸ ἀνάπαλιν. γ
4° Les Observations des phénomènes célestes doivent être posées, pour bien décrire la surface terrestre, avant les Relations des voyageurs.	Οτι δεῖ τὰ ἐκ τῶν φαινομένων τηρούμενα προϋποτίθεσθαι τῶν ἐκ τῆς περιοδικῆς ἱστορίας. δ
5° Celles de ces Relations qui sont les plus récentes, sont les meilleures, à cause des changemens qui arrivent à la surface de la terre, par succession de temps.	Οτι ταῖς ἐγγυτέραις τῶν ἱστοριῶν προσεκτέον, διὰ τὰς ἐν τῇ γῇ κατὰ χρόνους μεταβολάς. ε
6° De la Description de la terre par Marin de Tyr.	Περὶ τῆς κατὰ Μαρῖνον γεωγραφικῆς ὑφηγήσεως. ς
7° Etendue de la partie connue de la terre, en latitude, selon Marin, corrigée d'après les observations des phénomènes célestes.	Διόρθωσις τῆς κατὰ Μαρῖνον τοῦ πλάτους τῆς ἐγνωσμένης γῆς διαστάσεως, ἀπὸ τῶν φαινομένων. ζ
8° Même correction par la mesure des espaces parcourus sur terre.	Η αὐτὴ διόρθωσις, ἀπὸ τῶν διανύσεων τῶν κατὰ τὰς ὁδοιπορίας. η
9° Même correction par les espaces parcourus sur mer.	Η αὐτὴ διόρθωσις ἀπὸ τῶν κατὰ πλοῦν διανύσεων. θ
10° Les Ethiopiens ne doivent pas être supposés plus méridionaux que le parallèle austral qui passe par Méroë.	Οτι οὐ δεῖ τοὺς Αἰθίοπας μεσημβρινωτέρους ὑποτίθεσθαι τοῦ ἀντικειμένου παραλλήλου τοῦ διὰ Μερόης. ι
11° Erreurs du calcul de Marin sur la grandeur de la partie habitée de la terre, en longitude.	Περὶ τῶν εἰς τὸ μῆκος τῆς οἰκουμένης ὑπὸ τοῦ Μαρίνου μὴ δεόντως ἐπιλελογισμένων. ια
12° Correction de la longueur de la partie connue de la terre, d'après les relations des voyageurs.	Διόρθωσις ἀπὸ τῶν ὁδοιποριῶν τοῦ μήκους τῆς ἐγνωσμένης γῆς. ιβ

ΚΛΑΥΔΙΟΥ ΠΤΟΛΕΜΑΙΟΥ
ΤΗΣ ΓΕΩΓΡΑΦΙΚΗΣ ΥΦΗΓΗΣΕΩΣ
ΒΙΒΛΙΟΝ ΠΡΩΤΟΝ.

TRAITÉ DE GÉOGRAPHIE,
PAR CLAUDE PTOLEMÉE,
LIVRE PREMIER.

ΚΕΦΑΛΑΙΟΝ Ι.

Τίνι διαφέρει Γεωγραφία Χωρογραφίας.

Η ΓΕΩΓΡΑΦΙΑ, μίμησίς ἐστι διαγραφῆς τοῦ κατειλημμένου τῆς γῆς μέρους ὅλου, μετὰ τῶν ὡς ἐπίπαν αὐτοῦ συνημμένων. Καὶ διαφέρει τῆς χωρογραφίας, ἐπειδή περ αὕτη μὲν ἀποτεμνομένη τοὺς κατὰ μέρος τόπους, χωρὶς ἕκαστον καὶ καθ' αὑτὸν ἐκτίθεται, συναπογραφομένη πάντα σχεδὸν καὶ τὰ μικρότατα τῶν ἐμπεριλαμβανομένων, οἷον, λιμένας, καὶ κώ-

CHAPITRE I.

En quoi la Géographie diffère de la Chorographie.

La Géographie est la description imitative et représentative de toute la partie connue de la terre, avec ce qui généralement lui appartient. Elle diffère de la Chorographie, en ce que celle-ci considérant les lieux séparément les uns des autres, les expose chacun en particulier, avec l'indication de leurs havres, de leurs villages et des plus petites habitations, des dérivations et des détours des premiers fleuves, des peuples et de semblables détails. L'objet propre de la Géographie est uniquement de montrer la terre dans toute l'étendue qu'on lui connoît, comme elle se comporte tant par sa nature, que par sa position. Elle n'admet que des descriptions générales, telles que celles des golfes, des grandes villes, des nations, des fleuves remarquables, et de tout ce qui mérite le plus d'être rapporté en tout genre. La Chorographie se renferme dans la description de quelque partie du tout, comme quand on se borne à ne représenter qu'une oreille ou un œil. Mais la Géographie embrasse la totalité des choses, de même que l'image d'une tête la représente toute entière. Car dans toute image proposée, les premières parties devant y être d'abord bien coordonnées, et celles qui doivent être figurées, y être proportionnées convenablement aux distances des yeux, soit qu'on représente un tout ou une portion, pour bien faire appercevoir l'ensemble ; et pour faire sentir d'un seul coup-d'œil tous les détails, elle doit comme la Chorographie, descendre dans les plus petits détails; et comme la Géographie, se tenir dans une considération générale de l'ensemble des régions et de celles qui en sont réputées les plus proches. En effet les principales parties de la terre proportionnellement déterminées par des mesures connues, sont des provinces et des contrées, avec leurs situations et leurs différences respectives. Mais la Chorographie s'occupe plus particulièrement de ce qui appartient en propre à chacune d'elles, que de leur

μας, καὶ δήμους, καὶ τὰς ἀπὸ τῶν πρώτων ποταμῶν ἐκτροπὰς, καὶ τὰ παραπλήσια. Τῆς δὲ γεωγραφίας ἴδιόν ἐστι, τὸ, μίαν τε καὶ συνεχῆ δεικνῦναι τὴν ἐγνωσμένην γῆν, ὡς ἔχει φύσεώς τε καὶ θέσεως, καὶ μέχρι μόνων τῶν ἐν ὅλαις περιεκτικωτέραις περιγραφαῖς αὐτῇ συνημμένων, οἷον, κόλπων, καὶ πόλεων μεγάλων, ἐθνῶν τε καὶ ποταμῶν τῶν ἀξιολογωτέρων, καὶ τῶν καθ' ἕκαστον εἶδος ἐπισημοτέρων. Ἔχεται δὲ, τὸ μὲν χωρογραφικὸν τέλος, τῆς ἐπὶ μέρους προσβολῆς· ὡς ἂν εἴ τις οὖς μόνον, ἢ ὀφθαλμὸν μιμοῖτο. Τὸ δὲ γεωγραφικὸν, τῆς καθόλου θεωρίας, κατὰ τὸ ἀνάλογον τοῖς ὅλην τὴν κεφαλὴν ἀπογραφομένοις. Πάσαις γὰρ ταῖς ὑποτεθειμέναις εἰκόσι τῶν πρώτων μερῶν, ἀναγκαίως καὶ προηγουμένως ἐφαρμοζομένων, καὶ ἔτι τῶν δεξομένων τὰς γραφὰς, συμμέτρων ὀφειλόντων εἶναι ταῖς ἐξ ἀποχῆς αὐτάρκους τῶν ὄψεων διαστάσεσιν, ἐάν τε τέλειον ᾖ τὸ γραφόμενον· ἐάν τ' ἐπὶ μέρους, ἵν' ἅπαν αἰσθητῶς παραλαμβάνηται, παρηκολούθησεν εὐλόγως ἅμα καὶ χρησίμως, τῇ μὲν χωρογραφίᾳ, συναποδιδόναι καὶ τὰ μικρομερέστερα τῶν ἰδιωμάτων· τῇ δὲ γεωγραφίᾳ, τὰς χώρας αὐτὰς μετὰ τῶν καθόλου παρακειμένων. Ὅτι καὶ πρῶτα μέρη καὶ μεγέθεσι συμμέτροις εὐκατάτακτα, τῆς μὲν οἰκουμένης, αἱ τῶν χωρῶν τοποθεσίαι, τούτων δὲ, αἱ τῶν ἐπιπλεῖον αὐταῖς ἐμπεριεχομένων διαφοραί. Καταγίνεται δὲ ἐπιπλεῖστον ἡ μὲν χωρογραφία, περὶ τὸ ποιὸν μᾶλλον, ἢ τὸ ποσὸν τῶν κατατασσομένων. Τῆς γὰρ ὁμοιότητος πεφρόντικε πανταχῆ, καὶ οὐχ οὕτως τοῦ συμμέτρου τῶν θέσεων. Ἡ δὲ γεωγραφία, περὶ τὸ ποσὸν μᾶλλον ἢ τὸ ποιόν. Επειδή περ τῆς μὲν ἀναλογίας τῶν διαστάσεων, ἐν πᾶσι ποιεῖται πρόνοιαν· τῆς δ' ὁμοιότητος, μέχρι τῶν μεγαλομερεστέρων περιγραφῶν, καὶ κατ' αὐτὸ τὸ σχῆμα μόνον. Οθεν ἐκείνη μὲν δεῖ τοπογραφίας. Καὶ οὐδὲ εἷς ἂν χωρογραφήσειεν, εἰ μὴ γραφικὸς ἀνήρ. Ταύτη δ' οὐ πάντως, ἐμποιεῖ γὰρ καὶ διὰ ψιλῶν τῶν γραμμάτων καὶ τῶν παρασημαιώσεων, δεικνῦναι καὶ τὰς θέσεις καὶ τοὺς καθόλου σχηματισμούς. Διὰ ταῦτα ἐκείνη μὲν οὐ δεῖ μεθόδου μαθηματικῆς. Ενταῦθα δὲ τοῦτο μάλιστα προηγεῖται τὸ μέρος. Προεσκέφθαι γὰρ δεῖ καὶ τῆς ὅλης γῆς τό τε σχῆμα καὶ μέγεθος. Ετι τε, τὴν πρὸς τὸ περιέχον θέσιν, ἵνα καὶ τὸ κατειλημμένον αὐτῆς μέρος ἐνῆ εἰπεῖν, καὶ πόσον ἐςι καὶ ποῖον. Καὶ ἔτι τῶν ἐν τούτῳ τόπων ἑκάστους ὑπὸ τίνας εἰσὶ τῆς οὐρανίου σφαίρας παραλλήλους. Εξ ὧν τά τε μεγέθη τῶν νυχθημέρων, καὶ τοὺς κατὰ κορυφὴν γινομένους τῶν ἀπλανῶν, καὶ τοὺς ὑπὲρ γῆν, ἢ ὑπὸ γῆν ἀεὶ φερουμένους, καὶ ὅσα τοῦ περὶ οἰκήσεως λόγου συνάπτομεν, ἐξέσται

nombre, puisqu'elle les montre dans leur ressemblance, plutôt qu'elle n'en donne les situations relatives. La Géographie au contraire comprend toute l'universalité de la terre, sans s'attacher à quelqu'une de ses parties exclusivement; car elle a surtout égard aux rapports des distances. Mais elle n'en figure que les contours les plus généraux, qu'elle trace par un trait qui en présente les formes. L'une a donc besoin du secours de la Topographie qui est la représentation particulière de chaque lieu; et à moins qu'on ne sache dessiner on n'est pas en état d'exécuter un tableau chorographique. Il n'en est pas absolument ainsi de l'autre, car elle peut, par de simples points et par des lignes seulement, exprimer les formes et les situations des pays en général. La connoissance des mathématiques n'est donc pas absolument nécessaire à la Chorographie, au lieu qu'une méthode fondée sur cette connoissance, est indispensable en Géographie. Le but de celle-ci, en effet, est la recherche de la figure et de la grandeur de la terre, et de sa situation dans le ciel, afin de pouvoir assigner quelle est la partie que nous en connoissons, l'étendue de cette partie, sous quels cercles parallèles de la Sphère céleste sont situés les divers lieux de la surface terrestre, d'où l'on pourra conclure les longueurs des jours et des nuits; quelles sont les étoiles verticales, celles qui sont toujours au-dessus de l'horizon terrestre, et celles qui demeurent toujours cachées au-dessous : enfin tout ce qui a rapport à chaque lieu habité. Connoissance sublime sans doute et bien digne de notre étude, que celle qui par le secours des Mathématiques, expose à nos sens le ciel même qui nous entoure, avec ce qu'a de naturel la partie que nous pouvons en voir; et la terre, au contraire, en image, quoique vraiment sous nos yeux et très-grande, mais ne nous entourant pas, et ne pouvant être parcourue ni en totalité, ni dans ses localités particulières, par les mêmes hommes.

προσδιαλαμβάνειν. Α τῆς ἀνωτάτω καὶ καλλίστης ἐστὶ θεωρίας, ἐπιδεικνῦντα διὰ τῶν μαθημάτων ταῖς ἀνθρωπίναις καταλήψεσι τὸν μὲν οὐρανὸν αὐτὸν, ὡς ἔχει φύσεως ὅ τι δύναται φαίνεσθαι, περιπολῶν ἡμᾶς· τὴν δὲ γῆν διὰ τῆς εἰκόνος, ὅτι τὴν ἀληθινὴν καὶ μεγίστην οὖσαν καὶ μὴ περιέχουσαν ἡμᾶς, οὔτε ἀθρόως, οὔτε κατὰ μέρος ὑπὸ τῶν αὐτῶν ἐφοδευθῆναι δυνατόν.

CHAPITRE II.

Préliminaires supposés nécessaires pour la Géographie.

Tel est en général le précis de ce qui constitue la différence entre un Géographe, et un Chorographe. Maintenant, comme nous nous proposons de décrire avec le plus d'exactitude que nous pourrons la partie habitée de la terre, nous croyons nécessaire de dire avant tout, que la condition préliminaire et fondamentale de cette science, est une histoire des voyages, qui donne la plus grande connoissance possible de la terre, d'après des relations de gens déjà instruits par l'étude qu'ils en auront faite, et qui ensuite auront parcouru les divers pays qu'ils décrivent. Une autre condition aussi essentielle, c'est que de tous ces mémoires, les uns contiennent des mesures géométriques, et les autres des observations astronomiques. Ce qui est du ressort de la Géométrie, consiste dans le tracé des situations

ΚΕΦΑΛΑΙΟΝ Β.

Τίνα δεῖ ὑποκεῖσθαι πρὸς τὴν Γεωγραφίαν.

Τι μὲν οὖν τέλος ἐςὶ τῷ γεωγραφήσοντι, καὶ τίνι διαφέρει τῦ χωρογράφου, διὰ τούτων ὡς ἐν κεφαλαίοις ὑποτετυπώσθω. Προκειμένου δ' ἐν τῷ παρόντι καταγράψαι τὴν καθ' ἡμᾶς οἰκουμένην σύμμετρον ὡς ἐνὶ μάλιςα τῇ κατ' ἀλήθειαν, ἀναγκαῖον οἰόμεθα προδιαλαβεῖν ὅτι τῆς τοιαύτης μεθόδου τὸ προηγούμενόν ἐςιν ἱστορία περιοδική, τὴν πλείστην περιποιοῦσα γνῶσιν, ἐκ παραδόσεων τῶν μετ' ἐπιστάσεως θεωρητικῆς, τὰς κατὰ μέρας χώρας περιελθόντων· καὶ ὅτι τῆς ἐπισκέψεως καὶ παραδόσεως, τὸ μὲν ἐστι γεωμετρικὸν, τὸ δὲ, μετεωροσκόπιον. Γεωμετρικὸν μὲν, τὸ διὰ ψιλῆς τῆς ἀναμετρήσεως τῶν διαςάσεων τὰς πρὸς ἀλλήλους θέσεις τῶν τόπων ἐνφανίζον. Μετεωροσκόπιον δὲ, τὸ διὰ τῶν φαινομένων ἀπὸ τῶν ἀστρολάβων καὶ σκιοθήρων ὀργάνων. Τοῦτο μὲν, ὡς αὐτοτελές τι καὶ ἀδιςακτότερον. Ἐκεῖνο δὲ, ὡς ὁλοσχερέστερον, καὶ τούτου προσδεόμενον. Πρῶτον μὲν γὰρ ἀναγκαίου τυγχάνοντος ὑποκεῖσθαι καθ' ἑκάτερον τρόπον, πρὸς ποίαν τέτραπται τοῦ κόσμου θέσιν ἡ τῶν ἐπιζητουμένων δύο τόπων διάστασις. Οὐ γὰρ ἁπλῶς εἰδέναι δεῖ πόσον ἀφέστηκεν ὅδε τοῦδε μόνον, ἀλλὰ καὶ ποῦ, τουτέστι πρὸς ἄρκτους, φέρε εἰπεῖν, ἢ πρὸς ἀνατολὰς, ἢ τὰς μερικωτέρας τούτων προσνεύσεις. Ἀδύνατόν ἐςι τὸ τοιοῦτον σκοπεῖν ἀκριβῶς ἄνευ τῆς διὰ τῶν εἰρημένων ὀργάνων τηρήσεως. Ἀφ' ὧν ἐν παντὶ τόπῳ καὶ χρόνῳ δείκνυται προχείρως, ἥ τε τῆς μεσημβρινῆς γραμμῆς θέσις, καὶ διὰ ταύτης αἱ τῶν ἀνυομένων διαςάσεων.

Ἔπειτα καὶ τούτου δοθέντος, ἡ μὲν τῶν σταδιασμῶν ἀναμέτρησις, οὔτε βεβαίως ἐμποιεῖ τοῦ ἀληθοῦς κατάληψιν, διὰ τὸ σπανίως ἰθυτενέσι περιπίπτειν πορείαις, ἐκτροπῶν πολλῶν συναποδιδομένων, καὶ κατὰ τὰς ὁδοὺς, καὶ κατὰ τοὺς πλοῦς. Καὶ δεῖν ἐπὶ μὲν τῶν πορειῶν, καὶ τὸ παρὰ τὸ ποιὸν καὶ ποσὸν τῶν ἐκτροπῶν περισσεῦον εἰκάζοντας, ὑφαιρεῖν τῶν ὅλων ςαδίων εἰς τὴν εὕρεσιν τῶν τῆς ἰθυτενείας. Ἐπὶ δὲ τῶν ναυτιλιῶν, ἔτι καὶ τὸ παρὰ τὰς

relatives des lieux, au moyen de mesures réduites proportionnellement, et adaptées à chacun en raison de leurs distances. Ce qui appartient à l'Astronomie est le résultat des observations célestes faites à l'aide des astrolabes et des instrumens à prendre les ombres (1); cela est facile et peu sujet à erreur. Mais l'exécution géométrique n'est pas aussi aisée, il faut y recourir à l'Astronomie. En effet, il est d'abord nécessaire de poser pour base, en chaque cas, dans quel sens et vers quel point du monde se dirige la distance de deux lieux dont il s'agit; car il ne suffit pas de savoir simplement de combien ils sont éloignés l'un de l'autre; mais dans quelle direction, c'est-à-dire si c'est vers les ourses, ou vers l'orient, ou vers les points intermédiaires, ce qu'il est impossible de connoître avec exactitude à moins que l'on n'observe par le moyen des instrumens dont je viens de parler. C'est par eux qu'en tout temps et en tout lieu on découvre sans peine la position de la ligne méridienne, et par cette ligne les directions des distances parcourues.

Ensuite, cela étant donné, la mesure par le nombre des stades parcourus, ne peut pas donner une connoissance exacte de la distance vraie, parce qu'ils sont rarement en ligne droite à cause des fréquens détours qu'on est obligé de faire, soit sur terre

(1) Voyez la construction et l'usage de l'astrolabe de Ptolemée, dans ma traduction de l'Almageste. Pour les sciothères, voyez les notes ci-après.

ou sur mer. Ainsi, pour les rectifier, dans les voyages, il faut, conjecturant en quels stades, et en combien de ces stades les distances ont été calculées, retrancher de leur somme ce dont on estime qu'elles diffèrent de la ligne droite. Dans les navigations, l'inconstance des vents, et les variations de leur force ne permettent pas de fixer une règle sûre pour juger des espaces parcourus. Et quand même l'intervalle de deux lieux, par où l'on a passé, seroit connu, on n'auroit pas son rapport à la circonférence de la terre, ni sa position relativement à l'équateur et aux pôles. Mais les mesures fondées sur les observations des phénomènes célestes, sont exemptes de toute erreur, car elles sont garanties par les grandeurs des arcs que forment les intersections mutuelles des cercles tant méridiens que parallèles qui passent par les lieux en question; en montrant quels arcs des méridiens sont compris entre les parallèles et l'équateur, et quels arcs de l'équateur et des parallèles sont compris entre les méridiens; et aussi quel arc du grand cercle décrit sur la sphère est compris entre ces deux lieux, ce qui n'a pas besoin d'être mesuré en stades pour le rapport des parties de la terre, à l'ensemble de la construction graphique; car il suffit, après avoir supposé la circonférence de la terre, d'un nombre de parties quelconques, de démontrer que les distances particulières en ont chacune une quantité proportionelle prise sur les grands cercles tracés à sa surface;

φορὰς τῶν πνευμάτων, διὰ πολλά γε μὴ τηρούντων τὰς αὐτὰς δυνάμεις, ἀνώμαλον προσδιακρίνειν. Οὔτε κἂν ἡ μεταξὺ διάςασις τῶν ἀμειφθέντων τόπων ἀκριβωθῇ, τὸν πρὸς ὅλην τὴν περίμετρον τῆς γῆς λόγον αὐτῆς συναποδίδωσιν, ἢ τὴν πρὸς τὸν ἰσημερινὸν καὶ τοὺς πόλους θέσιν. Η δὲ διὰ τῶν φαινομένων ἀναμέτρησις ἕκαςα τούτων ἀκριβοῖ, προσεπιδεικνύουσα πηλίκας τε περιφερείας ἀπολαμβάνουσιν ἀλλήλων οἱ γραφόμενοι διὰ τῶν ὑποκειμένων τόπων κύκλοι, παραλληλοί τε καὶ μεσημβρινοί· τουτέςιν, οἱ μὲν παράλληλοι, τὰς μεταξὺ πιπτούσας αὐτῶν τε καὶ τοῦ ἰσημερινοῦ περιφερείας τῶν μεσημβρινῶν· οὗτοι δὲ, τὰς ἐμπεριεχομένας ὑπ' αὐτῶν τοῦτε ἰσημερινοῦ καὶ τῶν παραλλήλων· καὶ ἔτι, πηλίκην ἀπολαμβάνουσιν οἱ δύο τόποι. περιφέρειαν τοῦ διὰ τοῦ ἐν τῇ γῇ γραφομένου μεγίςου κύκλου, καὶ μηδέν τι δεομένης τῆς τῶν ςαδίων ἀριθμήσεως, πρός τε τὸν λόγον τὸν ἀπὸ τῶν τῆς γῆς μέρων καὶ πρὸς ὅλην τὴν ἔφοδον τῆς καταγραφῆς· ἐπαρκεῖ γὰρ ὑποθεμένους τὴν περίμετρον αὐτῆς τμημάτων ὁσωνοῦν, τοσούτων ἐπιδεικνῦναι καὶ τὰς κατὰ μέρος διαςάσεις, ἐπὶ τῶν γραφομένων ἐν αὐτῇ μεγίςων κύκλων· ἀλλ' ἴσως οὐ πρὸς τὸ διελεῖν ὅλην τὴν περίμετρον, ἢ τὰ μέρη ταύτης, εἰς ὑποκείμενα καὶ γνώριμα διαςήματα ταῖς ἡμετέραις ἀναμετρήσεσι. Καὶ διατοῦτο μόνον, ἀναγκαῖον γέγονεν ἐφαρμόσαι τινὰ τῶν ἰθυτενῶν ὁδῶν τῇ κατὰ τὸ περιέχον ὁμοίᾳ μεγίστου κύκλου περιφερείᾳ, καὶ λαβόντας τὸν μὲν ταύτης λόγον πρὸς τὸν κύκλον ἐκ τῶν φαινομένων. Τὸν δὲ τῆς ὑπ' αὐτὴν ὁδοῦ σταδιαμὸν ἐκ τῆς ἀναμετρήσεως ἀπὸ τοῦ δοθέντος μέρους, καὶ τὸ τῆς ὅλης περιμέτρου τῶν σταδίων πλῆθος ἀποφῆναι. Προλαμβανομένου γὰρ ἐκ τῶν μαθημάτων, τοῦ καὶ τὴν συνημμένην τῆς γῆς καὶ τοῦ ὕδατος ἐπιφάνειαν ὡς καθ' ὅλα μέρη σφαιροειδῆ τε εἶναι καὶ περὶ αὐτὸ τὸ κέντρον τῆς σφαίρας τῶν οὐρανίων, ὥς τε τῶν διὰ τοῦ κέντρου ἐκβαλλομένων ἐπιπέδων ἕκαστον τὰς κοινὰς τομὰς ἑαυτοῦ καὶ τῶν εἰρημένων ἐπιφανειῶν ποιεῖν μεγίστους ἐν αὐταῖς κύκλους, καὶ τὰς συνισταμένας ἐν αὐτῷ πρὸς τῷ κέντρῳ γωνίας ὁμοίας ἀπολαμβάνειν τῶν κύκλων περιφερείας· συμβαίνει τῶν ἐπὶ τῆς γῆς διαστάσεων, τὸ μὲν ποσὸν τῶν σταδίων ἐὰν ἰθυτενεῖς ὦσιν, ἐκ τῶν ἀναμετρήσεων λαμβάνεσθαι τὸν δὲ λόγον τὸν πρὸς τὴν ὅλην περίμετρον, ἐξ αὐτῶν μὲν οὐδαμῶς, διὰ τὸ τῆς παραβολῆς ἀνέφικτον, ἀπὸ δὲ τῆς ὁμοίας τοῦ κατὰ τὸ περιέχον κύκλου περιφερείας· ἐπειδή περ ταύτης μὲν ἐνδέχεται λαμβάνειν τὸν πρὸς τὴν οἰκείαν περίμετρον

inégalement pour partager la circonférence ou ses portions en distances connues et assujeties à nos mesures. Pour cela seul il fallut comparer un chemin droit à une portion de grand cercle, en prendre le rapport à la circonférence, par les phénomènes célestes, et ensuite mesurer en stades cette portion de circonférence, et conclure par son rapport à la circonférence entière, le nombre des stades de toute la circonférence; car, mathématiquement, présumant que la surface continue de la terre et des mers forme une sphère (1) dont le centre est le centre même de la sphère des corps célestes, en sorte que tous les plans qui partent de ce centre, tracent à cette surface en la traversant, autant de grands cercles de la sphère terrestre; et que les angles au centre par les inclinaisons réciproques de ces plans, interceptent sur ces grands cercles, des arcs semblables : il s'ensuit que, pour les distances terrestres, le nombre de leurs stades en ligne droite s'évalue bien en mesures qu'on y applique, mais n'en fait pas pour cela connoître le rapport à celui de la circonférence entière, à cause de l'impossibilité de projetter une courbe en ligne droite. On le conclut de la similitude de l'arc céleste correspondant, avec l'arc terrestre, le même rapport existant

(1) On m'a injustement reproché, dans ma traduction de l'Almageste, d'avoir rendu le mot σφαιροειδὴς de Ptolemée, par *sphéroïde*; M. Delambre a dit, dans son Histoire de l'Astronomie, que ce mot chez les anciens étoit synonyme de *sphérique*. Ils ignoroient l'applatissement des pôles; et je traduisois un ancien, dont je devois rendre littéralement l'expression. Voyez la note, ci-après.

entre cet arc et la circonférence du cercle dont il fait partie, qu'entre un arc terrestre semblable, et le grand cercle auquel cet arc-ci appartient.

CHAPITRE III.

Comment par le nombre donné des Stades d'une distance quelconque, en ligne droite, ne fût-elle pas dans le même méridien, on parvient à connoître le nombre des Stades de la circonférence de la terre, et réciproquement.

Ceux qui nous ont précédés, ont cherché non seulement à faire un arc de grand cercle, d'une distance en ligne droite sur la terre, mais encore à la placer dans le plan d'un méridien. Et observant par les sciothères (instrumens à prendre les ombres) les deux points du ciel qui répondoient verticalement au-dessus des deux extrémités de cette distance, ils en ont conclu que l'intervalle de ces deux points étoit un arc céleste, semblable au chemin parcouru entre les deux extrémités sous le même méridien, parce que, comme nous l'avons dit, toutes ces lignes sont dans un seul plan, les droites qui partent de ces extrémités pour aboutir aux points verticaux, se réunissant en un point commun qui est le centre de la sphère. Autant donc l'arc céleste, entre les points verticaux, leur paroissoit être une partie du méridien entier, autant ils supposoient que la distance terrestre étoit une partie semblable de la cir-

λόγον, ὁ αὐτὸς δὲ γίνεται καὶ ἐκ τοῦ περὶ τὴν γὴν ὁμοίου τμήματος, πρὸς τὸν ἐν αὐτῇ μέγιστον κύκλον.

ΚΕΦΑΛΑΙΟΝ Γ.

Πῶς ἀπὸ τοῦ σταδιασμοῦ τῆς τυχούσης ἰθυτενοῦς διαστάσεως, κἂν μὴ ὑπὸ τὸν αὐτὸν ᾖ μεσημβρινόν, ὁ τῆς περιμέτρου τῆς γῆς σταδιασμὸς λαμβάνεται, καὶ τὸ ἀνάπαλιν.

ΟΙ μὲν οὖν πρὸ ἡμῶν, οὐκ ἰθυτενῆ μόνον ἐζήτουν ἐν τῇ γῇ διάστασιν, ἵνα μεγίστου κύκλου ποιῇ περιφέρειαν, ἀλλὰ καὶ τὴν θέσιν ἔχουσαν ἐν ἑνὸς ἐπιπέδῳ μεσημβρινοῦ. Καὶ τηροῦντες διὰ τῶν σκιοθήρων τὰ κατὰ κορυφὴν σημεῖα τῶν δύο τῆς διαστάσεως περάτων, αὐτόθεν τὴν ἀπολαμβανομένην ὑπ' αὐτῶν τοῦ μεσημβρινοῦ περιφέρειαν, ὁμοίαν εἶχον τῇ τῆς πορείας, διά τε τὸ καθ' ἑνὸς ὡς ἔφημεν ἐπιπέδου ταῦτα συνίστασθαι, τῶν ἐκλαμβανομένων εὐθειῶν διὰ τῶν περάτων ἐπὶ τὰ κατὰ κορυφὴν σημεῖα συμπιπτουσῶν ἀλλήλαις, καὶ διὰ τὸ κοινὸν εἶναι τῶν κύκλων κέντρον τὸ τῆς συμπτώσεως σημεῖον. Ὅσον οὖν ἐφαίνετο μέρος οὖσα τοῦ διὰ τῶν πόλων κύκλου ἡ μεταξὺ τῶν κατὰ κορυφὴν σημείων περιφέρεια, τοσοῦτον ὑπετίθεντο καὶ τὴν ἐν τῇ γῇ διάστασιν τῆς ὅλης περιμέτρου. Ὅτι δὲ κἂν μὴ διὰ τῶν πόλων λαμβάνωμεν τὸν κατὰ τὴν μεμετρημένην διάςασιν κύκλου, ἀλλ' ὁποιωνοῦν τῶν μεγίςων, τὸ προκείμενον δυνάται διηνῦσθαι, τῶν ἐν τοῖς πέρασιν ἐξαρμάτων ὁμοίως τηρηθέντων, καὶ τῆς θέσεως ἣν ἔχει πρὸς τὴν ἕτερον μεσημβρινὸν ἡ διάςασις, παρεςήσαμεν ἡμεῖς διὰ κατασκευῆς ὀργάνου μετεωροσκοπικοῦ. Δι' οὗ πολλά τε ἄλλα προχείρως λαμβάνομεν τῶν χρησιμωτάτων, καὶ δὴ καὶ πάσῃ μὲν ἡμέρᾳ καὶ νυκτὶ τὸ κατὰ τὸν τῆς τηρήσεως τόπον, ἔξαρμα τοῦ βορείου πόλου· πάσῃ δὲ ὥρᾳ τήν τε μεσημβρινὴν θέσιν, καὶ τὰς τῶν διανύσεων πρὸς αὐτὴν, τουτέςι πηλίκας ποιεῖ γωνίας ὁ διὰ τῆς ὁδοῦ γραφόμενος μέγιςος κύκλος, μετὰ τοῦ μεσημβρινοῦ πρὸς τῷ κατὰ κορυφὴν σημείῳ, δι' ὧν ὁμοίως, τήν τε ζητουμένην περιφέρειαν ἐξ αὐτοῦ τοῦ μετεωροσκοπίου δείκνυμεν, καὶ ἔτι τὴν ἀπολαμβανομένην τοῦ ἰσημερινοῦ περιφέρειαν ὑπὸ τῶν δύο μεσημβρινῶν, καὶ ἐὰν ἕτεροι ὦσι τοῦ ἰσημερινοῦ παράλληλοι· ὥς τε κατὰ τὴν τοιαύτην ἔφοδον μιᾶς μὲν ἰθυτενοῦς μόνον διαςάσεως ἐν τῇ γῇ μετρηθείσης, καὶ τὸν ὅλον τῆς περιμέτρου ςαδιασμὸν εὑρίσκεσθαι. Διὰ δὲ τοῦτον λοιπὸν καὶ τοὺς τῶν ἄλλων χωρὶς ἀναμετρήσεως, κἂν μὴ ὦσι δι' ὅλων ἰθυτενεῖς, μηδ' ὑπὸ τὸν αὐτὸν μεσημβρινὸν ἢ παράλληλον, τὸ δ' ὡς ἐπίπαν τῆς προσνεύσεως ἴδιον ἐπιμελῶς ἦν εἰλημμένον καὶ τὰ τῶν περάτων ἐξάρματα. Διὰ γὰρ τοῦ λόγου πάλιν τῆς ὑποτει-

conférence de la terre : analogie qui s'applique encore au cas où l'on prend pour la distance mesurée, non l'arc du méridien, mais celui d'un autre grand cercle quelconque, pourvu qu'on ait également bien observé les hauteurs du pôle aux deux extrémités de cette distance, et qu'on s'assure par le moyen du météoroscope, dont nous avons donné la construction, de la position de cette même distance relativement à l'autre méridien. Cet instrument sert à faire plusieurs autres observations très-utiles, comme à prendre de jour ou de nuit, les hauteurs du pôle boréal pour le lieu de l'observation, la position de la méridienne en quelque instant que ce soit, et celles des routes qui s'en écartent, c'est-à-dire, les angles que fait au point vertical avec elle le grand cercle décrit par la route, par lesquels nous montrons semblablement l'arc cherché, au moyen du météoroscope, ainsi que l'arc de l'équateur, compris entre deux méridiens, et de même les arcs des parallèles à l'équateur. Par cette méthode, une seule distance en ligne droite mesurée sur la terre, suffit pour trouver le nombre des stades de toute la circonférence terrestre. Et par-là encore, on connoît le nombre des stades des autres distances, quand même elles ne seroient ni en une seule ligne droite, ni dans le même méridien, ni sous le même parallèle, pourvu qu'on ait pris exactement leur obliquité, et les hauteurs de leurs extrémités. Car, ainsi encore, par la raison de l'arc qui soutend la distance en question, à la circonférence du grand cercle, on peut calculer aisément le nombre des stades du contour du globe terrestre, d'après le nombre trouvé de ceux de cette distance.

CHAPITRE IV.

Les résultats des observations célestes sont préférables aux relations des voyageurs.

Cela posé, si ceux qui ont parcouru les diverses contrées, avoient fait de telles observations, ils auroient pu donner une description exacte de la terre. Mais Hipparque étant le seul qui nous ait donné les hauteurs du pôle boréal pour quelques villes en très-petit nombre, relativement à tant d'autres à faire entrer dans la Géographie, et qui ait marqué celles qui sont sous un même parallèle et les autres à la suite, quelques uns après lui ayant fixé avec les points déjà déterminés, des points opposés, non à égales distances de l'équateur, mais simplement sous les mêmes méridiens, selon qu'en naviguant ils alloient vers l'ourse ou vers le midi : les distances pour la plupart, surtout celles d'occident en orient, ou d'orient en occident, ne nous ont été données que grossièrement, non par l'effet de quelque négligence de la part des navigateurs à qui nous devons ces relations, mais peut-être parce qu'ils manquoient d'une méthode mathématique pour bien observer, et parce qu'on n'avoit pas encore observé

νούσης τὴν διάστασιν περιφερείας, πρὸς τὸν μέγιστον κύκλον, καὶ τὸ τῶν σαδίων πλῆθος ἀπὸ τοῦ κατειλημμένου τῆς ὅλης περιμέτρου προχείρως ἔνεστιν ἐπιλογίζεσθαι.

ΚΕΦΑΛΑΙΟΝ Δ.

Ὅτι δεῖ τὰ ἐκ τῶν φαινομένων τηρούμενα προυποτίθεσθαι τῶν ἐκ τῆς περιοδικῆς ἱστορίας.

ΤΟΥΤΩΝ τοίνυν οὕτως ἐχόντων, εἰ μὲν οἱ περιελθόντες τὰς κατὰ μέρος χώρας, τοιαύταις τισὶ τηρήσεσιν ἐτύγχανον κεχρημένοι, παντάπασιν ἂν ἀδιστακτον ἐνεδέχετο ποιῆσαι τὴν τῆς οἰκουμένης καταγραφήν. Επεὶ δὲ μόνος ὁ Ιππαρχος ἐπ' ὀλίγων πόλεων, ὡς πρὸς τοσοῦτον πλῆθος τῶν κατατασσομένων ἐν τῇ γεωγραφίᾳ ἐξάρματα τοῦ βορείου πόλου παρέδωκεν ἡμῖν, καὶ τὰς ὑπὸ τοὺς αὐτοὺς κειμένας παραλλήλους οἰκήσεις καὶ τὰς ἑξῆς· ἔνιοι δὲ τῶν μετ' αὐτὸν καί τινας τῶν ἀντικειμένων τόπων, οὐ τοὺς ἶσον ἀπέχοντας τοῦ ἰσημερινοῦ, ἀλλ' ἁπλῶς τοὺς ὑπὸ τοὺς αὐτοὺς ὄντας μεσημβρινούς, ἐκ τοῦ τοὺς πρὸς ἀλλήλους αὐτῶν διάπλους οὐρίοις ἀπαρκτίαις ἢ νότοις διανύεσθαι· τὰ δὲ πλεῖστα τῶν διαστημάτων, καὶ μάλιστα τῶν πρὸς ἀνατολὰς ἢ δυσμὰς ὁλοσχερεστέρας ἔτυχε παραδόσεως, οὐ ῥαθυμίᾳ τῶν ἐπιβαλλόντων ταῖς ἱστορίαις, ἀλλ' ἴσως τῷ μηδέπω τὸ πρόχειρον κατειλῆφθαι τῆς μαθηματικωτέρας ἐπισκέψεως, καὶ διὰ τὸ μὴ πλείους τῶν ὑπὸ τὸν αὐτὸν χρόνον ἐν διαφόροις τόποις τετηρημένων σεληνιακῶν ἐκλείψεων. Ως τὴν ἐν Αρβήλοις πέμπτης ὥρας φανεῖσαν, ἐν δὲ Καρχηδόνι δευτέρας, ἀναγραφῆς ἠξιῶσθαι, ἐξ ὧν ἐφαίνετ' ἂν πόσους ἀπέχουσιν ἀλλήλων οἱ τόποι χρόνους ἰσημερινοὺς πρὸς ἀνατολὰς ἢ δυσμάς. Εὔλογον ἂν εἴη καὶ τὸν τούτοις ἀκολούθως γεωγραφήσοντα, τὰ μὲν διὰ τῶν ἀκριβεστέρων τηρήσεων εἰλημμένα προϋποτίθεσθαι τῇ καταγραφῇ, καθάπερ θεμελίους, τὰ δ' ἀπὸ τῶν ἄλλων ἐφαρμόζειν τούτοις, ἕως ἂν αἱ προσάλληλαι θέσεις αὐτῶν μετὰ τῶν πρὸς τὰ πρῶτα τηρήσεων, ὡς ἔνι μάλιστα συμφώνως ὦσι ταῖς ἀδιστακτοτέραις τῶν παραδόσεων.

plusieurs éclipses de lune, de différens lieux à la fois, et en même temps. Ainsi, par exemple, l'éclipse qui ayant paru à la cinquième heure à Arbèle, fut vue à la deuxième heure à Carthage, mérite d'être remarquée en ce qu'on reconnoît par ce phénomène de combien de temps équinoxiaux ces lieux sont éloignés l'un de l'autre vers l'orient ou l'occident. Il seroit bon, par conséquent, que celui qui veut faire une description de la terre, prît comme bases les données que lui fourniroient ces observations faites avec exactitude, et qu'il y en adaptât d'autres, jusqu'à ce que les situations relatives entre elles, comparées aux premières observations, s'accordassent le mieux possible avec les meilleures traditions.

ΚΕΦΑΛΑΙΟΝ Ε.

Ὅτι ταῖς ἐγγυτέραις τῶν ἱστοριῶν προσεκτέον, διὰ τὰς ἐν τῇ γῇ κατὰ χρόνους μεταβολάς.

Η μὲν οὖν ἐπιβολὴ τῆς καταγραφῆς, τοιαύτης ἂν εἰκότως ἔχοιτο προθέσεως. Επειδὴ δὲ ἐν ἅπασι τοῖς μὴ παντελῶς κατειλημμένοις τόποις, ἢ διὰ μεγέθους ὑπερβολὴν, ἢ διὰ τὸ μὴ ἀεὶ ὡσαύτως ἔχειν, ὁ πλείων ἀεὶ χρόνος ἱστορίαν ἐμποιεῖ καθάπαξ ἀκριβεστέραν, τοιοῦτον δέ ἐστι καὶ τὸ κατὰ τὴν γεωγραφίαν. Ωμολόγηται γὰρ δι' αὐτῶν τῶν

CHAPITRE V.

De toutes les relations, les plus modernes doivent être préférées à cause des changemens que la terre éprouve par succession de temps.

Tel est le plan sur lequel il convient de se régler, quand on entreprend une description de la terre. Mais, comme dans tous les pays qui ne sont pas bien connus, soit à cause de leur excessive grandeur, soit à cause des changemens qu'ils ont éprouvés, les histoires des derniers temps sont toujours les plus certaines. Il en est de même pour la Géographie. En effet, il est constant par une tradition de plusieurs siècles, qu'un très-grand nombre de parties de la terre qui entourent celle que nous habitons, ne nous sont pas encore connues, parce que leur vaste étendue les rend difficiles à parcourir, et que quelques-unes ne sont pas telles que les ont décrites ceux qui nous en ont donné des relations; et qu'enfin d'autres contrées ne sont plus les mêmes qu'elles étoient autrefois, à cause des ravages et des changemens qui y sont arrivés. Il est donc nécessaire de s'en tenir en général aux relations les plus rapprochées de notre temps, et de les comparer aux relations antérieures, pour juger quelles sont celles qui doivent être admises ou rejettées.

κατὰ χρόνους παραδόσεων, πολλὰ μὲν μέρη τῆς συνεχούσης γῆς τὴν καθ' ἡμῶν οἰκουμένην, μηδέπω διὰ τὸ τȣ̃ μεγέθους δυσέφικτον εἰς γνῶσιν ἐληλυθέναι, τὰ δὲ μὴ ὡς ἔχει λόγου τετυχηκέναι παρὰ τὸ τῶν ἐκλαβόντων τὰς ἱςορίας ἀνεπίστατον, ἔνια δὲ καὶ αὐτὰ νῦν ἄλλως ἔχειν ἢ πρότερον διὰ τὰς ἐν τοῖς κατὰ μέρος ἐπιγινομένας φθορὰς, ἢ μεταβολάς. Αναγκαῖον ἐςι κἀνταῦθα ταῖς ὑςάταις τῶν καθ' ἡμᾶς παραδόσεων ὡς ἐπίπαν προσέχειν παραφυλάσσοντας ἐπί τε τῆς τῶν προϊςορουμένων ἐκθέσεως καὶ τῆς τῶν προϊςορηθέντων διακρίσεως, τό τε ἀξιόπιςον, καὶ τὸ μή.

CHAPITRE VI.

De la Description de la Terre par Marin de Tyr.

Marin de Tyr, le dernier de ceux qui, de notre temps, ont cultivé la Géographie, paroît s'y être livré avec beaucoup de zèle. Car on voit qu'il a compulsé un grand nombre de relations modernes, outre celles qui étoient plus anciennement connues, et qu'ayant examiné avec soin les écrits de tous les Géographes qui l'ont précédé, il a corrigé et mis en ordre tout ce que les anciens et lui-même avoient auparavant trop légèrement admis ou mal disposé. C'est ce que prouvent les éditions multipliées de

ΚΕΦΑΛΑΙΟΝ Ϛ.

Περὶ τῆς κατὰ Μαρῖνον γεωγραφικῆς ὑφηγήσεως.

ΔΟΚΕΙ δὴ Μαρῖνος ὁ Τύριος, ὕςατός τε τῶν καθ' ἡμᾶς, καὶ μετὰ πάσης σπουδῆς ἐπιβαλεῖν τῷ μέρει τούτῳ. Φαίνεται γὰρ καὶ πλείοσιν ἱςορίαις περιπεπτωκὼς, παρὰ τὰς ἔτι ἄνωθεν εἰς γνῶσιν ἐλθούσας· καὶ τὰς πάντων σχεδὸν τῶν πρὸ αὐτοῦ μετ' ἐπιμελείας διειληφώς. Επανορθώσεώς τε τῆς δεούσης ἀξιώσας, ὅσα μὴ προσηκόντως ἐτύγχανε πεπιςευμένα, καὶ ὑπ' ἐκείνων καὶ ὑφ' ἑαυτοῦ τὸ πρῶτον. Ως ἐκ τῶν ἐκδόσεων αὐτοῦ τῆς τοῦ γεωγραφικοῦ πίνακος διορθώσεως πλειόνων οὐσῶν ἔνεςι σκοπεῖν. Ἀλλ᾽ εἰ μὲν ἑωρῶμεν μηδὲν ἐνδέον αὐτοῦ τῇ τελευταίᾳ συντάξει, κἂν ἀπήρκεσεν ἡμῖν ἀπὸ τούτων μόνον τῶν ὑπομνημάτων ποιεῖσθαι τὴν τῆς οἰκουμένης καταγραφὴν, μηδέν τι περιεργαζομένοις. Ἐπεὶ δὲ φαίνεται καὶ αὐτὸς ἐνίοις τε μὴ μετὰ καταλήψεως ἀξιοπίςου συγκατατεθειμένος, καὶ ἔτι περὶ τὴν ἔφοδον τῆς καταγραφῆς πολλαχῇ μή τε τοῦ προχείρου, μή τε τοῦ συμμέτρου τὴν δέουσαν πρόνοιαν πεποιημένος, εἰκότως προήχθημεν ὅσον ᾠόμεθα δεῖν, τῇ τοῦ ἀνδρὸς πραγματείᾳ συνεισενεγκεῖν ἐπὶ τὸ εὐλογώτερον καὶ εὐχρηςότερον. Καὶ δὴ τοῦτο ποιήσομεν ἀπερίττως ὡς ἔνι μάλιςα, προεπιςκεψάμενοι διὰ βραχέων ἑκάτερον εἶδος, τῶν ὀφειλόντων λόγου τινὸς τυχεῖν. Καὶ πρῶτον τὸ, κατὰ τὴν ἱςορίαν, ἀφ᾽ ἧς οἴεται δεῖν ἐπιπλέον προάγειν καὶ τὸ μῆκος τῆς ἐγνωσμένης γῆς πρὸς τὰς ἀνατολὰς, καὶ τὸ πλάτος πρὸς τὴν μεσημβρίαν. Εἰκότως γὰρ ἂν καλοῖμεν τῆς ἐκκειμένης ἐπιφανείας τὴν ἀπ᾽ ἀνατολῶν ἐπὶ δυσμὰς διάςασιν, μῆκος· τὴν δ᾽ ἀπ᾽ ἄρκτων πρὸς μεσημβρίαν, πλάτος· ὅτι τε καὶ τῶν κατ᾽ οὐρανὸν κινήσεων τοὺς παραλλήλους ταύταις ὁμονύμως προσαγορεύομεν, καὶ ὅτι καθόλου μὲν τῇ μείζονι τῶν διαςάσεων προσάπτομεν τὸ μῆκος. Ὡμολόγηται δὲ παρὰ πάντων ἁπλῶς καὶ τῆς οἰκουμένης ἡ πρὸς

ses corrections de sa Table Géographique. Si nous trouvions qu'il ne manque rien à sa dernière production, ses mémoires seuls nous suffiroient pour une description complète de la terre, sans que nous prissions la peine de changer ni d'ajouter à son travail. Mais comme il paroît à quelques-uns n'y avoir pas procédé avec une connoissance digne de foi, et que dans son instruction sur la manière de construire une Mappemonde, il n'a pas eu le soin de préparer et de faciliter l'intelligence de sa méthode, ni d'apporter plus d'exactitude dans les mesures des distances; nous nous sommes déterminés à entreprendre de suppléer à ces défauts, autant que nous le jugerons nécessaire pour rendre son ouvrage plus méthodique et plus utile. Nous tâcherons d'y mettre le plus de brièveté qu'il sera possible, après avoir examiné en peu de mots, sous toutes leurs faces, chacune des choses qui demandent une explication. Et d'abord nous commencerons par les raisons qu'il a de croire d'après les relations, qu'il faut prolonger la terre connue plus vers l'orient, et sa largeur plus au midi qu'on ne l'a fait jusqu'à présent. Nous appellerons donc longitude l'étendue de la surface de la terre d'orient en occident, et latitude sa largeur en allant des ourses vers le midi; parceque nous donnons le nom de longitude aux parallèles qui sont dans la direction du mouvement du ciel autour de la terre, et que généralement la dénomination de longitude appartient à l'étendue la plus longue. Et tout le monde convient aussi que la terre a plus d'étendue en surface, d'orient en occident, que du septentrion au midi.

CHAPITRE VII.

Correction de la grandeur de la terre connue, en latitude suivant Marin, d'après les observations célestes.

Marin, pour terme extrême de la latitude, supposant l'île Thulé sous le parallèle le plus boréal de la terre connue, place ce parallèle à une distance de l'équateur, au plus, de 63 des 360 divisions égales du méridien, ou de 31500 stades dont environ 500 font une de ces divisions (ou un degré): ensuite plaçant l'Agisymba des Ethiopiens et le cap Prason sous le parallèle qui forme la limite la plus méridionale de la terre connue, il met ce parallèle sous le tropique d'hiver; ensorte que la largeur de la terre entre ces limites, tant d'un côté de l'équateur, que de l'autre jusqu'au tropique d'hiver, est, selon lui, d'environ 87 degrés, ou 43500 stades. Il s'efforce de prouver par des raisons prises selon lui des phénomènes, et par des relations historiques de voyages sur terre et sur mer, la réalité

δυσμὰς ἀπὸ τῶν ἀνατολῶν διάστασις, πολλῷ μείζων τῆς ἀπ᾽ ἄρκτων πρὸς μεσημβρίαν.

ΚΕΦΑΛΑΙΟΝ Ζ.

Διόρθωσις τῆς κατὰ τὸν Μαρῖνον τοῦ πλάτους τῆς ἐγνωσμένης γῆς διαστάσεως ἀπὸ τῶν φαινομένων.

ΕΠΙ τοίνυν τοῦ πλάτους πρῶτον ὑποτίθεται μὲν καὶ αὐτὸς τὴν Θούλην νῆσον ὑπὸ τὸν παράλληλον τὸν ἀφορίζοντα τὸ βορειότατον πέρας τῆς ἐγνωσμένης γῆς. Τὸν δὲ παράλληλον τοῦτον ἀποδείκνυσιν ὡς ἔνι μάλιστα ἀπέχοντα τοῦ ἰσημερινοῦ μοίρας ξγ, οἵων ἐστὶν ὁ μεσημβρινὸς κύκλος τξ, σταδίους δὲ τρισμυρίους χιλίους πεντακοσίους, ὡς τῆς μοίρας πεντακοσίους ἔγγιστα σταδίους περιεχούσης. Επειτα τὴν τῶν Αἰθιόπων χώραν τὴν καλουμένην Αγίσυμβα, καὶ τὸ Πράσον ἀκρωτήριον, ἐκθέμενος ὑπὸ τὸν παράλληλον τὸν ἀφορίζοντα τὸ νοτιώτατον, καὶ πέρας τῆς ἐγνωσμένης γῆς, ποιεῖ καὶ τοῦτον ὑπὸ τὸν χειμερινὸν τροπικὸν, ὥς τε τὸ πλάτος τῆς οἰκουμένης προσγενομένου τοῦ μεταξὺ διαστήματος, τουτέστι τοῦ τε ἰσημερινοῦ καὶ τοῦ χειμερινοῦ, συνάγεσθαι κατ᾽ αὐτὸν μοίρας πζ ἔγγιστα, σταδίων δὲ μυριάδων τεσσάρων τρισχιλίων πεντακοσίων. Πειρᾶται δὲ τὸ εὔλογον τοῦ νοτίου πέρατος δεικνῦναι, καὶ διὰ φαινομένων τινῶν, ὥς γε αὐτὸς οἴεται, καὶ διὰ τῶν ἱϛορηθεισῶν διανύσεων κατά τε γῆν καὶ κατὰ θάλασσαν· Ὧν ἕκαϛον ἐξ ἐπιδρομῆς ἐπισκεπτέον.

Ἐπὶ μὲν τῶν φαινομένων φησὶν ἐν τῇ τρίτῃ συντάξει κατὰ λέξιν, οὕτως· Ἐν γὰρ τῇ διακεκαυμένῃ ζώνῃ ὁ ζωδιακὸς ὅλος ὑπὲρ αὐτὴν φέρεται. Διόπερ ἐν αὐτῇ μεταβάλλουσιν αἱ σκιαὶ, καὶ πάντα τὰ ἄϛρα δύνει καὶ ἀνατέλλει. Μόνη δὲ ἡ μικρὰ ἄρκτος ἄρχεται ὅλη ὑπὲρ γῆν φαίνεσθαι ἐν τοῖς Ὠκήλεως βορειοτέροις ϛαδίοις πεντακοσίοις. Ὁ γὰρ διὰ Ὠκήλεως παράλληλος ἐξῆρται μοίρας ια καὶ δύο πέμπτα. Παραδίδοται δὲ, ὑπὸ τοῦ Ἱππάρχου, τῆς μικρᾶς ἄρκτου ὁ νοτιώτατος, ἔσχατος δὲ τῆς οὐρᾶς, ἀϛὴρ ἀπέχειν τοῦ πόλου μοίρας ιβ καὶ δύο πέμπτα. Καὶ τοῖς μὲν ἀπὸ τοῦ ἰσημερινοῦ ἐπὶ τὸν θερινὸν προϊοῦσιν, ὁ μὲν βόρειος πόλος ἀεὶ μετεωρίζεται ὑπὲρ τὸν ὁρίζοντα· ὁ δὲ νότιος ὑπὸ τὸν ὁρίζοντα γίνεται. Τοῖς δὲ ἀπὸ τοῦ ἰσημερινοῦ πρὸς τὸν χειμερινὸν τροπικὸν βαδίζουσιν, ὁ μὲν νότιος πόλος, ἐξαίρεται ὑπὲρ τὸν ὁρίζοντα, ὁ δὲ βόρειος, ὑπὸ τὸν ὁρίζοντα γίνεται. Διὰ μὲν οὖν τούτων αὐτὰ τὰ ὀφείλοντα συμβαίνειν ἐν τοῖς ὑπὸ τὸν ἰσημερινὸν ἢ τοῖς μεταξὺ τῶν τροπικῶν τόποις ἐκτίθεται μόνοις. Εἰ δὲ καὶ τῷ ὄντι γέγονέ τις ἱϛορία τῶν ὑπὸ τοὺς νοτιωτέρους τοῦ ἰσημερινοῦ φαινομένων, οὐ παρίϛησιν· Οἷον τὸ γί-

de la limite boréale qu'il donne à la terre en latitude : nous allons examiner chacune des preuves qu'il en donne.

Il dit, dans son troisième livre, concernant les phénomènes : « Dans la Zône torride, le Zodiaque entier est porté au dessus d'elle. C'est pourquoi les ombres changent de côtés sous cette Zône, et tous les astres s'y couchent et s'y lèvent. La petite ourse seule ne commence à paroître toujours au dessus de l'horizon, que dans les contrées plus boréales de 500 stades, qu'Océlis, car le parallèle d'Océlis est sous une latitude de $11\frac{2}{5}$ degrés : et Hipparque nous apprend que l'étoile la plus méridionale de la petite ourse, ou la dernière de la queue, est à $12\frac{2}{5}$ degrés de distance du pôle. Mais le pôle boréal est toujours élevé au dessus de l'horizon, pour ceux qui vont de l'équateur au tropique d'été, tandis que le pôle austral est toujours au dessous de leur horizon. Au contraire, pour ceux qui vont de l'équateur au tropique d'hiver, le pôle austral est toujours au dessus de l'horizon, et le pôle boréal toujours au dessous. Par là il expose ce qui doit avoir lieu seulement pour les pays situés sous l'équateur ou entre les tropiques. Mais s'il y a eu quelque relation de ce qui arrive dans les lieux plus méridionaux que l'équateur, il n'en parle pas : ni pour quels lieux les étoiles plus australes que l'équateur sont verticales, ni si les ombres au milieu du jour déclinent vers le midi, dans le temps des équinoxes, ni si toutes les étoiles de la petite ourse se couchent ou se lèvent, ou quelles sont celles d'entr'elles qui ne paroissent pas dans les pays pour lesquels le pôle austral est au dessus de l'horizon.

Ensuite, il dit bien que des phénomènes ont été observés, mais ils ne peuvent pas prouver ce qui est en question. Car il raconte que ceux qui naviguent de l'Inde vers le pays de Limyre, suivant Diodore de Samos dans son 3ᵉ livre, ont le taureau au milieu du ciel, et la pleïade au dessus du milieu des mâts : et que ceux qui d'Arabie vont en Azanie, dirigent leur navigation vers le midi et vers l'étoile Canobe qu'on y appelle cheval, et qui est l'étoile la plus australe. Mais d'autres étoiles qui n'ont pas de nom chez nous, leur apparoissent. Le Chien se lève pour eux avant Procyon, et Orion entier avant le solstice d'été. Ainsi donc parmi les astres qui se montrent au dessus de l'horizon, les uns montrent bien des contrées plus boréales que l'équateur, comme sont les constellations du taureau et de la pleïade verticales sur ces pays, parce qu'elles sont plus boréales que l'équateur; mais d'autres étoiles vues des contrées septentrionales ne prouvent pas qu'il existe des terres plus australes, car l'étoile Canobe peut se montrer à des lieux plus boréaux que le tropique d'été; et plusieurs des étoiles qui ne paroissent jamais au dessus de notre

νεσθαί που κατὰ κορυφὴν ἀςέρας τῶν τοῦ ἰσημερινοῦ νοτιωτέρων· ἢ τὸ τὰς μεσημβρινὰς σκιὰς, ἐν ταῖς ἰσημερίαις ἀποκλίνειν πρὸς νότον, ἢ τὸ τοὺς τῆς μικρᾶς ἄρκτου ἀςέρας πάντας ἀνατέλλειν, ἢ δύνειν, ἢ πάλιν τινὰς αὐτῶν μὴ φαίνεσθαι, τοῦ νοτίου τῶν πόλων ὑπὲρ τὸν ὁρίζοντα γινομένου.

Διὰ δὲ τῶν ἑξῆς, ἐπιλέγει μέν τινα τετηρημένα φαινόμενα, μὴ μέντοι τὸ προκείμενον ἐπιδεῖξαι δυνάμενα πάντως. Φησὶ γὰρ ὅτι καὶ οἱ μὲν ἀπὸ τῆς Ινδικῆς εἰς τὴν Λιμυρικὴν πλέοντες, ὥς φησι Διόδωρος ὁ Σάμιος ἐν τῷ τρίτῳ, ἔχουσι τὸν ταῦρον μεσουρανοῦντα, καὶ τὴν πλειάδα κατὰ μέσην τὴν κεραίαν· οἱ δ' εἰς τὴν Αζανίαν ἀπὸ τῆς Αραβίας ἀναγόμενοι, εὐθύνουσι τὸν πλοῦν πρὸς μεσημβρίαν, καὶ τὸν Κάνωβον ἀςέρα, ὅς τις ἐκεῖ λέγεται ἵππος καὶ ἐςι νοτιώτατος. Αςρα δὲ φαίνεται παρ' αὐτοῖς, ἃ παρ' ἡμῖν οὐδὲ ὀνομάζεται, καὶ ὁ Κύων τοῦ Προκυνος ἐπιτέλλων, καὶ ὁ Ωρίων πρὸ τῶν θερινῶν τροπῶν ὅλως. Καὶ τούτων οὖν τῶν φαινομένων, τὰ μὲν σαφῶς τὰς βορειοτέρας οἰκήσεις τοῦ ἰσημερινοῦ παρίςησιν, ὡς ὁ ταῦρος καὶ ἡ πλειὰς κατὰ κορυφὴν γινόμενα, βορειότερα γὰρ καὶ τὰ ἄςρα ταῦτα τοῦ ἰσημερινοῦ· τὰ δ' οὐδὲν μᾶλλον τὰς νοτιωτέρας τῶν βορειοτέρων. Ο τε γὰρ Κάνωβος δύναται φαίνεσθαι καὶ τοῖς συχνῶ τοῦ θερινοῦ τροπικοῦ βορειοτέροις· καὶ πολλοὶ τῶν ἀεὶ παρ' ἡμῖν ὑπὸ γῆν ὄντων ἀςέρων, ἐν τοῖς ἡμῶν μὲν νοτιωτέροις τόποις, ἔτι δὲ τοῦ ἰσημερινοῦ βορειοτέροις, οἷον τοῖς περὶ Μερόην, ὑπὲρ γῆν γίνεσθαι, καθάπερ αὐτὸς ὁ Κάνωβος ἐνταῦθα τοῖς βορειοτέροις ἡμῖν μὴ φαινόμενος· Καί τοι τούτου μὲν καὶ τοὔνομα οἱ μεσημβρινώτεροι λέγουσιν ἵππον, ἀλλ' οὐδὲ οὐδενὸς τῶν ἡμῖν ἀγνώςων. Επιφέρει δὲ καὶ αὐτὸς παρειληφέναι διὰ τῶν μαθηματικῶν λόγων, ὅτι ὁ μὲν Ωρίων ὅλος φαίνεται πρὸ τῶν θερινῶν τροπῶν παρὰ τοῖς ὑπὸ τὸν ἰσημερινὸν οἰκοῦσιν. Ο δὲ Κύων προανατέλλειν ἄρχεται τοῦ Προκυνος, παρὰ τοῖς ὑπὸ τὸν ἰσημερινὸν οἰκοῦσιν, καὶ ἀπ' αὐτῶν μέχρι Συήνης. Ως μηδὲ τούτων τῶν φαινομένων ἴδιον εἶναί τι τῶν νοτιωτέρων οἰκήσεων τοῦ ἰσημερινοῦ.

horizon, se montrent à des lieux à la vérité plus méridionaux que nous, mais aussi plus boréaux que l'équateur, comme pour les habitans de Méroë, elles sont au dessus de l'horizon; telle est cette même étoile Canobus qui ne se montre pas à nous, parce que nous sommes trop boréaux. Les peuples plus au midi que nous lui donnent le nom de *cheval*, et non à aucune autre des étoiles qui nous sont inconnues. Il soutient aussi qu'on a trouvé par des raisons mathématiques, qu'Orion paroît tout entier avant le solstice d'été à ceux qui habitent sous l'équateur. Mais le Chien commence à se lever avant Procyon, pour ceux qui habitent sous l'équateur, et en deçà jusqu'à Syène. Ensorte qu'il n'y a aucun de ces phénomènes, qui soit particulier aux contrées plus australes que l'équateur.

ΚΕΦΑΛΑΙΟΝ Η.

Ἡ αὐτὴ διόρθωσις ἀπὸ τῶν διανύσεων τῶν κατὰ τὰς ὁδοιπορίας.

Επι δὲ τῶν διανύσεων, ἐκ μὲν τῆς κατὰ γῆν ἐπιλογιζόμενος τὰς κατὰ μέρος ἡμέρας τῶν πορειῶν, τῶν ἀπὸ Λέπτεως τῆς μεγάλης, ἕως τῆς Αγίσυμβα χώρας, συνάγει ταύτην νοτιωτέραν τοῦ ἰσημερινοῦ ςαδίοις δισμυρίοις τετρακισχιλίοις ἑξακοσίοις ὀγδοήκοντα. Εκ δὲ τῆς κατὰ θάλατταν διὰ τῶν ἡμερῶν πάλιν τοῦ πλοῦ, τῶν ἀπὸ Πτολεμαΐδος τῆς ἐν τῇ Τρωγλοδυτικῇ

CHAPITRE VIII.

Même correction par la mesure des espaces parcourus en voyageant sur terre.

Quant aux espaces parcourus sur terre, en calculant les jours de marche, depuis la grande Leptis jusqu'au pays d'Agizymba, il trouve que ce pays est plus méridional que l'équateur de 24680 stades; et par mer, comptant de même les jours de navigation depuis Ptolémaïs des Troglodytes jusqu'au cap Prase, il trouve celui-ci plus méridional que l'équateur de 27800 stades;

de sorte que, selon lui, le cap Prase et le pays d'Agizymba qui est en Éthiopie, mais qui, comme il le dit, ne la termine pas au midi, se portent vers la zône glaciale opposée, car les 27800 stades font sur l'équateur $55\frac{3}{5}$ degrés, dont ces contrées sont éloignées de l'équateur, et de l'autre côté, distance égale à l'intervalle entre l'équateur et les Scythes et Sarmates qui, sous une même température, habitent des lieux plus boréaux que le Palus-Méotide. Or il réduit ce nombre de stades à moins de la moitié, c'est-à-dire, à 12000, ce qui est à peu près la distance du tropique d'hiver à l'équateur. Il donne pour raisons de cette diminution, les quantités dont on s'est écarté de la ligne droite en voyageant, et les irrégularités des routes; négligeant lui-même de dire les causes les plus prochaines d'après lesquelles non-seulement il paroîtroit nécessaire de diminuer ces stades, mais encore de les réduire à un aussi petit nombre. Car d'abord il dit du voyage que fit depuis Garama jusque dans l'Éthiopie, Septimius Flaccus qui porta la guerre de Libye en Éthiopie, qu'il mit trois mois à y arriver du pays des Garamantes, en marchant vers le midi; mais que Julius Maternus, avec le roi des Garamantes qui fit une irruption depuis Garama jusqu'en Éthiopie, étant parti de la

ἐπὶ τὸ Πράσον ἀκρωτήριον, συνάγει καὶ τοῦτο νοτιώτερον τοῦ ἰσημερινοῦ σταδίοις δισμυρίοις ἑπτακισχιλίοις ὀκτακοσίοις. Ὡς τε τὸ Πράσον ἀκρωτήριον, καὶ τὴν Αγίσυμβα χώραν, Αἰθιόπων οὖσαν, καὶ ὡς αὐτὸς φησὶ, μηδὲ περιορίζουσαν ἀπὸ νότου τὴν Αἰθιοπίαν, ἐπὶ τὴν κατεψυγμένην ζώνην φέρειν τῆς ἀντοικουμένης. Οἱ γὰρ δισμύριοι ἑπτακισχίλιοι ὀκτακόσιοι στάδιοι ποιοῦσιν ἐπὶ τοῦ μεσημβρινοῦ μοίρας πεντηκονταπέντε, καὶ τρία πέμπτα, ὅσας ἀπέχουσιν ἐπὶ θάτερα τοῦ ἰσημερινοῦ, καὶ κατὰ τὴν ὁμοίαν κρᾶσιν, οἱ τὰ βόρεια τῆς μαιώτιδος λίμνης κατανεμόμενοι Σκύθαι καὶ Σαρμάται. Συναιρεῖ μὲν οὖν καὶ αὐτὸς τὸν ἐκκείμενον σταδιασμὸν εἰς ἐλάττονα τοῦ ἡμίσεως, τουτέστιν, εἰς μυρίους καὶ δισχιλίους σταδίους, ὅσους ἔγγιστα ὁ χειμερινὸς τροπικὸς ἀπέχει τοῦ ἰσημερινοῦ. Παρατίθεται δὲ αἰτίας τῆς συναιρέσεως, τάς τε τῶν ἰθυτενῶν ἐκτροπὰς, καὶ τὰς ἀνωμαλίας τῶν διανύσεων. Μονὰς παριστὰς, ἔτι προτέρας καὶ προχειροτέρας, ἐξ ὧν ου τὸ μειῶσαι μόνον φαίνοιτ' ἂν ἀναγκαῖον, ἀλλὰ καὶ τὸ μέχρι τοσούτου. Πρῶτον μὲν γὰρ ἀπὸ τῆς ὁδοιπορίας τῆς ἀπὸ Γαράμης ἐπὶ τοὺς Αἰθίοπας φησὶ Σεπτίμιον μὲν Φλάκκον τὸν ἐκ τῆς Λιβύης στρατευσάμενον ἀφικέσθαι πρὸς τοὺς Αἰθίοπας ἀπὸ τῶν Γαραμάντων μησὶ τρισὶν ὁδεύοντα πρὸς μεσημβρίαν. Ιούλιον δὲ Μάτερνον, τὸν ἀπὸ λέπτεως τῆς μεγάλης, ἀπὸ Γαραμηὶ ἅμα τῷ βασιλεῖ τῶν Γαραμάντων ἐπερχομένῳ τοῖς Αἰθίοψιν, ὁδευσάντων πάντων πρὸς μεσημβρίαν μησὶ τέσσαρσιν ἀφικέσθαι εἰς τὴν Αγίσυμβα χώραν τῶν Αἰθιόπων, ἔνθα οἱ ῥινοκέρωτες συνέρχονται. Ων ἑκάτερον ἄπιςόν ἐςι καὶ καθ' αὑτὸ, διά τε τὸ μὴ τοσούτῳ κεχωρίσθαι τοὺς ἐντὸς Αἰθίοπας τῶν Γαραμάντων ὡς τριμήνου δίοδον ἀπέχειν, ὄντων τε καὶ αὐτῶν ἤδη μᾶλλον Αἰθιόπων, καὶ τὸν αὐτὸν ἐχόντων ἐκείνοις βασιλέα· καὶ διὰ τὸ παντάπασι γελοῖον εἶναι τὴν τοῦ βασιλέως ἔφοδον τῶν ὑποτεταγμένων, ἐπὶ μίαν διάςασιν μόνην γενέσθαι τὴν ἀπ' ἄρκτων πρὸς μεσημβρίαν, πλεῖςον ἐφ' ἑκάτερα πρὸς ἀνατολὰς καὶ δύσεις τῶν ἐθνῶν τούτων ἐκτεινομένων, καὶ ἔτι μηδαμῆ διατριβὰς ἀξιολόγους ἐμποιῆσαι. Δι' ὧν εἰκὸς ἦν, τερατεύσασθαι τοὺς ἄνδρας, ἢ τὸ πρὸς μεσημβρίαν οὕτως εἰπεῖν ὡς εἰώθασιν οἱ ἐπιχώριοι λέγειν εἰς τὸν νότον, ἢ εἰς τὸν λίβα, καταχρώμενοι τῷ μᾶλλον, ἀντὶ τῆς ἀκριβείας.

ΚΕΦΑΛΑΙΟΝ Θ.

Η αὐτὴ διόρθωσις ἀπὸ τῶν κατὰ πλοῦν διανύσεων.

ΕΠΕΙΤΑ καὶ τὸν μεταξὺ τῶν Αρωμάτων καὶ τῶν Ραπτῶν πλοῦν, Διογένη μέν τινα φησὶ τῶν εἰς τὴν Ινδικὴν πλεόντων ὑποςρέφοντα τὸ δεύτερον, ὅτε ἐγένετο κατὰ τὰ Αρώματα ἀπωσ-

grande Leptis, en allant vers le midi, ils arrivèrent en quatre mois dans le pays d'Agizymba en Éthiopie, où vivent les rhinocéros. Ces deux faits ne sont pas croyables, attendu que les habitans de l'intérieur de l'Éthiopie ne sont pas assez éloignés des Garamantes pour qu'il y ait trois mois de marche des uns aux autres, les Garamantes étant eux-mêmes des Éthiopiens, et ayant le même roi; et parce qu'il est absolument ridicule que la marche du roi contre ses sujets se soit faite seulement dans la seule direction du septentrion au midi, tandis que ces nations sont le plus étendues vers l'orient et l'occident; et ne se soit nulle part considérablement arrêté. Il est donc vraisemblable qu'ils n'ont pas dit la vérité, ou qu'ils ont parlé comme les gens du pays, en disant vers le midi, c'est-à-dire, vers le vent d'Afrique, en substituant le plus au lieu du vrai.

CHAPITRE IX.

Même correction d'après les détours des navigateurs.

ENSUITE, rapportant la navigation entre Aromata et Rapta, il dit qu'un certain Diogène, l'un des navigateurs qui vont dans l'Inde, revenant de ce pays pour la seconde fois, fut poussé par le vent du nord, quand il fut à la hauteur d'Aromata, et qu'après avoir côtoyé sur sa droite le pays des Troglodytes, il arriva en vingt-cinq jours aux marais où le Nil prend sa source, et qui ont le cap Rapta un peu plus au sud; mais il dit aussi qu'un autre navigateur, nommé Théophile, l'un de ceux qui font le voyage d'Azanie, étant parti de Rapta par un vent du midi, arriva le vingtième jour à Aromata : aucun d'eux n'a cependant dit le nombre des jours de cette navigation. Théophile dit bien qu'il arriva le vingtième jour; et Diogène, qu'il navigua pendant vingt-cinq jours le long de la côte des Troglodytes. L'un et l'autre rapportent le temps qu'ils ont employé à ce voyage, mais sans compter les jours des déviations et des changemens de vents pendant un temps si long, et sans dire s'ils ont constamment vogué vers le nord ou vers le sud. Diogène ajoute seulement qu'il fut poussé par le vent du nord, et Théophile, par celui du sud; mais ni l'un ni l'autre n'a dit avoir toujours gardé la même direction dans tout le temps de la navigation. Or il n'est pas croyable que ces deux navigations aient été constamment favorisées d'un même vent particulier pendant deux si grands nombres de jours. C'est pourquoi Diogène ayant parcouru en vingt-cinq jours la distance d'Aromata aux marais qui ont le cap Rapta au midi, mais Théophile n'ayant mis que vingt jours pour naviguer de Rapta à Aromata dont la distance est plus grande, et Théophile estimant

θῆναι ἀπαρκτίαις, καὶ ἐν δεξιᾷ ἔχοντα τὴν Τρωγλοδυτικὴν ἐπὶ ἡμέρας κε παραγενέσθαι εἰς τὰς λίμνας ὅθεν ὁ Νεῖλος ῥεῖ, ὧν ἐςι τὸ τῶν Ῥαπτῶν ἀκρωτήριον ὀλίγῳ νοτιώτερον. Θεόφιλον δέ τινα τῶν εἰς τὴν Αζανίαν πλεόντων ἀπὸ τῶν Ῥαπτῶν ἀναχθῆναι νότῳ, καὶ εἰκοςῇ ἡμέρᾳ ἀναχθῆναι εἰς τὰ Αρώματα. Τούτων δὲ ἑκάτερος οὔτε τὸν πλοῦν ἡμερῶν ὅσων εἶπεν. Αλλ' ὁ μὲν Θεόφιλας, εἰκοςῇ ἡμέρᾳ κατῆχθαι. Ο δὲ Διογένης ἐπὶ ἡμέρας εἰκοσιπέντε παραπλεῦσαι τὴν Τρωγλοδυτικὴν, ὅσας ἔπλευσαν ἰσορήσαντες, μονονουχὶ δὲ ὅσων ἐςὶν ἡμερῶν ὁ πλοῦς ἐπιλογισάμενοι διὰ τὴν τῶν πνευμάτων ἐπὶ τοσοῦτον χρόνον ἀνωμαλίαν καὶ παραλλαγὴν, οὔθ' ὅτι πρὸς ἄρκτους, ἢ πρὸς μεσημβρίαν ὅλος αὐτοῖς γέγονεν ὁ πλοῦς. Αλλ' ὁ μὲν Διογένης, ἐξωσθῆναι μόνον ἀπαρκτίᾳ. Ο δὲ Θεόφιλος, ἀναχθῆναι μόνον νότῳ. Τὸν δὲ λοιπὸν πλοῦν, ὅτι τὴν αὐτὴν ἐτήρει πρόσνευσιν, οὐδέτερος εἴρηκεν. Οὐδὲ γὰρ πιθανόν ἐςιν ἐπὶ τοσαύτας ἡμέρας τὴν αὐτὴν φυλαχθῆναι πνεύματος φοράν. Καὶ διὰ τοῦτο δὴ τοῦ Διογένους τὴν ἀπὸ τῶν Αρωμάτων ἐπὶ τὰς λίμνας, ὧν ἐςι τὸ τῶν Ῥαπτῶν ἀκρωτήριον νοτιώτερον, διάςασιν ἡμέραις εἰκοσιπέντε διανύσαντος, ὁ Θεόφιλος τὴν ἀπὸ τῶν Ῥαπτῶν ἐπὶ τὰ Αρώματα μείζονα οὖσαν, εἰκοςαῖος διέπλευσε· καὶ τοῦ Θεοφίλου τὸν τοῦ νυχθημέρου φορὸν πλοῦν χιλίων ὑποτιθεμένου σταδίων, οἷς καὶ αὐτὸς ἠκολούθησεν· ὅμως φησὶν ὑπὸ Διοσκόρου τὸν ἀπὸ τῶν Ῥάπτων ἐπὶ τὸ Πράσον πλοῦν πολλῶν ἡμερῶν ὄντα, πεντακισχιλίων μόνων ὑποτίθεσθαι σταδίων, εὐμεταβόλων ὡς εἰκὸς ὄντων τῶν ὑπὸ ἰσημερινὸν πνευμάτων, διὰ τὸ καὶ τὰς κατ' αὐτὸν ἐπὶ τὰ πλάγια τοῦ ἡλίου παρόδους ὀξυτέρας συνίστασθαι. Διά τε δὴ ταῦτα μᾶλλον ἔδει μὴ κατακολουθεῖν τῷ πλήθει τῶν ἐκτεθειμένων ἡμερῶν, καὶ διὰ τὸ πάντων ἐναργέστατον, ὅτι τοὺς Αἰθίοπας καὶ τὴν συνέλευσιν τῶν ῥινοκερώτων ἐπὶ τὴν κατεψυγμένην ζώνην τῆς ἀντοικουμένης ὁ συντιθέμενος ἐξ αὐτῶν ἐπιλογισμὸς προσάγει, πάντων ὁμοίων ταῖς κράσεσιν ὀφειλόντων συνίστασθαι, καὶ ζώων καὶ φυτῶν, ἀκολούθως ταῖς τοῦ περιέχοντος ἀναλογίαις τῶν ὑπὸ τὸν αὐτὸν, ἢ τὸν ἴσον ἀπέχοντας ὁποτέρου τῶν πόλων παραλλήλους γινομένων. Ὅθεν ὁ μὲν Μαρῖνος μέχρι μόνου τοῦ χειμερινοῦ τροπικοῦ συνεῖλε τὴν διάστασιν, οὐδὲ μιᾶς ἄνευ λόγου προσαρμοσθείσης αἰτίας τῷ ποσῷ τῆς συναιρέσεως. Εἰ παραδέχοιτό τις καὶ τὸ πλῆθος τῶν ἡμερῶν, καὶ τὸ τεταγμένον τῶν διανύσεων, ὅπερ αὐτὸς ποιεῖ. Ταῦτα γὰρ αὐτὸς τηρῶν τὸ ποσὸν μόνον τῶν ἡμερησίων σταδίων μειοῖ παρὰ τὸ μέτριον καὶ συνηθὲς, μέχρις ἂν τὸ πέρας εἰς ὃν αὐτὸς ᾤετο δεῖν παράλληλον ἀφίκηται. Τοὐναντίον δ' ἀκόλουθον ἦν τῷ μὲν δυνα-

qu'en un jour et une nuit consécutifs on parcourt sur mer l'espace de mille stades, ce qu'admet Marin lui-même; et néanmoins il dit que Dioscore suppose que la navigation de Rapta au cap Prase, quoique de plusieurs jours, n'est supposé que de cinq mille stades, le vents variant aisément sous l'équateur à cause des ascensions obliques du soleil selon lui plus rapides. Ces raisons auroient dû le rendre plus retenu à croire au nombre exprimé des jours et surtout d'autant plus que la conséquence qui s'en tire, est de mettre le Éthiopiens, et la contrée où se rendent les rhinocéros, dans la zône glaciale de l'hémisphère opposé; tandis qu'au contraire il est raisonnablement certain que tout ce qui vit sous une même température de l'air, soit végétaux, soit animaux, doivent partager les mêmes qualités physiques, et participer des propriétés, du même parallèle, ou des parallèles sous lesquels tous habitent à égales distances de l'un et de l'autre pôle. C'est pourquoi Marin a resserré l'espace jusqu'au tropique d'hiver, sans la moindre raison convenable de ce qu'il a retranché de cet espace, si l'on comptoit comme il l'a fait, le nombre des jours et la série des courses. Car en les adoptant, il diminue trop extraordinairement et sans mesure le nombre des stades parcourus chaque jour, pour que le terme tombe au parallèle où il croyoit qu'il doit parvenir. Mais c'étoit le contraire qui suivoit de ce qu'il pouvoit admettre la course journalière et non des calculs fondés sur la position ou l'égalité, vu que par ces moyens il est impossible de trouver la distance cherchée, non-seulement parce qu'elle seroit plus grande que celle sur l'équateur, mais aussi pour quelque phénomène des plus évidens; mais cela se trouveroit très-exactement si l'on observoit mathématiquement ceux qui sont propres à ces pays. Mais les relations n'en donnant aucune connoissance, il ne resteroit plus que de chercher plus simplement et à peu près, de combien on se seroit éloigné de l'équateur. Or cela peut se faire en considérant les formes et les couleurs des animaux de ces pays: d'où il suit que le parallèle d'Agizymba qui, sans contredit, est une partie de l'Éthiopie, ne peut pas aller jusqu'au tropique d'hiver, mais qu'il est plus proche et en deçà de l'équateur. Car dans les lieux correspondans de notre hémisphère boréal, c'est-à-dire, qui sont sous le tropique d'été, il n'y a déjà ni Éthiopiens de couleur, ni rhinocéros, ni éléphans. Mais dans les lieux un peu plus au midi que celui-là, commencent à se voir des noirs, comme sont ceux qui habitent à trente schœnes de Syène. Tels sont les Garamantes, que Marin, pour cette raison, dit n'être ni sous le tropique d'été, ni plus boréaux que ce tropique, mais tout-à-fait

τῷ τῆς ἡμερησίας ἀνακύψεως πιστεύειν, τῷ τεταγμένῳ δὲ, καὶ κατὰ τὴν ἰσότητα, καὶ κατὰ τὴν θέσιν ἀπιστεῖν· ὡς μὴ διὰ τούτων ἐνδέχεσθαι λαβεῖν τὴν ἐπιζητουμένην διάστασιν, οὐ μόνον ὅτι μεῖζον ἂν γένοιτο τῆς ἐπὶ τὸν ἰσημερινὸν, ἀλλ' ἀπό τινος τῶν ἐναργεστέρων φαινομένων. Τὸ δὲ τοιοῦτον ὑπῆρξε μὲν ἂν καὶ παντάπασιν ἀκριβῶς, εἰ μαθηματικώτερόν τις ἐπισκεψάμενος ἐτύγχανε τὰ συμβεβηκότα ταῖς χώραις ἐκείναις. Οὐκ οὔσης δὲ τοιαύτης ἱστορίας, ἀπὸ τῆς ἁπλουστέρας καταλείποιτ' ἂν ὁλοσχερέστερον σκοπεῖν τὸ εὔλογον τοῦ ποσοῦ, τῆς ὑπὲρ τὸν ἰσημερινὸν ἐκβάσεως. Αὕτη δέ ἐστιν, ἡ κατὰ τὰς ἰδέας καὶ τὰς χρόας τῶν ἐν τοῖς τόποις ζώων· Ἀφ' ἧς, οὐ δὲ μέχρι τοῦ χειμερινοῦ τροπικοῦ φθάνειν ἀκόλουθόν ἐστι τὸν διὰ τῆς Ἀγισύμβα χώρας παράλληλον, Αἰθιόπων οὔσης σαφῶς, ἀλλ' ἐγγυτέρω τοῦ ἰσημερινοῦ καταλήγειν. Οὐ δὲ γὰρ παρ' ἡμῖν ἐν τοῖς ὁμοταγέσι τόποις, τουτέστι τοῖς ὑπὸ τὸν θερινὸν τροπικὸν, ἤδη τὰς χρόας ἔχουσιν Αἰθίοψιν, οὐδὲ ῥινοκέρωτές εἰσιν, ἢ ἐλέφαντες. Ἀλλ' ἐν μὲν τοῖς οὐ πολλῷ τούτου νοτιωτέροις, ἠρέμα τυγχάνουσι μέλανες, ὡς οἱ τὴν ἐντὸς Συήνης τριακοντάσχοινον οἰκοῦντες. Ὁποίους ὄντας τοὺς Γαράμαντας, καὶ ὁ Μαρῖνος διὰ ταύτην τὴν αἰτίαν, οὔτε κατ' αὐτὸν τὸν θερινὸν τροπικὸν, οὔτε βορειοτέρους αὐτοῦ, νοτιωτέρους δὲ πάντως ἱδρῦσθαί φησιν.

Εν δὲ τοῖς περὶ Μερόην τόποις, ἤδη κατακόρως εἰσὶ μέλανες τὰ χρώματα, καὶ πρώτως Αἰθίοπες ἄκρατοι· καὶ τὸ τῶν ἐλεφάντων καὶ τὸ τῶν παραδοξοτέρων ζώων γένος ἐπινέμεται.

ΚΕΦΑΛΑΙΟΝ Ι.

Οτι οὐ δεῖ τοὺς Αἰθίοπας μεσημβρινωτέρους ὑποτίθεσθαι τοῦ ἀντικειμένου παραλλήλου τοῦ διὰ Μερόης.

ΔΙΟ καλῶς ἂν ἔχοι μέχρι τοῦ δεῦρο, τουτέςιν ἕως ἂν Αἰθίοπας ἡμῖν ἡ παράδοσις τῶν ἐκεῖσε διαπεραιουμένων ἰσορῆ, καὶ τὴν Αγίσυμβα χώραν καὶ τὸ Πράσον ἀκρωτήριον μετὰ τῶν κατὰ τὸν αὐτὸν παράλληλον κειμένων, ὑπὸ τὸν ὁμοταγῆ τῷ διὰ Μερόης ἔγγιςα γράφειν, τουτέςι τὸν ἀπέχοντα τοῦ ἰσημερινοῦ πρὸς μεσημβρίαν τὰς ἴσας μοίρας ις γ′ ιβ″, σταδίους δὲ, ὀκτακισχιλίους διακοσίους ἔγγιςα, ὥς τε συνάγεσθαι τὸ πᾶν πλάτος ὁλοσχερέστερον, μοιρῶν μὲν οθ γ′ ιβ, ἢ ὅλων ὀγδοήκοντα, ςαδίων δὲ τετρακισμυρίων. Τὴν μέν τοι μεταξὺ διάςασιν τῆς μεγάλης Λέπτεως καὶ τῆς Γαράμης τηρητέον, ὡς ὅτε Φλάκκος καὶ Μάτερνος ὑπέθεντο, ςαδίων πεντακισχιλίων τετρακοσίων. Αἵ τε γὰρ εἴκοσιν ἡμέραι δευτέρας εἰσὶν ὁδοῦ παρὰ τὴν πρώτην ἐπιτετμημένης, ὡς πρὸς τὴν μεσημβρίαν, ἢ τὰς ἄρκτους, ἐκείνης διὰ τὰς ἐκτροπὰς

plus austraux. Mais aux environs de Méroë, les habitans sont parfaitement noirs, et les premiers vrais Ethiopiens; et les éléphans ainsi que d'autres espèces plus singulières d'animaux, y paissent et y vivent.

CHAPITRE X.

Qu'il ne faut pas supposer les Éthiopiens plus méridionaux que le parallèle opposé à celui qui passe par Méroë.

Tout s'accorde donc bien jusqu'ici, c'est-à-dire en ce que la tradition des voyages entrepris dans ces contrées nous apprend des Éthiopiens, savoir, que le pays d'Agisymba et le cap Prase avec ceux qui sont sous le même parallèle, doivent être décrits sous celui qui est à même distance que celui de Méroë, c'est-à-dire, à 16 degrés 3′ 12″ au midi de l'équateur, ou à 8200 stades environ; en sorte que toute la largeur de la terre est de 79 $\frac{1}{3}$ $\frac{1}{12}$, ou environ de 80 degrés, ou 40000 stades, à peu près. Il faut donc admettre que l'espace entre la grande Leptis et Garama, comme Flaccus et Maternus le supposoient, est de 5400 stades. Car les 20 jours du second voyage sont en moindre nombre que ceux du premier, à cause des détours du premier, tant vers le sud que vers le nord, puisque ce premier fut de 30 jours par l'effet de ces détours. Car on dit que les voyageurs qui ont été plusieurs fois dans ces contrées ont souvent pris note du nombre de stades qu'ils parcouroient par jour, non-seulement pour régler commodément leur marche, mais encore parce qu'ils y étoient obligés par les distances des lieux où ils devoient trouver de l'eau. Et comme il faut douter des grands espaces que l'on dit sans preuve avoir été parcourus dans des voyages rares, ou peu avérés; on doit aussi ajouter foi aux distances marquées par les relations des voyages qui ne sont pas de long cours, et confirmées par un accord unanime de plusieurs voyageurs.

CHAPITRE XI.

Erreurs de Marin concernant l'étendue de la terre en longitude.

On voit par les raisons que nous avons données, quelle peut être l'étendue de la terre en latitude. Quant à celle qui est prise dans le sens de la longitude, Marin la renferme entre les deux méridiens qui embrassent un intervalle de quinze heures. Mais il nous semble qu'il a trop prolongé cet espace vers l'orient. En effet cette longueur convenablement diminuée de ce même côté, n'aura pas douze heures d'étendue, en mettant pour bornes les îles Fortunées à l'occident, et les contrées les plus orientales de Sères, des Sines et des Cattigares, à l'orient. Or l'intervalle compris entre les îles Fortunées et le passage de l'Euphrate à Hiéra-

ἡμερῶν οὔσης τριάκοντα. Καὶ τὸν ἑκάστης ἡμέρας σταδιασμὸν, αὐτούς φησιν ἐκτεθεῖσθαι τοὺς ὁδεύσαντας πλεονάκις. Οὐκ ἐνδεχόμενον ὄντα μόνον, ἀλλὰ καὶ ἀναγκαῖον διὰ τὰς τῶν ὑδρευμάτων ἀποχάς. Ὥσπερ δὲ διστάζειν δεῖ περὶ τῶν μεγάλων καὶ σπανίως ἢ μὴ ὁμολογουμένως ἐφοδευθεισῶν ἀποστάσεων, οὕτως περὶ τῶν μή τε μεγάλων, ἀλλὰ καὶ πολλάκις, καὶ ὑπὸ πολλῶν ὁμολογουμένως διηνυσμένων πιστεύειν.

ΚΕΦΑΛΑΙΟΝ ΙΑ.

Περὶ τῶν εἰς τὸ μῆκος τῆς οἰκουμένης ὑπὸ τοῦ Μαρίνου μὴ δεόντως ἐπιλελογισμένων.

ΕΠΙ πόσον μὲν οὖν καλῶς ἂν ἔχοι τὸ πλάτος τῆς οἰκουμένης ἐκτείνειν, ἀπὸ τούτων ἡμῖν γεγονέτω δῆλον. Τὸ δὲ μῆκος ὁ μὲν Μαρῖνος ποιεῖ περιεχόμενον ὑπὸ δύο μεσημβρινῶν τῶν ἀφοριζόντων ὡραῖα διαστήματα ιε. Ἡμῖν δὲ δοκεῖ καὶ ταύτης τῆς διαστάσεως τὸ πρὸς ἀνατολὰς μέρος ἐκτετάσθαι πλέον ἢ δεῖ. Συναιρέσεώς τε τῆς εὐλόγου κἀνταῦθα γενομένης, τὸ πᾶν μῆκος μὴ δὲ ὅλων ἂν δώδεκα συσταθῆναι διαστημάτων ὡριαίων, ἐπὶ μὲν τοῦ δυτικωτάτου πέρατος ὁμοίως τιθεμένων τῶν μακάρων νήσων, ἐπὶ δὲ τοῦ πρὸς ἀνατολὰς τῶν ἀφηλιωτικωτέρων μερῶν Σήρας τε καὶ Σινῶν καὶ Καττιγάρων. Τὴν μὲν γὰρ ἀπὸ τῶν μακάρων νήσων διάστασιν ἐπὶ τὴν κατὰ Ἱεράπολιν τοῦ Εὐφράτου διάβασιν ὡς ἐπὶ τοῦ διὰ τῆς Ῥοδίας παραλλήλου τηρουμένην, ἀκολούθως ληπτέον τοῖς κατὰ μέρος ἐκτεθεῖσιν ὑπ᾿ αὐτοῦ σταδιασμοῖς, διά τε τὸ συνεχὲς τῆς πείρας, καὶ ἐπεὶ φαίνεται συνεπιλελογισμένος ἐπὶ τῶν μειζόνων ἀποχῶν τὸ παρὰ τὰς ἐκτροπὰς καὶ τὰς ἀνωμαλίας τῶν διανύσεων διορθώσεος ὀφεῖλον τυχεῖν, καὶ ἔτι τὸ τὴν μὲν μίαν μοῖραν οἵων ἐστιν ὁ μέγιστος κύκλος μοιρῶν τξ̄, πεντακοσίους ἐπὶ τῆς ἐπιφανείας τῆς γῆς ἀπολαμβάνειν σταδίους, ὅτι ταῖς ὁμολογουμέναις ἀναμετρήσεσι, σύμφωνόν ἐστι· τὴν δ᾿ ὁμοίαν αὐτῇ περιφέρειαν τοῦ διὰ τῆς Ῥοδίας παραλλήλου, τουτέστι τοῦ ἀπέχοντος ἀπὸ τοῦ ἰσημερινοῦ μοίρας τριακονταὲξ, τετρακοσίους ἔγγιστα σταδίους. Τὸ γὰρ ὑπερβάλλον αὐτῶν κατὰ τὸ τῷ λόγῳ τῶν παραλλήλων ἀκόλουθον, ὀλίγον ὂν ὡς ἐν ὁλοσχερεῖ καταλήψει παραλελείφθω.

Τὴν δὲ ἀπὸ τῆς ἐκτιθεμένης τοῦ Εὐφράτου διαβάσεως μέχρι τοῦ λιθίνου πύργου διάστασιν συναγομένην κατ᾿ αὐτὸν σχοίνων ὀκτακοσίων ἑβδομηκονταὲξ, σταδίων δὲ δισμυρίων ἑξακισχιλίων διακοσίων ὀγδοήκοντα, καὶ τὴν ἀπὸ τοῦ λιθίνου πύργου μέχρι Σήρας τῆς τῶν Σινῶν μητροπόλεως, ὁδοῦ μὲν μηνῶν ἑπτὰ, σταδίων δὲ τρισμυρίων πεντακισχιλίων διακοσίων, ὡς

polis, étant mesuré comme étant toujours sur le parallèle de Rhodes, il s'ensuit que le nombre des stades doit être pris tel que Marin l'expose pour chacun des lieux, comme on l'a reconnu par l'expérience constante, et parce qu'il paroît avoir calculé sur de plus grandes distances, la correction qu'il faut faire à cause des détours et des irrégularités des courses ou voyages. Et encore, donnant sur la surface terrestre 500 stades de longueur au degré dont le grand cercle en a 360, ce qui est conforme aux mesures qui en ont été prises, il en donne environ 400 au degré semblable du parallèle qui passe par Rhodes, à la latitude boréale de 36 degrés. Car on peut négliger la différence en plus qui résulte d'un calcul fait suivant la raison des parallèles, comme étant très-petite.

Mais la distance depuis le passage ci-dessus mentionné de l'Euphrate jusqu'à la tour de pierre, étant, selon lui, de 876 schœnes ou 26280 stades, et celle de la tour de pierre à Sères, capitale des Sines, de sept mois de marche, c'est-à-dire de 36200 stades, comme comptés sur le même parallèle, nous allons réduire chacune de ces distances suivant notre méthode de correction, à sa juste valeur, attendu que Marin pour ces deux chemins ne paroît pas avoir diminué ce que les détours lui ont fait compter de trop; et que pour le second il est tombé dans les mêmes mécomptes que pour la distance de Garama à Agisymba. Car pour celle-ci, il a été nécessaire de retrancher plus de la moitié du nombre des stades parcourus pendant quatre mois et quatorze jours, n'étant pas croyable qu'on ait marché continuellement pendant un temps aussi long : ce qui doit être pour un voyage de sept mois, bien plus encore que pour celui des Garamantes. Car dans celui-ci on fut favorisé de la protection du roi du pays, qui avoit pourvu à tout, et on jouit d'un temps calme et tranquille. Mais le voyage depuis la tour de pierre jusqu'à Sères, fut accompagné des plus violens orages, car il se fit, selon ce qu'il dit, sous les parallèles de l'Hellespont et de Byzance, et pour cette raison on doit y avoir éprouvé bien des retards dans la marche, car c'est par le commerce, qu'on en a acquis la connoissance.

En effet, il dit qu'un certain *Maës* appellé aussi *Titien*, macédonien de nation, et marchand de profession comme son père, a consigné par écrit les mesures prises de ce voyage, quoiqu'il

ἐπὶ τοῦ αὐτοῦ παραλλήλου, συναιροῦμεν ἑκατέραν κατὰ τὴν ἐπιβάλλουσαν διόρθωσιν, ἐπειδήπερ ἐπ' ἀμφοτέρων μὲν τῶν ὁδῶν, φαίνεται μὴ μειώσας τὸ παρὰ τὰς ἐκτροπὰς πλεονάζον· ἐπὶ δὲ τῆς δευτέρας ἔτι καὶ ταῖς αὐταῖς ἀλογίαις περιπεπτωκὼς, αἷς καὶ κατὰ τὴν ὁδὸν τὸν ἀπὸ τῶν Γαραμάντων ἐπὶ τὴν Αγίσυμβα χώραν. Κἀκεῖ γὰρ τοῦ συναγομένου σαδιασμοῦ διὰ τῶν τεσσάρων μηνῶν καὶ τῶν δεκατεσσάρων ἡμερῶν, ἠναγκάσθη καθελεῖν πλέον, ἢ τὸ ἥμισυ μέρος, ὅτι μὴ συνεχῆ τὴν ὁδοιπορίαν ἐνδεχόμενον ἦν ἐπὶ τοσοῦτον γεγονέναι χρόνον. Ο περ καὶ κατὰ τὴν ἑπτάμηνον, εὔλογόν ἐςι συμβεβηκέναι, καὶ πολὺ μᾶλλον, ἢ κατὰ τὴν ἀπὸ Γαραμάντων ὁδόν. Αὕτη μὲν γὰρ καὶ ὑπὸ τοῦ βασιλέως τῆς χώρας διηνύσθη, μετὰ προνοίας ὡς εἰκὸς οὐ τῆς τυχούσης, καὶ εὐδιεινὴ οὖσα παντά πᾶσιν. Η δ' ἀπὸ τοῦ λιθίνου πύργου μέχρι τῆς Σήρας, ἐπιδέχεται χειμῶνας σφοδρούς· ὑποπέπτωκε γὰρ ἐξ ὧν αὐτὸς ὑποτίθεται, τοῖς δι' Ελλησπόντου καὶ Βυζαντίου παραλλήλοις, ὥς τε καὶ δία τούτου, πολλὰς ἀνοχὰς δεῖν γίνεσθαι τῆς πορείας. Καὶ γὰρ δι' ἐμπορίας ἀφορμὴν ἐγνώσθη.

Μάην γὰρ φησί τινα, τὸν καὶ Τιτιᾶνον, ἄνδρα Μακεδόνα καὶ ἐκ πατρὸς ἔμπορον, συγγράψασθαι τὴν ἀναμέτρησιν, οὐδ' αὐτὸν ἐπελθόντα διαπεμψάμενον δέ τινας πρὸς τοὺς Σήρας. Εοικε δὲ καὶ αὐτὸς ἀπιστεῖν ταῖς τῶν ἐμπορευομένων ἱστορίαις τῷ γοῦν τοῦ Φιλήμονος λόγῳ, δι' οὗ τὸ μῆκος τῆς Ἰουερνίας νήσου, τὸ ἀπὸ ἀνατολῶν ἐπὶ δυσμὰς, ἡμερῶν εἴκοσι παραδέδωκεν, οὐ συγκατατίθεται, διὰ τὸ φάναι αὐτὸν ὑπὸ ἐμπόρων ἀκηκοέναι· τούτους γάρ φησι μὴ φροντίζειν τὸν ἀλήθειαν ἐξεπάζειν, ἀσχολουμένους περὶ τὴν ἐμπορίαν, πολλάκις δὲ καὶ αὔξειν μᾶλλον τὰ διαστήματα δι' ἀλαζονείαν. Ενταῦθα δὲ καὶ τὸ μηδὲν ἄλλο κατὰ τὴν τῆς ἑπταμήνου διάνυσιν ὑπὸ τῶν ὁδευσάντων ἱστορίας τινὸς ἢ μνήμης ἠξιῶσθαι, τερατείαν ἐμφαίνει περὶ τὸ τοῦ χρόνου μῆκος.

ΚΕΦΑΛΑΙΟΝ ΙΒ.

Διόρθωσις ἀπὸ τῶν ὁδοιποριῶν τοῦ μήκους τῆς ἐγνωσμένης γῆς.

ΔΙΑ τε δὴ ταῦτα, καὶ διὰ τὸ μὴ εἶναι τὴν ὁδὸν ὑφ' ἕνα παράλληλον. Αλλὰ τὸν μὲν λίθινον πύργον περὶ τὸν διὰ Βυζαντίου, τὴν δὲ Σήραν τοῦ δι' Ελλησπόντου νοτιωτέραν, εὔλογον μὲν ἂν δόξειε κἀνταῦθα τὸ πλῆθος τῶν ἐκ τῆς ἑπταμήνου σταθμοῦ συναγομένων σταδίων τρισμυρίων ἑξακισχιλίων διακοσίων, μὴ εἰς ἔλαττον μειοῦν τοῦ ἡμίσεως. Αλλ' εἰς τὸ ἥμισυ συνῃρήσθω μόνον, ὡς ἐν ὁλοσχερεῖ διαλήψει, ὡς

n'y soit jamais allé, s'étant contenté d'envoyer des gens chez les Sères. Enfin il paroît que Marin n'ajoutoit pas lui-même grande foi aux relations de ces marchands voyageurs. Aussi rejette-t-il ce que dit Philémon, de la longueur de l'île Hibernie qu'il fait de 20 journées de chemin d'Orient en Occident, parce qu'il paroît qu'il ne le sait que par ouï-dire, de quelques marchands, gens, dit-il, beaucoup plus occupés des intérêts de leur commerce que de s'assurer de la vérité; et qui souvent amplifient les distances par vanité. A parler franchement, ce voyage de sept mois n'offre de la part de ceux qui l'ont fait, rien qui mérite d'être rapporté ou retenu, si ce n'est le merveilleux de sa prodigieuse durée.

CHAPITRE XII.

Correction de l'étendue en longitude de la terre connue, d'après les chemins parcourus.

Pour ces raisons, et parceque chacun de ces voyages ne s'est pas fait sous un seul et même parallèle, mais que la tour de pierre est sous celui de Byzance, tandis que Sères est plus australe que celui de l'Hellespont, il sembleroit qu'il eût été convenable de diminuer pour le moins de la moitié la somme des 36200 stades parcourus pendant le prétendu voyage de sept mois. Réduisons-les donc seulement de moins de la moitié, pour toute cette distance prise à peu près, de manière à la faire de 22625 stades, et de $45\frac{1}{4}$

degrés: car ce seroit trop, et hors de proportion, que de faire une aussi grande diminution à l'une et à l'autre distance, qu'au voyage depuis les Garamantes, à cause de l'objection que nous lui avons faite concernant les différences d'animaux d'Agisymba qui ne peuvent vivre que dans les lieux qui leur sont affectés par la nature. Mais pour la route depuis la tour de pierre, il refuseroit d'admettre ce qui est raisonnable, parce qu'on n'auroit pas une pareille objection à lui opposer; attendu que dans toute la longueur de cette distance, grande ou petite, la température de l'air ne change jamais : comme si l'on ne pouvoit raisonner philosophiquement juste, que des choses pleinement évidentes. Je pense donc que la première de ces deux distances, celle de l'Euphrate à la tour de pierre, portée à 876 schœnes, doit être réduite à 800 seulement, c'est-à-dire à 24000 stades, à cause des détours des chemins. Car on peut croire qu'il a raison, quant aux parties de cette distance, qu'il dit avoir été toutes mesurées exactement. Mais on peut s'assurer aussi par le récit de Marin lui-même, qu'il y a bien des détours.

Car la route depuis le passage de

τε λογίζεσθαι τὴν ἐκκειμένην διάστασιν, σταδίων μὲν δισμυρίων δισχιλίων ἑξακοσίων εἰκοσιπέντε, μοιρῶν δὲ τεσσαρακονταπέντε τετάρτου. Καὶ γὰρ, ἄτοπον ἂν εἴη καὶ ἄγνωμον τοῦ λόγου καθ' ἑκατέραν τῶν ὁδῶν τὴν τοσαύτην μείωσιν ὑποβαλλοντος· ἐπὶ μὲν τῆς ἀπὸ τῶν Γαραμάντων ἀκολουθεῖν αὐτῷ διὰ τὸ παρὰ πόδας εἶναι τὸν ἔλεγχον, τουτέστι τὰς τῶν κατὰ τὴν Αγίσυμβα χώραν ζώων διαφορὰς, μὴ δυναμένους ὑπερενεχθῆναι τῶν κατὰ φύσιν τόπων. Επὶ δὲ τῆς ἀπὸ τοῦ λιθίνου πύργου, μὴ παραλαμβάνειν τοῦ λόγου τὸ ἀκόλουθον, ὅτι μὴ κἀκεῖ τοιοῦτον ἔλεγχον ἐπακολουθεῖν συμβέβηκεν· ἀλλὰ καθ' ὅλην τὴν διάστασιν, ὅμοιον εἶναι τὸ περιέχον, ἄν τε μεῖζον, ἄν τε ἔλαττον ᾖ. Ωσπερ ἂν, εἴ τις εἰ μὴ κατάφορας ἔσοιτο μὴ δικαιοπραγοίη κατὰ τὸν οἰκεῖον τῇ φιλοσοφίᾳ τρόπον. Καὶ τῆς προτέρας δὲ διαστάσεως λέγω τῆς ἀπὸ τοῦ Εὐφράτου ἐπὶ τὸν λίθινον πύργον, τὰς ὀκτακοσίας ἑβδομήκοντα ἓξ σχοίνους καθαιρετέον, διὰ τὰς τῶν ὁδῶν ἐκτροπὰς, εἰς μόνας τὰς ὀκτακοσίους σχοίνους, σταδίους δὲ δισμυρίους τετρακισχιλίους. Πεπιστεύσθω γὰρ αὐτῷ τὸ συνεχὲς, ὅτι καὶ κατὰ σύμμετρα μέρη, καὶ τετριμμένα ἤδη τῆς ἀναμετρήσεως ἔτυχεν. Οτι μέν τοι πλείους ἐκτροπὰς ἔχει, δῆλόν ἐστιν ἐξ ὧν καὶ ὁ Μαρῖνος ὑποτίθεται.

Τὴν μὲν γὰρ ἀπὸ τῆς κατὰ

Ἱεράπολιν τοῦ Εὐφράτου διαβάσεως διὰ τῆς Μεσοποταμίας ἐπὶ τὸν Τίγριν ὁδὸν, καὶ τὴν ἐντεῦθεν διὰ Γαραμαίων τῆς Ἀσσυρίας καὶ Μηδίας εἰς Ἐκβάτανα καὶ Κασπίας πύλας, καὶ τῆς Παρθείας εἰς Ἑκατόνπυλον, ἐνδέχεται περὶ τὸν διὰ τῆς Ῥοδίας πίπτειν παράλληλον, οὗτος γὰρ καὶ κατ' αὐτὸν γράφεται διὰ τῶν εἰρημένων χωρῶν. Τὴν δὲ εἰς Ὑρκανίαν πόλιν ἀπὸ τῆς Ἑκατονπύλου πρὸς ἄρκτους ἀποκλίνειν ἀναγκαῖον, τῆς Ὑρκανίας πόλεως μεταξύ πως κειμένης τοῦ τε διὰ Σμύρνης παραλλήλου καὶ τοῦ Ἑλλησπόντου, διὰ τὸ τὸν μὲν διὰ Σμύρνης γράφεσθαι ὑπ' αὐτὴν τὴν Ὑρκανίαν χώραν· τὴν δὲ δι' Ἑλλησπόντου διὰ τῶν νοτίων μερῶν τῆς Ὑρκανίας θαλάσσης ἀπὸ τῆς ὁμωνύμου πόλεως, ἥ ἐςιν ὀλίγῳ βορειοτέρα. Πάλιν δὲ ἡ ἀπὸ ταύτης ὁδὸς εἰς τὴν μαργιανὴν Ἀντιόχειαν διὰ τῆς Ἀρίας, τὰ μὲν πρῶτα, πρὸς μεσημβρίαν ἀποκλίνει, τῆς Ἀρίας ὑπὸ τὸν αὐτὸν ταῖς Κασπίαις πύλαις κειμένης παράλληλον, ἔπειτα πρὸς ἄρκτους, τῆς Ἀντιοχείας περὶ τὸν δι' Ἑλλησπόντου παράλληλον ἱδρυμένης. Ἀφ' ἧς μὲν ἐπὶ τὰ Βάκτρα ὁδὸς ἐκτείνεται πρὸς ἀνατολὰς, ἡ δ' ἐντεῦθεν, ἐπὶ τὴν ἀνάβασιν τῆς τῶν Κωμηδῶν ὀρεινῆς πρὸς ἄρκτους, ἡ δὲ τῆς ὀρεινῆς αὐτῆς μέχρι τῆς ἐκδεχομένης τὰ πεδία φάραγγος, πρὸς μεσημβρίαν. Τὰ μὲν γὰρ βόρεια καὶ δυσμικώτατα τῆς ὀρεινῆς, ἔνθα ἐςὶν ἡ ἀνάβασις, τι-

l'Euphrate à Hiérapolis, au travers de la Mésopotamie, jusqu'au Tigre, et de là par Garame, celle d'Assyrie et de Médie à Ecbatane et aux portes Caspiennes, et de la Parthie jusqu'à Hécatonpylos, est censée par Marin aller le long du parallèle de Rhodes, car il le trace passant par tous ces lieux. Or nécessairement la route d'Hécatonpylos à la ville principale de l'Hyrcanie se détourne vers les ourses, puisque la capitale de l'Hyrcanie est située entre le parallèle de Smyrne et celui de l'Hellespont, parce que le parallèle de Smyrne est tracé au travers de l'Hyrcanie même, et celui de l'Hellespont au travers des parties australes de la mer d'Hyrcanie, depuis la ville qui porte le même nom et qui est un peu plus boréale. Ensuite la route se continuant depuis celle-ci vers Antioche de la margiane par le pays d'Arie, s'incline d'abord vers le midi, parce que l'Arie est sous le même parallèle que les portes Caspiennes, et ensuite remonte vers le nord, Antioche étant située sous le parallèle de l'Hellespont. De là cette même route se dirige vers Bactra à l'orient, d'où elle tourne au nord vers les hauteurs du pays montueux des Comèdes, puis ce chemin dans les montagnes jusqu'au vallon qui est à l'entrée de la plaine, retourne vers le midi. Car les parties boréales et les plus occiden-

5

tales des hauteurs où l'on monte, sont mises sous le parallèle de Byzance, mais les parties méridionales et les plus orientales sous celui de l'Hellespont.

C'est pourquoi il dit que cette route décline tantôt d'un côté, tantôt de l'autre, qu'elle se dirige vers l'orient en se détournant vers le midi, et que de là jusqu'à la tour de pierre, celle de 50 schœnes monte certainement vers les ourses. Car suivant ses paroles, quand on a monté la vallée, on arrive à la tour de pierre, depuis laquelle il joint au mont Imaüs qui monte depuis Palimbrotes vers les ourses, les montagnes qui s'étendent vers l'orient. Ajoutant donc aux 60 degrés qui proviennent des 24000 stades, aux $45\frac{1}{4}$ de l'espace depuis la tour de pierre jusqu'à Sères, la distance de l'Euphrate à Sères, mesurée sur le parallèle qui passe par Rhodes, sera de $105\frac{1}{4}$ degrés. Il se trouve d'ailleurs, d'après le nombre particulier de stades qu'il suppose comme étant toujours sous le même parallèle, que la distance depuis les îles Fortunées jusqu'au cap Sacré d'Espagne, est de deux degrés et demi, d'autant depuis ce cap jusqu'aux bouches du Bætis, de $2\frac{1}{2}$ de part et d'autre depuis le Bætis jusqu'au détroit et jusqu'à Calpé. Ensuite depuis le détroit jusqu'à Caralis en Sardaigne, 25 degrés; depuis Caralis jusqu'à Lilybée en Sicile, $4\frac{1}{2}$ degrés; depuis ce cap jusqu'au cap Pachyn, 3 degrés, puis encore de Pachyn à Ténare dans la Laconie, 10; de là à Rhodes, $8\frac{1}{4}$; de Rhodes à Issus, $11\frac{1}{4}$; enfin d'Issus à l'Euphrate $2\frac{1}{2}$. Ainsi la somme de toutes

θησιν ὑπὸ τὸν διὰ Βυζαντίου παράλληλον· Τὰ δὲ νότια καὶ πρὸς ἀνατολὰς ὑπὸ τὸν δι' Ἑλλησπόντου.

Διότι φησὶν αὐτὴν ἄντικρυ προσιοῦσαν ὡς πρὸς ἀνατολὰς ἐνδιδόναι πρὸς νότον, καὶ τὴν ἐντεῦθεν δὲ πεντηκοντάσχοινον ἐπὶ τοῦ λιθίνου πύργου, πρὸς ἄρκτους εἰκός ἐστιν ἀποκλίνειν. Ἀναβάντων γάρ φησι τὴν φάραγγα διαδέχεται ὁ λίθινος πύργος, ἀφ' οὗ εἰς τὰς ἀνατολὰς τὰ ὄρη χωροῦντα συνάπτει τῷ Ἰμάῳ, ἀνιόντι ἀπὸ Παλιμβρόθων πρὸς ἄρκτους. Συντιθεμένων οὖν τῶν ἐπιβαλουσῶν τοῖς δισμυρίοις τετρακισχιλίοις σταδίοις μοιρῶν ξ, ταῖς ἀπὸ τοῦ λιθίνου πύργου μέχρι τῆς Σήρας με δ', εἴη ἂν τὸ ἀπὸ τοῦ Εὐφράτου μέχρι τῆς Σήρας διάστημα κατὰ τὸν τῆς Ῥοδίας παράλληλόν μοιρῶν ρε δ'. Συνάγεται δὲ κατ' αὐτὸν ἐξ ὧν ὑποτίθεται κατὰ μέρος σταδιασμῶν, ὡς ὑπὸ τὸν αὐτὸν παράλληλον, καὶ τὸ μὲν ἀπὸ τοῦ διὰ τῶν μακάρων νήσων μεσημβρινοῦ, ἕως τοῦ ἱεροῦ ἀκρωτηρίου τῆς Ἰσπανίας διάστημα, μοιρῶν δύο ἡμίσους· τὸ δ' ἐντεῦθεν, ἐπὶ τὰς τοῦ Βαίτιος ἐκβολὰς ὁμοίως. Καὶ τὸ ἀπὸ Βαίτιος ἐπὶ τὸν πορθμὸν καὶ τὴν Κάλπην, ἑκάτερον τῶν ἴσων β ἡμίσους. Τῶν δ' ἐφεξῆς τὸ μὲν ἀπὸ πορθμοῦ μέχρι Καράλλεως τῆς Σαρδόνος μοιρῶν κε· τὸ δὲ ἀπὸ Καράλλεως εἰς Λιλύβαιον τῆς Σικελίας μοίρας δ καὶ ημισυ· τὸ δ' ἐντεῦθεν εἰς Πάχυνον μοίρας τρεῖς. Καὶ πάλιν, τὸ μὲν εἰς Ταίναρον τῆς

Λακωνικῆς ἀπὸ Παχύνου μοίρας ι̅. Τὸ δ' ἐντεῦθεν εἰς Ῥόδον η̅ δ'· τὸ δ' ἀπὸ Ῥόδου πρὸς τὴν Ἰσσὸν ι̅α̅ δ'. Τὸ δὲ εἰς Εὐφράτην ἀπὸ τῆς Ἰσσοῦ δύο ἡμίσους. Ὥστε συνάγεσθαι καὶ ταύτης μὲν τῆς διαστάσεως μοίρας ο̅β̅. Τοῦ δ' ὅλου τῆς ἐγνωσμένης γῆς μήκους ἀπὸ τοῦ διὰ τῶν μακάρων νήσων μεσημβρινοῦ μέχρι τῆς Σήρας τὰς ἐπὶ ταυτὸ μοίρας ρ̅ο̅ζ̅δ'.

ΚΕΦΑΛΑΙΟΝ ΙΓ.

Ἡ αὐτὴ διόρθωσις ἀπὸ τῶν κατὰ πλοῦν διανύσεων.

ΣΤΟΧΑΣΑΙΤΟ δ' ἄν τις τηλικοῦτον εἶναι τὸ μῆκος, καὶ δι' ὧν ἐκτίθεται διαστημάτων κατὰ τὸν πλοῦν, τὸν ἀπὸ τῆς Ἰνδικῆς, μέχρι τοῦ τῶν Σινῶν κόλπου καὶ τῶν Καττιγάρων, ἐὰν τὸ παρὰ τὰς κολπώσεις καὶ τὰς ἀνωμαλίας τῶν πλῶν, καὶ ἔτι τὰς θέσεις ἐπιλογίζηται κατὰ συνεγγισμὸν τῶν ἐπιβολῶν. Ἀπὸ γὰρ τοῦ μετὰ τὸν Γαγγητικὸν κόλπον ἀκρωτηρίου ὃ καλεῖται Κῶρυ, τὸν Ἀργαρικὸν κόλπον φησὶ διαδέχεσθαι, σταδίων ὄντα μέχρι Κουρουρα πόλεως τρισχιλίων τεσσακοντα, καὶ κεῖσθαι τοῦ Κῶρυ τὴν Κουρουραν πόλιν ὡς ἀπὸ βορείου. Συνάγοιτ' ἂν οὖν ἡ διαπεραίωσις ὑφαιρουμένου τοῦ τρίτου κατὰ τὸ ἀκόλουθον τῷ Γαγγητικῷ κόλπῳ, δισχιλίων τριακοσίων ἔγγιστα σταδίων, μετὰ τῆς ἀνωμαλίας τῶν δρόμων. Ἐξ ὧν εἰς τὴν συνέχειαν ὑπολογισθέντος ἔτι τοῦ τρίτου, καταλει-

ces distances particulières donne une distance totale de 72 degrés; et par conséquent l'étendue de la terre connue, entre le méridien des îles Fortunées et celui de Sères, est en longitude, des mêmes $177\frac{1}{4}$ degrés que nous avons marqués ci-dessus.

CHAPITRE XIII.

Même correction d'après les navigations en divers sens.

La même étendue en longitude peut encore se conclure des intervalles particuliers que Marin établit comme parcourus sur mer, depuis le golfe de l'Inde, jusqu'à celui des Sines et Cattigara, si l'on prend la somme des espaces particuliers parcourus en côtoyant les golfes, des irrégularités des courses, des détours et des déviations, et les positions ajoutées ensemble à peu près suivant leurs valeurs. Car il dit qu'après le cap qui est en deçà du golfe du Gange, et qu'on appelle Cory, suit le golfe Argaric de 3040 stades jusqu'à la ville de Couroura, et que cette ville est plus boréale que le cap Cory : cette traversée, en retranchant le tiers pour les déviations en suivant le golfe, sera doncde 2030 stades environ, et en continuant de retrancher un tiers, le reste 1350 stades sera la position boréale de Couroura par rapport au cap Cory, à peu près. Cette distance étant portée sur le parallèle à l'équateur, vers le vent apéliote (*a*), en la diminuant de la moitié pour l'angle compris, nous aurons l'intervalle des deux méridiens, c'est-à-dire entre Cory et Couroura, de 675 stades, ou de 1 ⅓ degré, parce que chacun des parallèles qui passent par ces lieux ne sont presque pas différens d'un grand cercle.

Après quoi, il dit que de la ville de Couroura la course se dirige vers le levant d'hiver, l'espace de 9450 stades jusqu'à Palures. Retranchant le tiers de ce nombre à cause des détours, nous aurons pour la route droite vers l'Eurus (*b*), environ 6300 stades; et si nous en retranchons pareillement le sixième pour faire la distance parallèle à l'équateur, nous trouverons l'intervalle de ces méridiens de 5250 stades ou de 10 degrés et demi. De là il étend le golfe du Gange de 29000 stades, et il en fait la traversée depuis Palures jusqu'à la ville de Sada, de 13000 stades vers le levant équinoxial. Il faut donc en retrancher seulement le tiers

φθήσονται στάδιοι χίλιοι τριακόσιοι πεντήκοντα ἔγγιστα κατὰ τὴν πρὸς βορᾶν θέσιν. Ης μεταφερομένης ἐπὶ τὴν τῷ ἰσημερινῷ παράλληλον, καὶ ὡς πρὸς ἀπηλιώτην, μειώσει τοῦ ἡμίσεως ἀκολούθως τῇ μεταλαμβανομένῃ γωνίᾳ, ἕξομεν τὴν μεταξὺ τῶν δύο μεσημβρινῶν διάστασιν, τήν τε διὰ τοῦ Κῶρυ ἀκρωτηρίου καὶ τοῦ διὰ τῆς Κούρουρα πόλεως, σταδίων μὲν ἑξακοσίων $\overline{οε}$, μοίρας δὲ μιᾶς ἔγγιστα καὶ τρίτου, διὰ τὸ τοὺς κατὰ τούτων τῶν τόπων παραλλήλους μηδενὶ ἀξιολόγῳ διαφέρειν τοῦ μεγίστου κύκλου.

Πάλιν ἀπὸ Κούρουρα πόλεως ὁ πλοῦς, φησίν, ἐστὶ πρὸς χειμερινὰς ἀνατολὰς ἕως Παλούρων, σταδίων ἐνακισχιλίων τετρακοσίων πεντήκοντα· ὧν καὶ αὐτῶν τὸ τρίτον ὁμοίως ἀφελόντες ὑπὲρ τῆς ἀνωμαλίας τῶν δρόμων, ἕξομεν τὴν ἐκ τῆς συνεχείας ἐσομένην διάστασιν τὴν ὡς πρὸς εὖρον, σταδίων ἑξακισχιλίων τριακοσίων ἔγγιστα. Καὶ τούτων δὲ τὸ ἕκτον ἀφελόντες, ὑπὲρ τοῦ τὴν παράλληλον τῷ ἰσημερινῷ ποιήσασθαι διάστασιν, εὑρήσομεν καὶ τὴν τούτων τῶν μεσημβρινῶν ἀποχὴν, σταδίων $\overline{\text{φσν}}$, μοιρῶν δὲ δέκα ἡμίσους. Εντεῦθεν δὲ τὸν μὲν κόλπον τὸν Γαγγητικὸν ἐκτίθεται σταδίων μυρίων ἐνακισχιλίων. Τὸ δὲ διάπλουν αὐτοῦ τὸν ἀπὸ Παλούρων ἐπὶ Σαδαν πόλιν σταδίων μυρίων τρισχιλίων ὡς πρὸς ἰσημερινὴν ἀνατολήν. Διὸ μόνον

(*a*) Le levant équinoxial.

(*b*) Est-sud-est.

τὸ τρίτον τούτων ὑπολογιςέον ὑπὲρ τῆς ἀνωμαλίας τοῦ πλοῦ, ὡς καταλείπεσθαι καὶ τὴν τούτων τῶν μεσημβρινῶν διάςασιν, ςαδίων ͵ηχο, μοιρῶν δὲ ιζ γ'. Ἐφεξῆς δὲ τὴν ἀπὸ Σάδας πλοῦν ἕως Ταμάλας πόλεως ποιεῖται ςαδίων ͵γφ ὡς πρὸς χειμερινὰς ἀνατολὰς, ὑπὲρ μὲν οὖν τῆς ἀνωμαλίας πάλιν τὸ τρίτον αὐτῶν ἀφελόντες, ἕξομεν τοῦ συνεχοῦς δρόμου, ςαδίους ͵βτλ. Διὰ δὲ τὴν πρὸς εὖρον νεῦσιν τὸ ἕκτον ἔτι τούτων προσυπολογίσαντες, εὑρήσομεν καὶ τὴν τῶν ἐκκειμένων μεσημβρινῶν διάςασιν, ςαδίων μὲν χιλίων ἐνακοσίων τεσσαράκοντα, μοιρῶν δὲ ἔγγιςα τριῶν ἡμίσους τρίτου. Μετὰ δὲ ταῦτα ἀπὸ Ταμάλας ἐπὶ τὴν χρυσῆν Χερσόνησον διαπέραμα, ςαδίων ἐκτίθεται χιλίων ἑξακοσίων, ὡς πρὸς χειμερινὰς πάλιν ἀνατολὰς, ὥς τε κἀνταῦθα τῶν ὁμοίων μερῶν ὑφαιρεθέντων, καταλείπεσθαι τὴν τῶν μεσημβρινῶν διάςασιν ςαδίων μὲν ἐνακοσίων, μοίρας δὲ μιᾶς καὶ τεσσάρων πέμπτων· συνάχεσθαί τε τὴν ἀπὸ τοῦ Κῶρυ ἀκρωτηρίου μέχρι τῆς χρυσῆς Χεῤῥονήσου διάςασιν μοιρῶν λδ, καὶ τεσσάρων πέμπτων.

ΚΕΦΑΛΑΙΟΝ ΙΔ.

Περὶ τοῦ ἀπὸ τῆς χρυσῆς Χερσονήσου, ἐπὶ τὰ Καττίγαρα διάπλου.

ΤΟΥ δ' ἀπὸ τῆς χρυσῆς Χεῤῥονήσου ἐπὶ τὰ Καττίγαρα διάπλου τὸν ςαδιασμὸν, ὁ Μαρῖνος οὐκ ἐκτίθεται.

à cause de l'irrégularité de la navigation. Il restera pour l'intervalle des deux méridiens 8670 stades environ, ou 17 $\frac{1}{3}$ degrés. Ensuite il fait la navigation de Sada à la ville nommée Tamala, de 3500 stades comme vers le levant d'hiver; d'où retranchant le tiers, encore à cause des irrégularités de la course, nous aurons pour le trajet continu, 2330 stades. Et à cause de la direction vers l'Eurus, retranchant encore le sixième, nous trouverons la distance des méridiens de ces deux lieux, de 1940 stades, ou environ 3 $\frac{1}{2}$ $\frac{1}{3}$ degrés. Après cela, il compte pour la traversée de Tamala à la Chersonèse d'or, 1600 stades vers le levant d'hiver environ encore, de sorte que, soustrayant encore dans les mêmes proportions, nous aurons pour reste 900 stades, ou 1 $\frac{4}{5}$ degré d'intervalle entre les méridiens; ainsi, la distance du cap Cory à la Chersonèse d'or, se trouve être de 34 $\frac{4}{5}$ degrés.

CHAPITRE XIV.

De la Navigation depuis la Chersonèse d'or jusqu'à Cattigara.

MARIN n'expose pas le nombre des stades du trajet par mer, de la Chersonèse d'Or à Cattigara, mais il rapporte qu'Alexandre a écrit que depuis ce pays, la terre est opposée au midi, et que ceux qui naviguent le long de cette côte, arrivent au bout de vingt jours à la ville de Zaba, et qu'en continuant de naviguer depuis Zaba vers le midi, et en allant plus à gauche, on atteint quelques jours après Cattigara. Il augmente donc cette distance, s'il a entendu l'expression *quelques jours*, pour *plusieurs jours*. Sa raison est que le nombre en est si grand, qu'on ne les a pas comptés : raison bien ridicule, à mon avis. Car ce nombre, fût-il celui des jours qu'on auroit employés à faire le tour du monde, pourroit-il jamais être infini? Quel motif donc empêchoit Alexandre de dire *plusieurs* au lieu de *quelques* ; tandis qu'il rapporte que Dioscore a dit que la navigation de Rapta au cap Prase, duroit plusieurs jours ? Il n'est personne qui ne prenne avec plus de raison les mots *quelques jours*, pour *peu de jours*; car nous blâmons toujours une pareille façon de parler (telle qu'est celle de Marin). Mais pour ne pas paroître nous-mêmes tomber dans la même faute, d'adapter des conjectures de distances, à quelque nombre énoncé, admettons pour la durée de la navigation depuis la Chersonèse d'Or jusqu'à Cattigara vingt jours, dont quelques uns jusqu'à Zaba, et quelques autres jusqu'à Cattigara ; comme celle d'Aromata au cap Prase, laquelle est aussi de vingt jours de durée, est composée, selon Théophile, de ce même nombre de vingt jours jusqu'à Rapta, et de plusieurs autres jusqu'au cap Prase,

Φησὶ δὲ Ἀλέξανδρον ἀναγεγραφέναι τὴν γὴν ἐντεῦθεν ἐναντίαν εἶναι τῇ μεσημβρίᾳ, καὶ τοὺς πλέοντας παρ' αὐτὴν ἐν ἡμέραις εἴκοσι καταλαμβάνειν πόλιν Ζάβας· ἀπὸ δὲ τῶν Ζαβῶν πρὸς νότον διαπλεύσαντας, καὶ μᾶλλον εἰς τὰ εὐώνυμα, ἡμέρας τινὰς, ἐκδέχεσθαι τὰ Καττίγαρα. Μηκύνει μὲν οὖν αὐτὸς τὴν ἐκκειμένην διάςασιν, ἀκούων τινὰς, ἀντὶ τοῦ πολλάς. Διὰ τὸ πλῆθος γάρ φησι μὴ περιληφθῆναι αὐτὰς ἀριθμῷ, γελοίως οἶμαι τοῦτόγε. Τὶς γὰρ ἀριθμὸς ἡμερῶν ἄῤῥητος ἔςαι, κἂν ὅλης τῆς γῆς πεπερασμένης περίοδον ἔχῃ; τί δ' ἐκώλυε τὸν Ἀλέξανδρον ἀντὶ τοῦ τινὰς, εἰπεῖν πολλὰς, ὡς τὸν Διόσκορον ἔφη πολλῶν ἡμερῶν ἱςορῆσαι τὸν ἀπὸ τῶν Ραπτῶν ἐπὶ τὸ Πράσον πλοῦν. Εὐλογώτερον δ' ἄν τις ἐκδέχοιτο τὰς τινὰς ὡς ὀλίγας. Καὶ γὰρ τοῦτον εἰώθαμεν κατηγορεῖν τὸν τρόπον. Ἀλλ' ἵνα μὴ δόξωμεν καὶ αὐτοὶ πρὸς κείμενόν τι πλῆθος ἐφαρμόζειν τὰς τῶν ἀποχῶν εἰκασίας, παραλάβωμεν τὸν ἀπὸ τῆς χρυσῆς Χεῤῥονήσου μέχρι Καττιγάρων πλοῦν συγκείμενον ἔκτε εἴκοσιν ἡμερῶν, τῶν ἐπὶ Ζάβας, καὶ ἐξ ἄλλων τινῶν, τῶν ἐπὶ τὰ Καττίγαρα· ὥσπερ τὸν ἀπὸ τῶν Ἀρωμάτων ἐπὶ τὸ Πράσον ἄκρον, συγκείμενον καὶ αὐτὸν ἔκ τε τῶν ἴσων ἡμερῶν εἴκοσιν τῶν ἐπὶ τὰ Ραπτὰ, κατὰ Θεόφιλον, καὶ ἐξ ἄλλων πολλῶν τῶν ἐπὶ τὸ Πράσον κατὰ Διόσκορον, ἵνα καὶ κατὰ τὸν Μαρῖνον ἐν ἰσωθῶμεν τὰς τινὰς ἡμέρας ταῖς πολλαῖς εἰκάσαντα.

Ἐπεὶ τοίνυν ἀπεδείξαμεν, ἔκ τε τῶν εὐλόγων, καὶ ἐξ αὐτῶν τῶν φαινομένων, τὸ Πράσον ὑπὸ τὸν παράλληλον τὸν ἀπέχοντα πρὸς μεσημβρίαν τοῦ ἰσημερινοῦ μοίρας ις̅ γ' ιβ', διέστηκε δὲ καὶ ὁ τοῦ ἰσημερινοῦ καὶ ὁ διὰ τῶν Ἀρωμάτων παράλληλος πρὸς τὰς ἄρκτους μοίρας δ̅ δ', ὥστε συνάγεσθαι τὴν ἀπὸ τῶν Ἀρωμάτων ἐπὶ τὸ Πράσον διάστασιν μοιρῶν κ̅ καὶ διμοίρου· τῶν ἴσων ἂν εἰκότως θεῖμεν, καὶ τὴν ἀπὸ τῆς χρυσῆς ἐπὶ Ζάβας, κἀκεῖθεν ἐπὶ τὰ Καττίγαρα. Τὴν μὲν οὖν ἀπὸ τῆς χρυσῆς Χερσονήσου ἐπὶ Ζάβας οὐδέν τι δεῖ μειοῦν παράλληλον οὖσαν τῷ ἰσημερινῷ, διὰ τὸ τὴν μεταξὺ χώραν ἐναντίαν ἐκτετάσθαι τῇ μεσημβρίᾳ. Τὴν δ' ἀπὸ Ζαβῶν ἐπὶ τὰ Καττίγαρα προσήκει συνελεῖν, διὰ τὸ τὸν πλοῦν εἶναι πρὸς νότον καὶ πρὸς ἀνατολάς, ἵνα τὴν παράλληλον τῷ ἰσημερινῷ λάβωμεν θέσιν. Εἰ δὴ τὸ ἥμισυ τῶν μοιρῶν προσνείμαιμεν ἑκατέρᾳ τῶν διαστάσεων διὰ τὸ ἄδηλον αὐτῶν τῆς ὑπεροχῆς, καὶ τῶν ἀπὸ Ζαβῶν ἐπὶ τὰ Καττίγαρα μοιρῶν ι̅γ' τὸ τρίτον πάλιν ὑπολογίσαιμεν ὑπὲρ τῆς ἐγκλίσεως, ἕξομεν καὶ τὴν ἀπὸ τῆς χρυσῆς Χερσονήσου ἐπὶ τὰ Καττίγαρα διάστασιν, ὡς ἐπὶ παραλλήλου τῷ ἰσημερινῷ θέσεως μοιρῶν ι̅ζ ἕκτου ἔγγιστα. Ἐδέδεικτο δὲ καὶ ἡ ἀπὸ τοῦ Κῶρυ ἀκρω-

selon Dioscore, pour égaler, comme Marin, quelques jours à plusieurs jours.

Après avoir démontré par des raisons certaines, et par les phénomènes mêmes, que le cap Prase est sous le parallèle qui est à 16 degrés $\frac{1}{3}$ $\frac{1}{12}$ au midi de l'équateur, et que le parallèle qui passe par Aromata est à 4 $\frac{1}{4}$ degrés au nord de l'équateur, de sorte que la distance d'Aromata à Prase est de 20 $\frac{2}{3}$ degrés; nous pourrions égaler à cette distance, celle de la Chersonèse d'Or à Zaba, avec celle de Zaba à Cattigara. Car il ne faut pas diminuer celle de la Chersonèse d'Or à Zaba, attendu qu'elle est parallèle à l'équateur, l'intervalle de l'une à l'autre ne déclinant pas au midi; mais il convient de resserrer l'espace de Zaba à Cattigara, parce que la navigation va au midi et à l'orient pour prendre la position parallèle à l'équateur. Si donc à chacune de ces distances, nous ne donnons que leur moitié, à cause de l'incertitude de ce qu'elles ont de trop; et si nous retranchons le tiers des 10 $\frac{1}{3}$ degrés de la route de Zaba à Cattigara, à cause de son obliquité, nous aurons la distance estimée de la Chersonèse d'Or à Cattigara, d'environ 17 $\frac{1}{6}$ degrés, comme située parallèlement à l'équateur. Or nous avons montré que la distance du cap Cory à la Chersonèse d'Or est de 34 $\frac{4}{5}$ degrés; par conséquent, de Cory à Cattigara la distance entière est d'environ 52 degrés. Mais le méridien qui passe par la source du fleuve Indus est, suivant Marin, un peu plus à l'ouest que le cap boréal de la Taprobane, lequel est vis-à vis de Cory; et le méridien des bouches du Bætis est de 8 heures, ou 120 degrés, plus occidental; et celui des îles Fortunées d'un peu plus de 5 degrés encore plus à l'occident. La distance du méridien des îles Fortunées à celui du fleuve Indus, est donc d'un peu plus de 125 degrés. Mais celui de Cattigara est éloigné de celui des îles Fortunées d'un peu plus de 177 degrés, de même à peu près qu'est la distance en degrés comptés sur le parallèle qui passe par Rhodes. Mais supposons la distance entière jusqu'à la ville capitale des Sines, de 180 degrés, ou de 12 heures, car tout le monde convient qu'elle se termine plus à l'orient que Cattigara, pour avoir, à très-peu près, 72000 stades pour la longitude comptée sur le parallèle de Rhodes.

CHAPITRE XV.

Des contrariétés qui se trouvent dans les particularités locales rapportées par Marin.

TELLES sont les raisons qui nous ont déterminés à ces réductions dans les distances générales tant en longitude

τηρίου μέχρι τῆς χρυσῆς Χερσονήσου μοιρῶν λδ̄ καὶ τεσσάρων πέμπτων· Πᾶσα ἄρα ἡ ἀπὸ τοῦ Κῶρυ μέχρι Καττιγάρων μοιρῶν ἐστιν ἔγγιστα νβ̄. Ἀλλ' ὁ μὲν διὰ τῆς ἀρχῆς τοῦ Ἰνδοῦ ποταμοῦ μεσημβρινὸς ὀλίγῳ δυτικώτερός ἐστι τοῦ βορείου τῆς Ταπροβάνης ἀκρωτηρίου κατὰ τὸν Μαρῖνον, ὅπερ ἀντίκειται τῷ Κῶρυ· τούτου δ' ἀφέστηκεν ὁ διὰ τῶν ἐκβολῶν τοῦ Βαίτιος ποταμοῦ ὡριαῖα διαστήματα η̄, μοίρας δὲ ρκ̄· καὶ ἔτι ὁ διὰ τῶν ἐκβολῶν τοῦ Βαίτιος τοῦ διὰ τῶν μακάρων νήσων, μοίρας ε̄. Ὥστε καὶ ὁ μὲν διὰ τοῦ Κῶρυ μεσημβρινὸς ἀπέχει τοῦ διὰ τῶν μακάρων νήσων μικρῷ πλέον ρκε̄ μοίρας· ὁ δὲ διὰ Καττιγάρων τοῦ διὰ τῶν μακάρων νήσων μικρῷ πλέον τῶν ἐπὶ τὸ αὐτὸ ροζ̄ μοιρῶν, κατὰ τὴν αὐτὴν σχεδὸν διάστασιν τοῖς ἐπὶ τοῦ διὰ τῆς Ῥοδίας παραλλήλου συλλελογισμένοις. Ἀλλ' ὑποκείσθω τὸ μέχρι τῆς μητροπόλεως τῶν Σινῶν μῆκος ὅλων ρπ̄ μοιρῶν, ὡριαίων δὲ διαστημάτων δώδεκα, διὰ τὸ πάντας ὁμολογεῖν, ἀνατολικωτέραν αὐτὴν εἶναι τῶν Καττιγάρων, ὥς τε συνάγεσθαι καὶ τοῦ διὰ τῆς Ῥοδίας μήκους, σταδίους ἑπτακισμυρίους καὶ δισχιλίους ἔγγιστα.

ΚΕΦΑΛΑΙΟΝ ΙΕ.

Περὶ τῶν ἐν τῇ κατὰ μέρος ἐκθέσει τῷ Μαρίνῳ διαπεφωνημένων.

ΕΙΣ μὲν δὴ τὰς καθόλου διαστάσεις, ἐπὶ τοσοῦτον διεστείλαμεν τοὺς μήκους τὸ πρὸς ἀνατολὰς, καὶ τοῦ πλάτους τὸ πρὸς μεσημβρίαν, διὰ τὰς ἐκτεθειμένας αἰτίας. Καὶ τὰς κατὰ μέρος δὲ τῶν πόλεων διαθέσεις, πολλαχῆ διορθώσεως ἠξιώσαμεν. Ἐφ᾽ ὧν μαχομένας ἢ μὴ ἀκολούθους ἐκθέσεις πεποίηται κατὰ διαφόρους ὑπομνήσεις, διὰ τὸ πολύχουν καὶ ποικίλον τῶν συντάξεων· οἷον ἐςι τὸ ἀντικεῖσθαι Ταῤῥακῶνα τῇ Καισαρείᾳ τῇ καλουμένῃ Ἰουλίᾳ, τὸν διὰ ταύτης μεσημβρινὸν γράφων, καὶ διὰ τῶν Πυῤῥηναίων ὀρῶν, ἅτινα Ταῤῥακῶνος οὐκ ὀλίγω ἐστὶν ἀνατολικώτερα· καὶ Πάχυνον μὲν Λέπτῃ τῇ μεγάλῃ; Θεαίναις δὲ Ἱμέραν· τῆς μὲν ἀπὸ Παχύνου διαςάσεως ἐπὶ τὴν Ἱμέραν τετρακοσίων που σταδίων συναγομένης, τῆς δ᾽ ἀπὸ Λέπτεως ἐπὶ Θεαίνας, ὑπὲρ τοὺς χιλίους πεντακοσίους, ἐξ ὧν ὁ Τιμοσθένης ἀναγράφει. Καὶ πάλιν, Τέργεςον μὲν φησιν ἀντικεῖσθαι Ῥαβέννῃ· τοῦ δὲ μυχοῦ τοῦ Ἀδρίου, τοῦ κατὰ Τιλαουέμπτου ποταμοῦ, τὸ μὲν Τέργεςον ἀπέχειν πρὸς θερινὰς ἀνατολὰς ςαδίους τετρακοσίους ὀγδοήκοντα· τὴν δὲ Ῥαβένναν πρὸς χειμερινὰς ἀνατολὰς, σταδίους χιλίους. Ὁμοίως ἀντικεῖσθαί φησι Χελιδονέας μὲν Κανώβῳ, Ἀκάμαντα, δὲ Πάφῳ, καὶ Πάφον Σεβεννυτῷ. Τῶν μὲν, ἀπὸ Χελιδονέων εἰς Ἀκάμαντα ςαδίων χιλίων ὑπ᾽ αὐτοῦ τιθεμένων· τῶν δ᾽ ἀπὸ Κανώβου εἰς Σηβέννυτον ὑπὸ Τιμοσθένους, διακοσίων ἐνενή-

vers l'orient, qu'en latitude vers le midi. Mais nous croyons aussi que les situations qu'il assigne à chaque ville en particulier, ont besoin pour la plupart d'une semblable correction. A ce sujet, Marin est tombé dans des contradictions et de fausses conséquences où l'ont jetté les différences et la multiplicité des récits consignés dans les relations et les mémoires qu'il a consultés. Par exemple, il place Tarragone vis-à-vis de Césaréa, surnommée Julia, en faisant passer un même méridien par cette ville et les Pyrénées, quoique ces montagnes soient bien plus orientales. Et il oppose Pachyn à la grande Leptis, et Himère à Théænes, tandis qu'on compte 400 stades environ pour la distance de Pachyn à Himère, et plus de 1500 pour celle de Leptis à Théænes, d'après ce que Timosthène écrit. Il dit encore que Tergestum (Trieste) est opposée à Ravenne, et située à 480 stades vers le levant d'été, loin de l'extrémité du golfe Adriatique, laquelle est près du fleuve Tilavempte; et Ravenne à la distance de 1000 stades vers le levant d'hiver. Il dit pareillement que les îles ou roches Chélidonées (près de la côte de Pamphylie, selon Strabon) sont situées vis-à-vis de Canobe (à 4000 stades de distance, selon Strabon); Acamas (en Chypre) vis-à-vis de Paphos; et Paphos vis-à-vis de Sébennyte. Il compte des Chélidonées au cap Acamanta, 1000 stades, et Timosthènes en compte 290 depuis Canobe jusqu'à Sébennyte. Mais cette distance, quand même elle s'étendroit sous les mêmes méridiens, devroit être plus grande qu'elle n'est réellement, parce qu'elle tomberoit sous un arc d'un plus grand parallèle.

Il dit que Pise est distante de Ravenne vers le sud-sud-ouest, de 700 stades, mais à cause de la division des climats, et des espaces horaires, il met Pise dans le troisième d'heures, et Ravenne dans le quatrième; et disant que Nimègue est plus méridionale de 59 milles que Londres en Bretagne, il la montre pourtant par les climats plus boréale. Et plaçant le mont Athos sur le parallèle de l'Hellespont, il met Amphipolis et les villes voisines, au dessus de l'Athos et autour des bouches du Strymon, qui sont dans le quatrième climat et dans celui qui est au dessous de l'Hellespont. De même, quoique la Thrace presque toute entière soit située sous le parallèle de Byzance, il en a rangé toutes les villes intérieures dans le climat qui est au-dessus de ce parallèle. Nous avons placé, dit-il encore, Trébizonde sous le parallèle qui passe par Byzance; et montrant que Satalie, ville d'Arménie, est à 60 milles de distance au midi de Trébizonde, il fait en traçant ces parallèles, passer celui de Byzance par Satalie, et non par Trébizonde.

Il dit aussi qu'il décrira fidèlement le cours du Nil, depuis le lieu où l'on commence à le voir couler du midi

κοντα· καί τοι ταύτης τῆς διαςάσεως, εἴπερ ὑπὸ τοὺς αὐτοὺς ἔκειτο μεσημβρινούς, τῷ ὄντι μείζονος ὀφειλούσης εἶναι, διὰ τὸ καὶ μείζονος ὑποπίπτειν παραλλήλου περιφερείᾳ.

Πάλιν τὴν Πίσαν ἀπέχειν Ραβέννης πρὸς Λιβόνοτον, ςαδίυς ἑπτακοσίυς. Διὰ δὲ τῆς τῶν κλιμάτων καὶ τῶν ὡριαίων διαιρέσεως, Πίσαν μὲν ἐν τῷ τρίτῳ τίθησιν ὡριαίῳ, Ραβένναν δὲ ἐν τῷ τετάρτῳ. Καὶ Λουνδινίου τῆς Βρεττανίας νοιόμαγον εἰπὼν νοτιωτέραν μιλίοις νθ, βορειοτέραν αὐτὴν διὰ τῶν κλιμάτων ἀποφαίνει. Καὶ τὸν Αθω δὲ τάξας ἐπὶ τοῦ δι' Ελλησπόντου παραλλήλου, τὴν Αμφίπολιν καὶ τὰς περὶ αὐτὴν ὑπὲρ τὸν Αθω καὶ τὰς τοῦ Στρυμόνος ἐκβολὰς κειμένας ἐν τῷ τετάρτῳ καὶ ἐν τῷ ὑπὸ τὸν Ελλήσποντον κλίματι τίθησιν. Ομοίως δὲ καὶ τῆς Θράκης σχεδὸν ὅλης ὑπὸ τὸν διὰ Βυζαντίου παράλληλον κειμένης, τὰς μεσογείους αὐτῆς πόλεις ἁπάσας ἐν τῷ ὑπὲρ τοῦτον τὸν παράλληλον κλίματι κατέταξεν. Ετι Τραπεζοῦντά φησιν ἱδρύσαμεν ἐπὶ τοῦ διὰ Βυζαντίου παραλλήλου· καὶ τὰ Σάταλα τῆς Αρμενίας δείξας ἀπέχοντα Τραπεζοῦντος πρὸς μεσημβρίαν μίλια ἑξήκοντα κατὰ τὴν τῶν παραλλήλων γραφὴν τὸν διὰ Βυζαντίου φέρει διὰ Σατάλων καὶ ὐ Τραπεζῦντος.

Καὶ μὴν τὸν Νεῖλον ποταμόν φησιν ἀκολύθως τῇ ἀληθείᾳ γραφήσεσθαι, ἐξ ὗ πρῶτον ὁρᾶται παραγινόμενος ἀπὸ μεσημβρίας πρὸς ἄρκτους, μέχρι Μερόης. Ομοίως δὲ καὶ τὸν ἀπὸ τῶν Αρωμάτων ἐπὶ τὰς λίμνας ἐξ ὧν ὁ Νεῖλος ῥεῖ, πλοῦν Απαρκτίᾳ συντελεῖσθαι, τῶν Αρωμάτων ἀνατολικωτέρων ὄντων τοῦ Νείλου Παμπόλλῳ. Πτολεμαῒς γὰρ ἡ τῶν θηρῶν ἀνατολικωτέρα ἐςὶ Μερόης καὶ τοῦ Νείλου δέκα ἡμερῶν ὁδὸν, ἢ δώδεκα. Πτολεμαΐδος δὲ καὶ τοῦ ἀδουλικοῦ κόλπου τὰ ςενὰ τὰ κατὰ Οκηλιν τὴν Κερσόννησον καὶ Δείρην, ςαδίοις τρισχιλίοις πεντακοσίοις. Τούτων δ' ἔτι ἀνατολικώτερον τὸ ἀκρωτήριον τῶν μεγάλων Αρωμάτων, ςαδίοις πεντακισχιλίοις.

vers le nord, jusqu'à Méroë. Il assure en même temps, que la navigation d'Aromata aux marais d'où le Nil sort, se fait par le vent du nord, quoiqu'Aromata soit bien plus oriental que Méroë. Car Ptolémaïs (des monstres) est de dix ou douze jours de marche plus orientale que Méroë et le Nil. Et le détroit entre la Chersonèse (ou presqu'île) d'Ocelis et Dère, est de 3500 stades à l'orient de Ptolémaïs et du golfe Adulique, mais le grand promontoire d'Aromata est de 5000 stades plus oriental encore que ces lieux.

ΚΕΦΑΛΑΙΟΝ ΙϚ.

Οτι παρῆλθέ τινα αὐτὸν, καὶ κατὰ τοὺς τῶν ἐπαρχιῶν περιορισμούς.

ΠΑΡΗΛΘΕ δέ τινα αὐτὸν καὶ κατὰ τοὺς περιορισμούς. Ως ὅταν τὴν μὲν Μυσίαν πᾶσαν ἀπ' Ανατολῶν ὁρίζει τῇ Ποντικῇ θαλάσσῃ· τὴν δὲ Θράκην ἀπὸ δυσμῶν Μυσίᾳ τῇ ἄνω· καὶ τὴν μὲν Ιταλίαν μὴ ἀπ' ἄρκτων Ραιτίᾳ καὶ Νωρικῷ μόνον, ἀλλὰ καὶ Παννονίᾳ· τὴν δὲ Παννονίαν ἀπὸ μεσημβρίας Δαλματίᾳ μόνῃ, καὶ μηκέτι τῇ Ιταλίᾳ. Καὶ τοὺς μὲν μεσογαίους Σογδιανοὺς, καὶ τοὺς Σάκας, γειτνιάζειν ἀπὸ μεσημβρίας τῇ Ινδικῇ. Τοὺς δὲ βορειοτέρους τοῦ

CHAPITRE XVI.

Ignorance de Marin en ce qui concerne les limites de plusieurs contrées.

Marin n'a pas eu une connoissance bien exacte des limites de divers pays ; comme quand il termine à la mer de Pont toute la Mysie du côté de l'orient; et la Thrace à la Mysie supérieure, du côté de l'occident; l'Italie du côté du nord, non seulement par la Rhétie et le Norique, mais encore par la Pannonie; et la Pannonie du côté du midi par la Dalmatie seule et non par l'Italie. Il fait les Sogdiens de l'intérieur et les Saces contigus à l'Inde du côté du midi. Enfin il ne décrit pas les deux parallèles plus boréaux que le mont Imaüs, qui est le plus septentrional de l'Inde, savoir le parallèle qui traverse l'Hellespont et celui qui passe par Byzance au travers des nations précédemment nommées, mais d'abord celui qui passe par le milieu du royaume de Pont.

CHAPITRE XVII.

En quoi Marin diffère des relations de voyages de notre temps.

Marin n'est pas d'accord avec lui-même en tous ces points et en d'autres semblables, soit à cause du grand nombre et de la diversité de ses compositions géographiques, soit parce qu'avant leur édition finale, il n'a pas eu la précaution, comme il le dit lui-même, de décrire une table par laquelle il eût seul corrigé les climats et les espaces horaires. Il y a aussi plusieurs choses qui ne s'accordent pas avec les dernières relations. Tel est, par exemple, le golfe Sachalite qu'il place à l'occident du cap Syagre. Car ceux qui ont navigué dans ces parages nous assurent unanimement que le territoire de Sachalis en Arabie et le golfe qui en porte le nom sont à l'orient de Syagre. Et il met Simylla, port et ville commerçante de l'Inde, à l'occident non seulement du cap Comara, mais encore du fleuve Indus, et pourtant cette ville est seulement mentionnée, comme plus méridionale que les bouches de ce fleuve, par ceux qui ont navigué vers cette contrée et l'ont

Ιμάου ὄρους ὅ ἐςιν ἀρκτικώτατον τῆς Ινδικῆς, δύο παραλλήλους, τόν τε δι' Ελλησπόντου καὶ τὸν διὰ Βυζαντίου μὴ γράφει, διὰ τῶν εἰρημένων ἐθνῶν, ἀλλὰ πρώτως τὸν διὰ μέσου πόντου.

ΚΕΦΑΛΑΙΟΝ ΙΖ.

Περὶ τῶν διαπεφωνημένων αὐτῷ, πρὸς τὰ ὑπὸ τῶν καθ' ἡμᾶς ἱςορηθέντα.

ΤΟΥΤΟΙΣ μὲν οὖν καὶ τοῖς τοιούτοις οὐκ ἐπέςησεν ὁ Μαρῖνος, ἤτοι διὰ τὸ πολύχουν καὶ κεχωρισμένον τῶν συντάξεων, ἢ διὰ τὸ μὴ φθᾶσαι κατὰ τὴν τελευταίαν ἔκδοσιν, ὥς αὐτός φησι, πίνακα καταγράψαι, δι' οὗ καὶ τὴν τῶν κλιμάτων καὶ τῶν ὡριαίων μόνος ἐποιήσατο διόρθωσιν. Ενια δ' ἤδη καὶ τοῖς νῦν ἱςορουμένοις οὐκ ἔχει συμφώνως. Ως ὁ Σαχαλίτης κόλπος ἀπὸ δυσμῶν ὑπ' αὐτοῦ τιθέμενος τοῦ Συάγρου ἀκρωτηρίου. Πάντες γὰρ ἡμῖν ἁπαξαπλῶς ὁμολογοῦσιν οἱ τοὺς τόπους τούτους διαπλέοντες, ἀπ' ἀνατολῶν τοῦ Συάγρου καὶ τὴν Σαχαλίτην εἶναι χώραν τῆς Αραβίας καὶ τὸν ὁμώνυμον αὐτῆς κόλπον. Καὶ πάλιν τὰ Σίμυλλα τὸ τῆς Ινδικῆς ἐμπόριον μὴ μόνον τοῦ Κομαρέως ἀκρωτηρίου δυτικώτερον ὑπ' αὐτοῦ τιθέμενον, ἀλλὰ καὶ τοῦ Ινδοῦ ποταμοῦ. Μόνον γὰρ μεσημβρινώτερον ὁμολογεῖται τῶν ςομάτων εἶναι τοῦ ποταμοῦ, παρά τε τῶν ἐντεῦθεν εἰσπλευσάντων, καὶ χρόνον πλεῖστον ἐπελθόντων τοὺς τόπους, καὶ παρὰ τῶν ἐκεῖθεν ἀφικομένων πρὸς ἡμᾶς, καλούμενον ὑπὸ τῶν ἐγχωρίων Τίμουλα.

Παρ᾽ ὧν καὶ τά τε ἄλλα περὶ τὴν Ινδικὴν μερικώτερον, καὶ κατὰ τὰς ἐπαρχίας ἐμάθομεν, καὶ ταύτης τῆς χώρας ἐνδοτέρω, μέχρι τῆς χρυσῆς Χερσονήσου, καὶ ἐντεῦθεν ἕως τῶν Καττιγάρων. Τὸ μὲν ὅτι πρὸς ἀνατολάς ἐστιν ὁ πλοῦς εἰσπλεόντων, καὶ πάλιν ἐξιόντων πρὸς δυσμὰς συνιστορούντων· τὸ δ᾽ ἄτακτον καὶ ἀνώμαλον τοῦ χρόνου τῶν διανύσεων προσομολογούντων. Καὶ ὅτι ὑπέρκειται τῶν Σινῶν, ἥτε τῶν Σηρῶν χώρα καὶ ἡ μητρόπολις, καὶ τὰ ἀνατολικώτερα τούτων ἄγνωστός ἐστι γῆ, λίμνας ἔχουσα ἑλώδεις, ἐν αἷς κάλαμοι μεγάλοι φύονται, καὶ συνεχεῖς οὕτως, ὥς τε ἐχομένους αὐτῶν ποιεῖσθαι τὰς διαπεραιώσεις. Καὶ ὅτι οὐ μόνον ἐπὶ τὴν Βακτριανὴν ἐντεῦθέν ἐστιν ὁδὸς διὰ τοῦ λιθίνου πύργου, ἀλλὰ καὶ ἐπὶ τὴν Ινδικὴν διὰ Παλιμβόθρων. Η δὲ ἀπὸ τῆς μητροπόλεως τῶν Σινῶν ἐπὶ τὸν ὅρμον τὰ Καττίγαρα, πρὸς δυσμάς ἐστι καὶ μεσημβρίαν· ὡς διὰ τοῦτο μὴ πίπτειν αὐτὴν κατὰ τὸν διὰ τῆς Σήρας καὶ τῶν Καττιγάρων μεσημβρινὸν, ἐξ ὧν φησιν ὁ Μαρῖνος, ἀλλὰ κατά τινα τῶν ἀνατολικωτέρων.

Καὶ μὴν καὶ παρὰ τῶν ἀπὸ τῆς Αρα-

parcourue long-temps, et par ceux qui en étant revenus, nous ont rapporté que les gens du pays l'appellent Timoula.

Nous tenons d'eux aussi d'autres détails plus particuliers sur l'Inde, ainsi que sur ses royaumes et l'intérieur de cette contrée, jusqu'à la Chersonèse d'or, et de là jusqu'à Cattigara; ils s'accordent tous à dire: que les navigateurs qui y vont, se dirigent à l'orient; que ceux qui en reviennent, vont vers l'occident; et ils disent aussi tous également que la durée de cette navigation est irrégulière et inconstante. Ils ajoutent que les Sères et leur ville capitale sont situés au dessus (au nord) des Sines; et que les terres plus orientales sont inconnues, couvertes d'étangs marécageux, où il croît des roseaux si grands, qu'étant bien joints ensemble, ils servent à traverser ces marais. Ils disent aussi que non seulement la route qui mène de là dans la Bactriane, passe par la tour de pierre, mais encore qu'elle conduit dans l'Inde par Palymbothra. Mais le chemin de la capitale des Sères, au port de Cattigara, tend au sud-ouest, et par conséquent il ne tombe pas sous le méridien qui passe par Sères et Cattigara, comme le dit Marin, mais sous un des méridiens plus orientaux.

Nous savons en outre, par les marchands qui ont traversé depuis l'Arabie Heureuse, jusqu'à Aromata dans l'Azanie, et à Rapta, lieux tous compris par eux, sous le nom général de Barbarie, que dans ces voyages, la navigation ne se dirige pas juste vers le midi, mais que celui-ci se fait vers le sud-ouest; et que le trajet de Rapta à Prase court au sud-est; que les marais d'où le Nil sort, ne sont pas près de la mer, mais bien loin dans les terres; que l'ordre de la course depuis le rivage d'Aromata et Apocopes jusqu'au cap Rapta, est bien différent de la description que Marin en a faite: que d'ailleurs à cause des vents qui varient sans cesse sous l'équateur, on ne peut conclure d'une navigation en un jour et une nuit sous ce cercle, que tout au plus quatre ou cinq cents stades: que le premier golfe contigu à Aromata, est celui où est le village de Panes, où on arrive en un jour depuis Aromata, que le port d'Opone est à 6 journées de ce village; et qu'immédiatement après ce port est un autre golfe où commence l'Azanie, à l'entrée duquel est le promontoire Zingis, ainsi que le mont Phalangis aux trois sommets, que c'est ce golfe seulement qu'on appelle Apocope, et qu'on peut le traverser en deux jours et deux nuits de navigation, qu'ensuite on vient au petit rivage, et puis au grand, dont la traversée est à celle de l'autre, comme cinq est à trois, mais que l'on traverse l'un et l'autre en quatre jours et quatre nuits consécutifs,

βίας τῆς εὐδαίμονος διαπεραιουμένων ἐμπόρων ἐπὶ τὰ Ἀρώματα, καὶ τὴν Ἀζανίαν, καὶ τὰ Ῥάπτα, ταῦτα δὲ πάντα Βαρβαρίαν ἰδίως καλούντων, μανθάνομεν τόν τε πλοῦν μὴ ἀκριβῶς εἶναι πρὸς μεσημβρίαν, ἀλλὰ τοῦτον μὲν πρὸς δυσμὰς καὶ μεσημβρίαν, τὴν δ' ἀπὸ τῶν Ῥάπτων ἐπὶ τὸ Πράσον διαπεραίωσιν, πρὸς ἀνατολὰς καὶ μεσημβρίαν· καὶ τὰς λίμνας δὲ ἀφ' ὧν ὁ Νεῖλος ῥεῖ, μὴ παρ' αὐτὴν εἶναι τὴν θάλασσαν, ἀλλ' ἐνδοτέρω συχνῷ. Καὶ τὴν τάξιν τὴν ἐπὶ τὸ Ῥάπτον ἀκρωτήριον ἀπὸ τοῦ τῶν Ἀρωμάτων αἰγιαλοῦ καὶ Ἀποκόπων ἑτέραν εἶναι τῆς κατὰ τὸν Μαρῖνον, καὶ μὴ πολλῶν συνάγεσθαι ϛαδίων ἐκεῖ τὸν ἐξ ἡμέρας καὶ νυκτὸς πλοῦν, διὰ τὸ ταχὺ μετάβολον τῶν ὑπὸ τὸν ἰσημερινὸν πνευμάτων, ἀλλ' ὡς ἐπίπαν τετρακοσίων ἢ πεντακοσίων ϛαδίων· εἶναι δὲ συνεχῆ μὲν τοῖς Ἀρώμασι πρῶτον κόλπον ἐν ᾧ μετὰ μιᾶς ἡμέρας ὁδὸν ἀπὸ τοῦ Ἀρωμάτων, Πανῶν κώμην, καὶ Ὀπώνην ἐμπόριον, ἀπέχουσαν τῆς κώμης ὁδὸν ἡμερῶν ἕξ· μετὰ δὲ τοῦτο τὸ ἐμπόριον, συνάπτειν ἄλλον κόλπον ἀρχὴν τῆς Ἀζανίας, οὗ κατὰ τὴν ἀρχὴν ἐκκεῖσθαι Ζίγγιν ἄκρον καὶ Φαλαγγίδα ὄρος, τριῶν κεφαλῶν· καλεῖσθαι δὲ τοῦτον μόνον τὸν κόλπον, Ἀπόκοπα, καὶ διάπλουν ἔχειν δύο νυχθημέρων. Παρήκειν δ' ἀπ' αὐτοῦ τὸν μικρὸν αἰγιαλὸν ἐν διάπλῳ τριῶν διαϛημάτων εἶτα τὸν μέγαν αἰγιαλὸν ἐν διάπλῳ πέντε διαστημάτων, ἀμφοτέρους δὲ ἐπὶ τὸ αὐτὸ, τεσσάρων ἔχειν διάπλουν νυχθημέρων· συνῆφθαι δὲ τούτοις ἄλλον κόλπον, ἐν ᾧ ἐμπόριον τὸ καλούμενον Ἴσσινα, μετὰ δύο νυχθημέρων πλοῦν. Εἶτα Σαραπίωνος ὅρμον μετὰ μιᾶς ἡμέρας πλοῦν. Ἐντεῦθεν ἄρχεσθαι τὸν ἐπὶ τὰ Ῥάπτα φέροντα κόλπον τριῶν νυχθημέρων ἔχοντα διάπλουν, οὗ κατὰ μὲν τὰς ἀρχὰς ἐμπόριον εἶναι τὸ καλούμενον Νίκι. Παρὰ δὲ τὸ Ῥάπτον ἄκρον ποταμὸν Ῥάπτον, καὶ Μητρόπολιν ὁμώνυμον αὐτῷ, μικρὸν ἀπέχουσαν τῆς θαλάσσης. Τὸν δ' ἀπὸ τῶν Ῥάπτων μέχρι τοῦ Πράσου ἀκρωτηρίου κόλπον μέγιστον ὄντα καὶ μὴ βαθὺν, περιοικεῖν Βαρβάρους Ἀνθρωποφάγους.

ΚΕΦΑΛΑΙΟΝ ΙΗ.

Περὶ τῆς ἀπὸ τῶν τοῦ Μαρίνου συντάξεων κατὰ τὴν καταγραφὴν τῆς οἰκουμένης δυσχρηστίας.

ΤΑ μὲν οὖν κατ' αὐτὴν τὴν ἱστορίαν ὀφείλοντα τυχεῖν τινὸς ἐπιστάσεως, ὑποτετυπώσθω μέχρι τοσούτων. Ἀλλ' ἵνα μὴ δόξωμέν τισιν ἔνστασιν προχειρίσασθαι καὶ μὴ διόρθωσιν, ἔσται ἡμῖν ἕκαστα δι' αὐτῆς τῆς κατὰ μέρος ὑφηγήσεως δῆλα. Λοιπὸν δ' ἂν εἴη τὰ κατὰ τὴν ἔφοδον τῆς καταγραφῆς ἐπισκέψασθαι. Διπλῆς δὴ τῆς τοιαύτης οὔσης ἐπιβολῆς, καὶ πρώτης μὲν, τῆς ἐν μέρει σφαιρικῆς ἐπιφανείας ποιουμένης τὴν τῆς οἰκουμένης διάθεσιν,

qu'après deux jours et deux nuits de navigation on rencontre un autre golfe où est le port et la ville d'Issina; qu'ensuite on entre un jour après dans le port de Sérapion : que de là commence le golfe qui mène en trois nycthémères à Rapta, à l'entrée duquel est située une ville de commerce appellée Niki; qu'auprès du cap Rapta coule un fleuve, et se trouve une ville peu éloignée de la mer, l'un et l'autre portant le même nom; et qu'enfin depuis Rapta jusqu'au cap Prase s'étend nn très-grand golfe peu profond dont les environs sont habités par des barbares anthropophages.

CHAPITRE XVIII.

De l'impossibilité de faire servir les descriptions de Marin à la représentation graphique de la terre.

Voila ce qu'il suffit de savoir concernant les relations historiques. Mais pour ne pas avoir l'air de critiquer les fautes plutôt que de les rectifier, j'entrerai dans de plus grands détails sur chaque partie de ce traité. Je dois néanmoins, avant de commencer, expliquer comment je procéderai pour la construction graphique. Deux méthodes se présentant, la première est celle qui dispose l'étendue de la terre sur une portion de surface sphérique;

la seconde est celle qui la figure sur un plan : l'une et l'autre ont cet avantage de commun, qu'elles se proposent de faciliter l'intelligence et la pratique de la chose, c'est-à-dire, d'exposer comment, sans aucun modèle, et sur la simple relation des mémoires, nous pouvons composer une représentation de la terre aussi commode pour l'usage qu'il est possible de le faire. Quand on ne fait que copier toujours les anciennes descriptions, en les transportant dans les nouvelles, en y changeant seulement quelques minuties, on commet ordinairement des fautes très-graves dans une matière aussi importante que difficile. Mais s'il arrive que la méthode tirée des mémoires ne suffise pas pour en démontrer l'exposé à ceux qui n'en ont pas de représentation sous les yeux, il leur est impossible d'en prendre une connoissance exacte. C'est ce qui arrive maintenant par le tableau géographique de Marin, à la plupart de ceux qui n'ont pas sa dernière description. Car, à cause de la confusion et de l'inexactitude de cette compilation, ils ne savent rien que d'une manière incertaine, imparfaite, et comme par conjecture; et ils sont induits en erreur sur presque tous les points de son ouvrage, bien qu'il soit généralement reçu partout. C'est ce dont il est aisé de se convaincre si l'on prend la peine de l'examiner. En effet, quoiqu'il soit nécessaire à qui doit placer chacun des lieux marqués, au point où il doit être, d'avoir sa position en longitude et en latitude, cela

δευτέρας δὲ, τῆς ἐν ἐπιπέδῳ, κοινὸν μὲν ἐπ' ἀμφοτέρων ἐςὶ προκείμενον τὸ εὔχρηςον, τουτέςι τὸ δεῖξαι πῶς ἂν καὶ μὴ προυποκειμένης εἰκόνος, ἀπὸ μόνης τῆς διὰ τῶν ὑπομνημάτων παραθέσεως, εὐμεταχείριςον ὡς ἔνι μάλιστα ποιώμεθα τὴν καταγραφήν. Τότε γὰρ ἀεὶ μεταφέρειν ἀπὸ τῶν προτέρων παραδειγμάτων ἐπὶ τὰ ὕςερα διὰ τῆς κατὰ μικρὸν παραλλαγῆς εἰς ἀξιόλογον εἴωθεν ἐξάγειν ἀνομοιότητα τὰς μεταβολάς. Κἂν μὴ τὴν μέθοδον ταύτην τὴν ἐκ τῆς ὑπομνήσεως αὐτάρκη πρὸς ἔνδειξιν τῆς ἐκθέσεως εἶναι συμβαίνῃ, τοῖς οὐκ εὐποροῦσι τῆς εἰκόνος, ἀμήχανον ἔςαι τοῦ προκειμένου δεόντως τυχεῖν. Ο συμβαίνει καὶ νῦν τοῖς πλείςοις, ἐπὶ τοῦ κατὰ τὸν Μαρῖνον πίνακος. Οὐκ ἐπιτυχοῦσι μὲν ἀπὸ τῆς ὑστάτης συντάξεως παραδείγματος. Αποσχεδιάσασι δὲ ἐκ τῶν ὑπομνημάτων καὶ διαμαρτοῦσιν ἐν τοῖς πλείςοις τῆς ὁμολογουμένης συναγωγῆς, διὰ τὸ δύσχρηςον καὶ διεσπαρμένον τῆς ὑφηγήσεως. Ως ἐξέσται παντὶ τῷ πειρωμένῳ σκοπεῖν. Εφ' ἑκάστου γὰρ τῶν σημαινομένων τόπων ἀναγκαίου τυγχάνοντος ἔχειν καὶ τὴν κατὰ μῆκος καὶ τὴν κατὰ πλάτος θέσιν, τῷ μέλλοντι κατατάξειν αὐτὸν ὅπου δεῖ, τοῦτο μὲν οὐκ ἔςιν αὐτὸν εὐθὺς εὑρεῖν ἐν ταῖς συντάξεσιν. Κεχωρισμένως δὲ ἐνταῦθα μὲν εἰ τύχοι τὰ πλάτη μόνον ὡς ἐπὶ τῆς παραλλήλων ἐκθέσεως.

Ἀλλαχόθι δὲ τὰ μήκη μόνον καθάπερ ἐπὶ τῆς τῶν μεσημβρινῶν ἀναγραφῆς. Καὶ οὐδὲ τῶν αὐτῶν ἑκατέρῳ γένει κατὰ τὸ πλεῖστον, ἀλλὰ δι' ἄλλων μὲν τοὺς παραλλήλους γραφομένους, δι' ἄλλων δὲ τοὺς μεσημβρινοὺς, ὥστε ἐνδεῖν τοῖς τοιούτοις τῆς ἑτέρας τῆς θέσεων. Ὅλως τε καθ' ἓν ἕκαστον τῶν καταταττομένων πάντων σχεδὸν δεῖ πρὸς τὴν ἐπίσκεψιν τῶν ὑπομνημάτων, ἐπειδήπερ ἐν ἅπασι λέγεταί τι ἄλλο περὶ τῶν αὐτῶν· κἂν μὴ καθ' ἓν ἐπιζητῶμεν τὰ καθ' ἕκαστον εἶδος ἐκτιθέμενα περὶ αὐτοῦ, λήσομεν αὐτοὺς διαμαρτάνοντες ἐν πολλοῖς τῶν ὀφειλόντων παρατηρήσεως τυχεῖν. Ἔτι δὲ ἐπὶ τῆς τῶν πόλεων καταταγῆς, τὰς μὲν παραλίους προχειρότερον ἄν τις ὑπογράφοι, τάξεώς τινος ὡς ἐπὶ πᾶν τηρηθείσης ἐπ' αὐτῶν· τὰς δὲ μεσογείους οὐκέτι, μηδαμῇ σημαινομένης τῆς πρὸς ἀλλήλας ἑαυτῶν, ἢ πρὸς ἐκείνας σχέσεως, πλὴν ὀλίγων ἐφ' ὧν ἔτυχέ πως, πῇ μὲν τὸ μῆκος, πῇ δὲ τὸ πλάτος προδιωρισμένον.

ne se trouve pas réuni, mais séparé, dans ses compositions ; là, sont les latitudes seules, quelconques, comme dans une exposition des parallèles; ailleurs, sont les longitudes seulement, comme dans une description des méridiens. Il est rare que chaque lieu s'y trouve déterminé par ces deux conditions ensemble. Mais dans les uns, il n'y a que les parallèles qui soient marqués, et dans les autres, il n'y a que les méridiens ; de sorte que tous manquent de l'une ou de l'autre de ces désignations ; et il faut presque toujours avoir recours aux mémoires, et les discuter entre eux, pour déterminer le point où doit être situé le lieu en question, car tous diffèrent les uns des autres, sur les mêmes objets; et si nous ne cherchions pas pour chaque lieu en particulier ce qui en a été marqué sous ces deux rapports, nous tomberions sans le savoir dans des erreurs sur plusieurs qui auroient besoin d'être déterminés par des observations précises. Quant aux situations des villes, on pourroit encore parvenir à bien placer celles qui sont sur les rivages de la mer en y observant l'ordre qu'elles ont entr'elles. Mais il seroit impossible d'assigner à celles de l'intérieur leurs places convenables, parce qu'on ne connoîtroit pas leurs positions ni à l'égard les unes des autres, ni à l'égard des villes maritimes, si l'on en excepte quelques unes dont par hazard la longitude ou la latitude auroit été déterminée.

CHAPITRE XIX.

De la facilité de notre méthode pour une description de la terre.

Nous nous sommes donc proposé deux choses : la première, de conserver de Marin tout ce qui n'a pas besoin de correction ; la seconde, de rendre plus clair et plus intelligible, par le moyen des plus modernes relations de voyages, et par un meilleur arrangement des lieux dans des cartes mieux disposées, ce qu'il a publié d'obscur et d'embrouillé, pour avoir trop suivi des relations inexactes, afin de donner à notre description toute la perfection dont elle est susceptible. Nous nous sommes aussi appliqués à donner une méthode plus facile, en marquant pour chacune des régions, leurs circonscriptions, suivant leurs situations tant dans le sens de la longitude, que dans celui de la latitude, avec les rapports mutuels des nations les plus considérables qui y habitent, et enfin les distances exactes des villes les plus célèbres, des fleuves, des golfes, des montagnes et des autres objets qui doivent entrer dans la composition d'une carte de la terre, mesurées sur l'équateur, en degrés dont le grand cercle en contient 360 : pour la longitude, depuis le méridien qui termine la terre à l'occident, jusqu'à celui qui passe par le lieu en question ; et pour la latitude, sur ce méridien tracé depuis l'équateur jusqu'au parallèle qui passe par ce même

ΚΕΦΑΛΑΙΟΝ ΙΘ.

Περὶ τοῦ τῆς καθ' ἡμᾶς ὑφηγήσεως προχείρου πρὸς τὴν καταγραφήν.

ΟΘΕΝ διπλοῦν ἡμεῖς ἀναδεξάμενοι πόνον, τὸν μὲν, ἵνα τὴν γνώμην τοῦ ἀνδρὸς τὴν δι' ὅλης τὸ συντάξεως τηρήσωμεν χωρὶς τῶν τυχόντων τινὸς διορθώσεως, τὸν δ' ἵνα τὰ παρ' αὐτοῦ μὴ δῆλα γενόμενα, διὰ τῆς ἀπὸ τῶν ἐντυγχανόντων ἱςορίας, ἢ τῆς ἐν τοῖς ἀκριβεςέροις πίναξι τάξεως, ἐφ' ὅσον εὔπορον ἦν δεόντως ἐγγραφῇ. Προσεμελήθημεν καὶ τοῦ κατὰ τὴν μέθοδον προχείρου, συντάξαντες ἐπὶ πασῶν τῶν ἐπαρχιῶν, τάς τε περιγραφάς αὐτῶν τὰς κατὰ μέρος ὁποίας ἔχουσι θέσεις, κατά τε μῆκος καὶ κατὰ πλάτος, καὶ τῶν ἐν αὐταῖς ἀξιολογωτέρων ἐθνῶν τὰς πρὸς ἀλλήλας σχέσεις· καὶ τῶν ἐπισημοτέρων πόλεών τε καὶ ποταμῶν καὶ κόλπων, ορῶν τε καὶ τῶν ἄλλων, τῶν εἰς οἰκουμένης πίνακα δυναμένων πεσεῖν τὰς ἀκριβεῖς ἀποχὰς, τουτέσιν ὅσας ἀπέχει μοίρας οἵων ἐςὶν ὁ μέγιςος κύκλος τριακοσίων ἑξήκοντα, κατὰ μὲν τὸ μῆκος ὁ διὰ τοῦ τόπου γραφόμενος μεσημβρινὸς ἀπὸ τοῦ τὸ δυσμικὸν πέρας ἀφορίζοντος ἐπὶ τοῦ ἰσημηρινοῦ, κατὰ δὲ τὸ πλάτος ὁ δι' αὐτοῦ γραφόμενος παράλληλος ἀπὸ τοῦ ἰσημερινοῦ, ἐπὶ τοῦ μεσημβρινοῦ.

Οὕτως γὰρ εὐθύς τε ἕξομεν διαγινώσκειν τὴν ἑκάστου θέσιν· καὶ διὰ τὸ τῶν κατὰ μέρος ἀκριβείας, καὶ τὴν τῶν ἐπαρχιῶν αὐτῶν σχέσιν πρὸς ἀλλήλας τε καὶ τὴν ὅλην οἰκουμένην.

ΚΕΦΑΛΑΙΟΝ Κ.

Περὶ τῆς ἀσυμμετρίας τοῦ κατὰ τὸν Μαρῖνον γεωγραφικοῦ πίνακος.

ΙΔΙΑΖΟΙ δ' ἂν ἑκάτερα τῶν ἐπιβολῶν, ὅτι τὸ μὲν ἐπὶ σφαίρας ποιεῖσθαι τὴν καταγραφὴν, αὐτόθεν μὲν ἔχει τὴν τοῦ σχήματος τῆς γῆς ὁμοιότητα, καὶ οὐ δεῖ τινὸς πρὸς τὸ τοιοῦτον ἐπιτεχνήσεως. Οὐ μὴν οὔτε πρόχειρον παρέχει τὸ δυνάμενον μέγεθος χωρῆσαι τὰ πολλὰ τῶν ἀναγκαίως καταχθησομένων, οὔτε τὴν ἐπιβολὴν τῆς ὄψεως ἀθρόαν ὅλῳ τῷ σχήματι δύναται προσάπτειν. Ἀλλὰ θάτερον δεῖ παραφέρειν ἐπὶ τὴν τῶν ἐφεξῆς προσβολὴν, τουτέστιν ἢ τὴν ὄψιν, ἢ τὴν σφαῖραν. Τὸ δ' ἐν ἐπιπέδῳ τούτων μὲν παντάπασιν ἀπήλλακται. Μέθοδον δ' ἐπιζητεῖ τινὰ πρὸς τὴν ὁμοιότητα τῆς σφαιρικῆς εἰκόνος. Ἵνα τὰς ἐπ' αὐτῇ συνισταμένας διαστάσεις, συμμέτρους ὡς ἔνι μάλιστα ποιῇ, καὶ κατὰ τὴν ἡπλωμένην ἐπιφάνειαν ταῖς ἀληθιναῖς. Ὅπερ Μαρῖνος εἰς ἐπίστασιν οὐ τὴν τυχοῦσαν ἀγαγὼν, καὶ πάσαις ἁπαξαπλῶς μεμ-

lieu. Par ce moyen, nous pourrons discerner sur le champ la position de chaque lieu; et par l'exactitude des détails, la contenance des régions entr'elles et par rapport à toute la terre habitée.

CHAPITRE XX.

De l'incommensurabilité de la carte géographique de Marin.

De nos deux sortes de méthodes, chacune a ses avantages : l'une qui représente la surface terrestre sur une sphère, conserve la similitude de figure de la terre, et n'a besoin d'aucun autre artifice sous ce rapport. Mais l'espace n'y est jamais assez grand pour contenir plusieurs lieux qui devroient y être placés; et cette forme ne présente pas aux yeux la vue synoptique de tout le développement de la surface de la terre; mais il faut, pour y voir successivement tous les objets qui y sont représentés, ou tourner la sphère devant les yeux, ou promener les yeux successivement autour de tous les points de la sphère. Ces deux inconvénients n'ont pas lieu dans la représentation de la surface sphérique de la terre sur un plan par la seconde méthode, de manière que les distances y soient proportionelles aux intervalles véritables des lieux terrestres. Marin trouvoit ce procédé extraordinaire, et rejettant toute projection sur une surface plane, a néanmoins choisi celle qui étoit la moins propre à représenter les vrais rapports des distances. Car au lieu de former les parallèles et les méridiens en circonférences circulaires, il a tracé les uns et les autres en lignes droites. Il a observé de déterminer la valeur du degré du seul parallèle de Rhodes relativement aux degrés semblables de l'équateur, dans la raison d'un peu plus de quatre à cinq, ce qui est le rapport de grandeur entre ce petit cercle parallèle qui passe par la latitude de 36 degrés, et le grand cercle de l'équateur. Quant aux autres, il n'y a mis aucune sorte de similitude symétrique ni globulaire. Car d'abord l'œil étant placé au milieu du quadran boréal de la sphère, dans lequel est située et tracée la plus grande partie de la terre, les méridiens peuvent lui paroître comme autant de lignes droites à mesure que chacun se présentant à la vue de cet œil par la rotation de la terre, son plan tombe par son bord verticalement sous l'œil même. Il n'en est pas de même des cercles parallèles, parce que le pôle boréal se montrant verticalement sous cet œil, la convexité des arcs de ces cercles lui paroît tournée vers le midi. En outre, quoiqu'on se figure bien, comme cela est effectivement, que les méridiens interceptent sur les divers parallèles différens en grandeur, des arcs semblables, mais inégaux, et d'autant plus grands que les parallèles sont plus proches de l'équateur, Marin fait tous ces arcs-là égaux. Il étend plus qu'il ne convient,

ψάμενος ταῖς μεθόδοις τῶν ἐπιπέδων καταγραφῶν, οὐδὲν ἧττον αὐτὸς φαίνεται κεχρημένος τῇ μάλιςα μὴ ποιούσῃ συμμέτρους τὰς διαςάσεις. Τὰς μὲν γὰρ ἀντὶ τῶν κύκλων γραμμὰς τῶν τε παραλλήλων καὶ τῶν μεσημβρινῶν, εὐθείας ὑπεςήσατο πάσας, καὶ ἔτι κὶ τὰς τῶν μεσημβρινῶν, παραλλήλους ἀλλήλαις παραπλησίως τοῖς παραλλήλοις. Μόνον δ᾽ αὐτὸς τετήρηκε τὸν διὰ Ρόδου παράλληλον σύμμετρον τῷ μεσημβρινῷ, κατὰ τὸν ἐν τῇ σφαίρᾳ τῶν ὁμοίων περιφερειῶν ἐπὶ τέταρτον ἔγγιςα λόγον τοῦ μεγίςου κύκλου, πρὸς τὸν παράλληλον τὸν ἀπέχοντα τοῦ ἰσημερινοῦ μοίρας τριακονταέξ. Τῶν δ᾽ ἄλλων οὐδενὸς ἔτι φαίνεται πεφροντικὼς, οὔτε συμμετρίας ἕνεκεν, οὔτε τῆς σφαιρικῆς προσβολῆς. Πρῶτον μὲν γὰρ καθιςαμένης τῆς ὄψεως πρὸς τὸ μέσον τοῦ βορείου τεταρτημορίου τῆς σφαίρας ἐν ᾧ τὸ πλεῖςον καταγράφεται τῆς οἰκουμένης. Οἱ μὲν μεσημβρινοὶ, δύνανται φαντασίαν εὐθειῶν παρέχειν, ὅταν ἐκ τῆς περιφορᾶς ἕκαςος ἀντίος καθίςηται, καὶ πίπτῃ τὸ ἐπίπεδον αὐτοῦ, διὰ τῆς κορυφῆς τῆς ὄψεως. Οὐκέτι μέν τοι καὶ οἱ παράλληλοι διὰ τὴν παράθεσιν τοῦ βορείου πόλου. Κύκλων δὲ τμήματα παρεμφαίνουσι σαφῶς τὰ κυρτὰ πρὸς μεσημβρίαν ἀποςρεφόντων. Επειτα καὶ κατὰ τὴν ἀλήθειαν καὶ κατὰ τὴν φαντασίαν τῶν αὐτῶν μεσημβρινῶν, ὁμοίως μὲν ἀνίσους δὲ περιφερείας ἐν τοῖς διαφέρουσι κατὰ μέγεθος παραλλήλοις ὑπολαμβανόντων, καὶ μείζους ἀεὶ τὰς ἐν τοῖς ἐγγυτέρω τοῦ ἰσημερινοῦ, πάσας αὐτῶν ἴσας ποιεῖ, τὰς μὲν τῶν βορειοτέρων κλιμάτων τοῦ διὰ Ῥόδου διαςάσεις, ἐπὶ πλεῖον τῆς ἀληθείας ἐκτείνων, τὰς δὲ τῶν νοτιωτέρων, ἐπ' ἔλαττον συνάγων, ὡς μηδ' ἐφαρμόζειν ἔτι αὐτὰ τοῖς ἐκτεθειμένοις ὑπ' αὐτοῦ ςαδιασμοῖς, ἀλλὰ λείπειν μὲν τὰς ὑπὸ τὸν ἰσημερινὸν τῷ πέμπτῳ μάλιςα ἑαυτῶν μέρει, ὅσῳ καὶ ὁ διὰ Ῥόδου παράλληλος λείπει τοῦ ἰσημερινοῦ· πλεονάζειν δὲ τὰς ὑπὸ τὸν διὰ Θούλης τοῖς τέτλαρσιν ἑαυτῶν πέμπτοις, ὅσοις καὶ ὁ διὰ Ῥόδου πλεονάζει τοῦ διὰ Θούλης. Εςι γὰρ ἔγγιςα οἵων ὁ ἰσημερινὸς ἢ ὁ μεσημβρινὸς, ἑκατὸν δεκαπέντε, τοιούτων ὁ μὲν τὰς τριακονταὲξ μοίρας ἀπέχων τοῦ ἰσημερινοῦ καὶ διὰ Ῥόδου γραφόμενος παράλληλος ϞΓ· ὁ δὲ τὰς ξγ, καὶ διὰ Θούλης γραφόμενος, νβ.

ΚΕΦΑΛΑΙΟΝ ΚΑ.

Τίνα δεῖ τηρεῖν ἐπὶ τῆς ἐν ἐπιπέδῳ γινομένης καταγραφῆς.

ΚΑΛΩΣ ἂν οὖν ἔχοι διὰ ταῦτα τὰς μὲν ἀντὶ τῶν μεσημβρινῶν γραμμὰς τηρεῖν εὐθείας, τὰς δ' ἀντὶ τῶν

les intervalles des climats plus boréaux que le parallèle de Rhodes, et il rétrécit trop ceux qui sont plus austraux, de sorte qu'ils ne s'accordent pas avec le nombre de stades qu'il leur donne, et que les distances qui sont sous l'équateur sont diminuées d'un cinquième, de même que le parallèle qui passe par Rhodes l'est d'un cinquième de moins que l'équateur. Il augmente au contraire les intervalles sous le parallèle de Thulé, de quatre cinquièmes de leurs stades, autant que le parallèle de Rhodes excède celui qui passe par Thulé. Car le parallèle qui passe par Rhodes, à 36 degrés environ de latitude loin de l'équateur, est à l'équateur ou à un méridien, environ comme 93 à 115; tandis que le parallèle qui passe par Thulé, à une distance de 63 degrés loin de l'équateur, n'a que 52 de ces 115 parties de l'équateur ou du méridien.

CHAPITRE XXI.

Ce qu'il faut observer dans la représentation graphique de la surface terrestre sur un plan.

On fera donc bien, pour ces raisons, de prendre des droites pour les méridiens, et de décrire les parallèles en arcs de cercles autour d'un seul et même centre supposé comme étant le pôle boréal, duquel il faudra faire rayonner ces lignes droites comme autant de méridiens, pour conserver surtout dans cette projection, la similitude de la terre avec sa surface naturelle et sphérique, les méridiens y restant non inclinés sur les parallèles, et s'entrecoupant tous en ce pôle commun. Mais comme il n'est pas possible d'y sauver pour tous les parallèles, leur rapport à la sphère, il suffira de l'observer pour le parallèle qui passe par Thulé, et pour l'équateur, afin que les côtés qui embrassent la largeur de l'espace habité, deviennent proportionnels aux véritables parties de la terre qui y sont représentées. Mais le parallèle qui sera tracé au travers de Rhodes sur lequel ont été faites la plupart des recherches pour les distances en longitude, doit être divisé suivant le rapport exact, ainsi que l'a pratiqué Marin, c'est-à-dire que le rapport soit $\frac{4}{5}$ à peu près, afin que la partie la mieux connue de la terre conserve ses véritables proportions. Nous ferons connoître la méthode par laquelle on exécutera cette construction, quand nous aurons exposé la manière de décrire la surface terrestre sur une sphère.

παραλλήλων ἐν τμήμασι κύκλων, περὶ ἓν καὶ τὸ αὐτὸ κέντρον γραφομένων, ἀφ' οὗ κατὰ τὸν βόρειον πόλον ὑποτιθεμένου, διάγειν δεήσει τὰς μεσημβρινὰς εὐθείας, ἵνα πρὸ πάντων τὸ κατ' αὐτὴν τὴν σχέσιν, καὶ τὴν προσβολὴν τῆς σφαιρικῆς ἐπιφανείας, παρόμοιον διασώζηται, μενόντων τε πάλιν πρὸς τοὺς παραλλήλους ἀκλινῶν τῶν μεσημβρινῶν, καὶ ἔτι συμπιπτόντων ἐπὶ τὸν κοινὸν ἐκεῖνον πόλον. Ἐπεὶ δὲ οὐχ οἷον τε πάντων τῶν παραλλήλων σῶσαι τὴν ἐπὶ σφαίρας ἀναλογίαν, αὐτάρκως ἂν ἔχοι τοῦτο μὲν τηρεῖν ἐπί τε τοῦ διὰ Θούλης, καὶ τοῦ ἰσημερινοῦ, ἵνα σύμμετροι τυγχάνωσιν αἱ περιέχουσαι τὸ καθ' ἡμᾶς πλάτος πλευραὶ ταῖς ἀληθιναῖς. Τὸν δὲ διὰ Ῥόδου γραφησόμενον, ἐφ' οὗ καὶ τῶν κατὰ μῆκος διαστάσεων αἱ πλεῖσται γεγόνασιν ἐξετάσεις, κατὰ τὴν πρὸς τὸν μεσημβρινὸν ἀναλογίαν διαιρεῖν, ὡς ὁ Μαρῖνος ποιεῖ, τουτέστι κατὰ τὸν ἐπιτέταρτον ἔγγιστα λόγον τῶν ὁμοίων περιφερειῶν, ἵνα τὸ γνωριμώτερον τῆς οἰκουμένης σύμμετρον ᾖ τῷ πλάτει. Ὃν δὲ τρόπον καὶ ταῦτα μεθοδευθήσεται, δῆλον ἐφεξῆς ποιήσομεν, ἐὰν ὡς δεῖ τὴν ἐν τῇ σφαίρᾳ καταγραφὴν γίνεσθαι προεκθώμεθα.

ΚΕΦΑΛΑΙΟΝ ΚΒ.

Πῶς δεῖ τὴν οἰκουμένην ἐν σφαίρᾳ καταγράφειν.

Τὸ μὲν δὴ μέγεθος, ἡ περὶ τὸ πλῆθος τῶν καταχθησομένων πρόθεσις τοῦ κατασκευάζοντος διακρίνειεν ἂν, ὅπως ἔχοι δυνάμεώς τε καὶ φιλοτιμίας, ὡς ἐφ᾽ ὅσον ἂν αὔξηται τοῦτο καὶ τῆς καταγραφῆς λεπτομερεστέρας τε ἅμα καὶ σαφεστέρας ἀποτελεσθησομένης. Ὁπηλίκη δ᾽ οὖν ἐὰν ᾖ, λαβόντες αὐτῆς τοὺς πόλους ἀκριβῶς προσαρμόσομεν δι᾽ αὐτῶν ἡμικύκλιον ὀλίγιστον ἀπέχον τῆς ἐπιφανείας, ὥστε μόνον μὴ παρατρίβειν αὐτὴν ἐν τῇ περιφορᾷ. Τὸ δ᾽ ἡμικύκλιον ἔστω μὲν στενὸν, ἵνα μὴ πλείοσιν ἐπιπροσθῇ τόποις· τὴν δ᾽ ἑτέραν τῶν πλευρῶν, ἐχέτω δι᾽ αὐτῶν ἀκριβῶς τῶν κατὰ τοὺς πόλους σημείων ἀποτεταμένην, ὅπως δι᾽ αὐτῆς γράφωμεν τοὺς μεσημβρινούς. Ἣν καὶ διελόντες εἰς ρπ τμήματα, παρασημειωσόμεθα τοὺς ἀριθμοὺς, ἀπὸ τῆς μέσης καὶ κατὰ τὸν ἰσημερινὸν ἐσομένης τομῆς, ποιούμενοι τὴν ἀρχήν. Ὁμοίως δὲ καὶ τὸν ἰσημερινὸν γράψαντες, καὶ τὸ ἕτερον αὐτοῦ τῶν ἡμικυκλίων διελόντες εἰς τὰ ἴσα ρπ τμήματα, παραθήσομεν καὶ τούτῳ τοὺς ἀριθμοὺς, τὴν ἀρχὴν ἀπ᾽ ἐκείνου ποιούμενοι τοῦ πέρατος δι᾽ οὗ τὸν

CHAPITRE XXII.

Comment il faut décrire la terre sur une sphère.

La grandeur de la sphère doit être proportionnée à la quantité des objets que le constructeur se propose d'y représenter, de manière qu'elle soit tout à la fois étendue et agréable aux yeux, car plus elle offre de surface, plus les figures y sont exactes et détaillées, et plus elles y paroissent avec avantage. Mais de quelque grandeur qu'elle soit, après en avoir pris les pôles, nous y attacherons les extrémités d'un demi-cercle qui ne touchera pas la sphère, mais laissera assez d'intervalle entre elle et lui, pour éviter qu'il frotte la surface de la sphère, en tournant autour d'elle. Ce demi-cercle doit être d'ailleurs si mince, qu'il ne couvre pas trop de largeur sur la sphère; il faut que l'un de ses côtés coupe exactement les points des pôles, pour qu'il serve à tracer les méridiens sur la surface de la sphère. Sur ce côté ou face divisée en 180 parties égales ou degrés, nous marquerons les nombres de chacun de ces degrés, en commençant par celui du milieu qui sera dans l'équateur. De même après avoir tracé l'équateur, nous en diviserons une des demi-circonférences, en 180 degrés égaux, en commençant à l'extrémité par laquelle nous décrirons le méridien le plus occidental. Nous marquerons à la surface, d'après les documens historiques qui donnent les degrés de longitude et de latitude des lieux, ces degrés respectivement pour chacun des lieux désignés, ainsi que par les divisions des demi-circonférences de l'équateur et du méridien mobile : la longitude, en faisant tourner celui-ci jusqu'au degré donné de longitude, c'est-à-dire jusqu'au nombre qui montre la section de l'équateur en ce degré donné; et la latitude, en prenant depuis l'équateur la division convenable du méridien, marquée par le nombre donné, de la même manière que pour les étoiles sur la sphère céleste solide. On pourra aussi tracer des méridiens par autant de points qu'on le voudra, en longitude, par le moyen du côté gradué du méridien mobile. Et on pourra décrire des parallèles par autant de points qu'il y aura de latitudes calculées, en les traçant par le moyen de leur nombre pris sur le même côté gradué du méridien mobile qu'on fera tourner le long de l'intervalle des deux méridiens qui terminent la surface de la terre connue.

δυσμικώτατον γράψομεν τῶν μεσημβρινῶν. ποιησόμεθα δὲ τὴν καταγραφὴν ἀπό τε τῶν ἐν τοῖς ὑπομνήμασι μοιρογραφιῶν μήκους τε καὶ πλάτους καθ' ἕνα ἕκαστον τῶν σημαινομένων τόπων, καὶ ἀπὸ τῶν διαιρέσεων τῶν ἡμικυκλίων, τοῦ τε ἰσημερινοῦ, καὶ τοῦ κινουμένου μεσημβρινοῦ· τοῦτον μὲν, παραφέροντες ἐπὶ τὴν δηλουμένην τοῦ μήκους μοῖραν, τουτέστιν ἐπὶ τὴν τὸν ἀριθμὸν περιέχουσαν τοῦ ἰσημερινοῦ τομήν· τὴν δὲ κατὰ τὸ πλάτος ἀπὸ τοῦ ἰσημερινοῦ διάστασιν, ἐξ αὐτῆς τῆς τοῦ μεσημβρινοῦ διαιρέσεως λαμβάνοντες. Καὶ κατὰ τὸν δηλούμενον ἀριθμὸν, ἐκτιθέμενοι τὴν σημείωσιν, τὸν αὐτὸν τρόπον τῷ τῆς στερεᾶς σφαίρας ἀστερισμῷ. Ὁμοίως δὲ καὶ τοὺς μεσημβρινοὺς ἐξέσται γράφειν, δι' ὅσων ἂν προαιρώμεθα τοῦ μήκους μοιρῶν, αὐτῇ τῇ διῃρημένῃ τοῦ κρίκου πλευρᾷ κανόνι χρωμένοις. Τοὺς δὲ παραλλήλους, δι' ὅσων ἂν σύμμετρον ᾖν ἀποχῶν παρατιθεῖσι τὸ καταγράφον αὐτοὺς, τῷ τὴν οἰκείαν ἀποχὴν σημαίνοντι τῆς ἐπὶ τοῦ μεσημβρινοῦ πλευρᾶς ἀριθμοῦ, καὶ συμπαραφέρουσιν αὐτὸ τῷ κρίκῳ μέχρι τῶν τὰ πέρατα τῆς ἐγνωσμένης γῆς ἀφοριζόντων μεσημβρινῶν.

ΚΕΦΑΛΑΙΟΝ ΚΓ.

Ἔκθεσις τῶν ἐντασσομένων τῇ καταγραφῇ μεσημβρινῶν καὶ παραλλήλων.

ΟΥΤΟΙ μὲν οὖν περιέξουσιν ὡραῖα διαστήματα δώδεκα τοῖς ἀποδεδειγμένοις ἀκολούθως. Γράφεται δὲ καὶ ὁ τὸ νοτιώτερον πέρας ἀφορίζων παράλληλος, τοσοῦτον ἀπέχων τοῦ ἰσημερινοῦ πρὸς μεσημβρίαν, ὅσον καὶ ὁ διὰ Μερόης πρὸς τὰς ἄρκτους. Ἡμῖν μέν τοι σύμμετρον ἔδοξεν εἶναι, τοὺς μὲν μεσημβρινοὺς γράφειν διὰ τριτημορίου μιᾶς ὥρας ἰσημερινῆς, τουτέστι διὰ πέντε τῶν εἰλημμένων τοῦ ἰσημερινοῦ τμημάτων· τοὺς δὲ βορειοτέρους τοῦ ἰσημερινοῦ παραλλήλους, ὥς τε τὸν μὲν πρῶτον ἀπ' αὐτοῦ, τετάρτῳ μιᾶς ὥρας διαφέρειν, ἀπέχοντα κατὰ τὸν μεσημβρινὸν, ὡς αἱ γραμμικαὶ δείξεις ἔγγιστα ὑποβάλλουσι, μοίρας δ̄ δ′.

Τὸν δὲ δεύτερον, ἡμισείᾳ μιᾶς ὥρας διαφέρειν, ἀπέχοντα ὁμοίως μοίρας η̄ ϛ″.

Τὸν δὲ γ̄, ὥρᾳ ἡμισείᾳ καὶ δ′ μιᾶς

CHAPITRE XXIII.

Exposition des méridiens et des parallèles tracés dans la représentation graphique.

LES méridiens extrêmes comprendront donc douze intervalles horaires, ou angles d'une heure chacun, conséquemment à ce qui a été jusqu'à présent démontré. Le parallèle qui termine la région la plus australe de la partie connue de la terre, sera tracé à une distance de l'équateur vers le midi, égale à la distance vers les ourses entre l'équateur et le parallèle qui passe par Meroë. Il nous a paru convenable de tracer les méridiens par chaque tiers d'heure équinoxiale, c'est-à-dire de cinq en cinq degrés de l'équateur; et les parallèles au nord de l'équateur, de manière que le premier depuis celui-ci, en diffère d'un quart d'heure, dans sa distance sur le méridien, suivant les démonstrations linéaires, égale à $4\frac{1}{4}$ degrés.

Le second, pour sa différence pareillement, (1) d'une demi-heure, passera par le $8^e\frac{1}{2}$ degré de distance à l'équateur.

Le troisième parallèle dont la diffé-

(1) Pareillement, c'est-à-dire, aussi pour un quart d'heure de différence d'avec le précédent, à $4\frac{1}{4}$ de plus, car $4\frac{1}{4} + 4\frac{1}{4} = 8\frac{1}{2}$.

rence est d'une demie et un quart d'heure, par 12 degrés $\frac{1}{2}$ de latitude.

Le quatrième, pour sa différence d'une heure, passe par Méroë à la latitude de 16 degrés $\frac{1}{2}$.

Le cinquième, pour la différence d'une heure et un quart, à la latitude de 20 degrés $\frac{1}{4}$.

Le sixième qui est sous le tropique d'été et passe par Syène, pour la différence d'une heure et demie, à la latitude de 23 degrés $\frac{1}{2}$ $\frac{1}{3}$.

Le septième pour la différence d'une heure et demie et un quart, à la latitude de 27 degrés $\frac{1}{4}$.

Le huitième qui passe par Alexandrie, pour la différence de deux heures, à la latitude de 30 degrés $\frac{1}{3}$.

Le neuvième pour la différence de deux heures et un quart, à la latitude de 33 degrés $\frac{1}{3}$.

Le dixième pour la différence de deux heures et demie, à la latitude de 36 degrés $\frac{1}{12}$, passera par Rhodes.

Le 11e pour la différence de 2 $\frac{3}{4}$ heures, par la latitude de 38 degrés $\frac{1}{2}$ $\frac{1}{12}$.

Le 12e qui passe par l'Hellespont, pour sa différence de 3 heures, à la latitude de 40 degrés $\frac{1}{2}$ $\frac{1}{3}$ $\frac{1}{12}$.

Le 13e qui passe par Byzance, pour la différence de 3 $\frac{1}{4}$ heures, à la latitude de 43 degrés $\frac{1}{12}$.

Le 14e qui passe par le milieu de la mer Pontique, pour sa différence de 3 $\frac{1}{2}$ heures, à la latitude de 45 degrés.

ὥρας διαφέρειν, ἀπέχοντα ὁμοίως μοίρας ιβ̄ ς″.

Τὸν δὲ δ̄, ὥρᾳ μιᾷ διαφέρειν, ἀπέχοντα μοίρας ιϛ̄ ς″, καὶ γραφόμενον διὰ τῆς Μεροῆς.

Τὸν δὲ ε̄, ὥρᾳ μιᾷ καὶ δ′ διαφέρειν, ἀπέχοντα μοίρας κ̄ καὶ δ″.

Τὸν δὲ ϛ̄, καὶ ὑπὸ τὸν θερινὸν τὸν διὰ Συήνης τροπικὸν, ὥρᾳ μιᾷ καὶ ἡμίσει διαφέρειν, ἀπέχοντα μοίρας κγ̄ ς″ γ″.

Τὸν δὲ ζ̄, ὥρᾳ μιᾷ καὶ ς″ καὶ δ″ διαφέρειν, ἀπέχοντα μοίρας κ̄ζ δ″.

Τὸν δὲ η̄, δι' Ἀλεξανδρείας, ὥραις δυσὶ διαφέρειν, ἀπέχοντα μοίρας λ̄ καὶ γ′.

Τὸν δὲ θ̄ ὥραις δυσὶ καὶ δ′ διαφέρειν, ἀπέχοντα μοίρας λγ̄ καὶ γ′.

Τὸν δὲ ῑ, ὥραις δυσὶ καὶ ἡμίσει διαφέρειν, ἀπέχοντα μοίρας λ̄ϛ καὶ ιβ″ γραφόμενον διὰ τῆς Ῥοδίας.

Τὸν δὲ ια̅, ὥραις δυσὶ καὶ ς″ καὶ δ″ διαφέρειν, ἀπέχοντα μοίρας λ̄η ς′ ιβ′.

Τὸν δὲ ιβ̄, ὥραις τρισὶ διαφέρειν, ἀπέχοντα μοίρας μ̄ ς″ γ′ ιβ′, ὁ δι' Ἑλλησπόντου.

Τὸν δὲ ιγ̄, ὥραις τρισὶ καὶ δ′ διαφέρειν, ἀπέχοντα μοίρας μγ̄ ιβ′, ὁ διὰ Βυζαντίου.

Τὸν δὲ ιδ̄, ὥραις τρισὶ καὶ ἡμίσει διαφέρειν, ἀπέχοντα μοίρας με̄, ὁ διὰ μέσου Πόντου.

Τὸν δὲ ιε, ὥραις δ διαφέρειν, ἀπέχοντα μοίρας μη ς″ ιβ″, ὁ διὰ Βορυσθένους.

Τὸν δὲ ις, ὥραις δ ς″ διαφέρειν, ἀπέχοντα μοίρας να ς″.

Τὸν δὲ ιζ, ὥραις ε διαφέρειν, ἀπέχοντα μοίρας νδ.

Τὸν δὲ ιη, ὥραις ε καὶ ἡμίσει διαφέρειν, ἀπέχοντα μοίρας νς ς″.

Τὸν δὲ ιθ, ὥραις ς διαφέρειν, ἀπέχοντα μοίρας νη.

Τὸν δὲ κ, ὥραις ζ διαφέρειν, ἀπέχοντα μοίρας ξα.

Τὸν δὲ κα, ὥραις η διαφέρειν, ἀπέχοντα μοίρας ξγ, καὶ γραφόμενον διὰ τῆς Θούλης.

Καὶ ἄλλος δὲ γεγράψεται πρὸς μεσημβρίαν τοῦ ἰσημερινοῦ, περιέχων διαφορὰν ἡμιωρίου, ὅς ἐλεύσεται διά τε τοῦ Ῥάπτου ἀκρωτηρίου καὶ τῶν Κατλιγάρων, ἔγγιστα τὰς ἴσας ταῖς ἀντικειμέναις ἀπέχων τοῦ ἰσημερινοῦ μοίρας η ς″.

ΚΕΦΑΛΑΙΟΝ ΚΔ.

Μέθοδος εἰς τὴν ἐν ἐπιπέδῳ τῆς οἰκουμένης σύμμετρον τῇ σφαιρικῇ θέσει καταγραφήν.

ΕΠΙ δὲ τῆς ἐν τῷ πίνακι καταγραφῆς, ἡ τῆς συμμετρίας τῶν ἄκρων παραλλήλων μέθοδος ἡμῖν ἔσται τοιαύτη. Κατασκευάσομεν πίνακα παραλληλόγραμμον ὀρθογώνιον, οἷος ἐστιν ὁ

Le 15e qui passe par le Borysthène, pour la différence de 4 heures, à la latitude de 48 degrés $\frac{1}{2}$ $\frac{1}{12}$.

Le 16e pour la différence de 4 $\frac{1}{2}$ heures, à la latitude de 51 degrés $\frac{1}{2}$.

Le 17e pour la différence de 5 heures, à la latitude de 54 degrés.

Le 18e pour la différence de 5 $\frac{1}{2}$ heures, à la latitude de 56 degrés $\frac{1}{6}$.

Le 19e pour la différence de 6 heures, à la latitude de 58 degrés.

Le 20e pour la différence de 7 heures, à la latitude de 61 degrés.

Le 21e pour la différence de 8 heures, à la latitude de 63 degrés. Ce parallèle passe par Thulé.

On décrira au midi de l'équateur un autre parallèle pour la différence d'une demi-heure, qui passera par le cap Rapta et par Cattigara, à une distance de l'équateur à-peu-près égale à celle des lieux situés de l'autre côté de l'équateur, qui en sont éloignés de 8 degrés $\frac{1}{2}$.

CHAPITRE XXIV.

Méthode pour la description de la terre habitée, sur un plan, commensurablement à sa description sur une sphère.

Pour représenter graphiquement la terre sur un plan, voici comment nous tracerons commensurablement les parallèles extrêmes : nous préparerons un parallélogramme rectangle (1) tel que

(1) Figure 1.

ABGD, dont le côté AB soit double du côté AG. Supposons la droite supérieure AB égale au côté boréal de la figure, et partageons-la en deux moitiés par la perpendiculaire EZ, sur laquelle nous appliquerons une règle droite divisée en parties égales, et telle qu'elle ne fasse qu'une ligne avec la droite du milieu EZ prolongée jusqu'en H. Nous prendrons EH de 34 des parties dont la droite ZH en contient 131 $\frac{1}{3}$ $\frac{1}{12}$. Ensuite, du centre H et de la longueur exprimée par 79 des parties de la ligne HZ, nous décrivons un arc de cercle comme TKL qui sera le parallèle de Rhodes.

Mais pour les limites de la longitude comprise dans l'intervalle de six espaces horaires, de part et d'autre du point K, prenant sur la ligne HE du méridien du milieu, l'intervalle de quatre de ces espaces, sur le parallèle de Rhodes, dans la raison de $\frac{4}{5}$, à cause du rapport du grand cercle à ce parallèle, et en divisant par 18 chaque côté de l'arc TKL, depuis le point K, nous aurons sur cet arc les points par lesquels il faudra mener depuis H les méridiens qui comprennent les tiers des espaces horaires, de sorte que les méridiens extrêmes

ΑΒΓΔ διπλασίαν ἔχοντα ἔγγιϛα τὴν ΑΒ πλευρὰν, τῆς ΑΓ. Ὑποκείσθω δὲ ἡ εὐθεῖα ἡ ΑΒ, κατὰ τὴν ἄνω θέσιν, ἐσομένη ἐπὶ τὰ βόρεια μέρη τῆς καταγραφῆς. Επειτα διελόντες τὴν ΑΒ. Δίχα τε καὶ πρὸς ὀρθὰς τῇ ΗΖ εὐθείᾳ, προσαρμόσομεν αὐτῇ κανόνα σύμμετρον καὶ ὀρθόν. Ως τε τὴν ἐπὶ τοῦ μήκους αὐτοῦ μέσην γραμμὴν, καὶ μιᾶς εὐθείας συνίϛασθαι τῇ ΕΖ, ὡς τὸν περὶ τὴν ΕΗ. Καὶ γινέσθω ἡ ΕΗ τοιούτων λδ̄, οἵων ἐϛὶν ἡ ΗΖ εὐθεῖα ρλᾱ γʹ ιβʹ. Καὶ κέντρῳ τῷ Η, διαϛήματι δὲ τῷ ἀπέχοντι αὐτοῦ σημείῳ ἐπὶ τῆς ΗΖ, τμήματα οθ̄, κύκλον γράφομεν τὸν ἐσόμενον ἀντὶ τοῦ διὰ Ρόδου παραλλήλου, ὡς τὸν ΘΚΛ.

Πρὸς μὲν δὴ τοὺς τοῦ μήκους ὅρους ἓξ ὡριαίων διαϛημάτων συναγομένων ἐφ᾽ ἑκάτερα τοῦ Κ, λαβόντες τὴν ἐπὶ τῆς ΗΕ, τοῦ μέσου μεσημβρινοῦ γραμμῆς, διάϛασιν τεσσάρων διαϛημάτων ἐπὶ τοῦ διὰ τῆς Ῥοδίας παραλλήλου πέντε ὁμοίων, διὰ τὸν ἐπὶ τέταρτον ἔγγιϛα λόγον τοῦ μεγίϛου κύκλου πρὸς αὐτὸν, καὶ τηλικαύτας ὀκτωκαίδεκα διεκβαλόντες ἐφ᾽ ἑκάτερα τοῦ Κ κατὰ τὴν ΘΚΛ περιφέρειαν, ἕξομεν τὰ σημεῖα δι᾽ ὧν ἐπιζευγνῦναι δεήσει ἀπὸ τοῦ Η, τοὺς τὰ τριτημόρια τῶν ὡρῶν διαϛήματα περιέξοντας μεσημβρινοὺς, ὥστε καὶ τοὺς ἀφορίζοντας τὰ πέρατα, τόν τε ΗΡΦ, καὶ τὸν ΗΙΧ. Γραφήσεται δὲ ἀκολούθως καὶ ὁ μὲν διὰ Θούλης διαστήματι τῷ ἀπέχοντι ἀπὸ τοῦ Η ἐπὶ τῆς ΖΗ τμήματα νϐ, ὡς ὁ ξΟΠ. Ὁ δὲ ἰσημερινὸς, τῷ ἀπέχοντι τοῦ Η ὁμοίως, τμήματα ριε, ὡς ὁ ΡΣΙ. Ὁ δὲ ἀντικείμενος τῷ διὰ Μερόης καὶ νοτιώτατος, ἀπέχοντι τοῦ Η τμήματα ρλα γ′ ιβ′, ὡς ὁ ΜΥΝ. Συναχθήσεται οὖν ὁ μὲν τῆς ΡΣΙ πρὸς τὴν χΟΠ λόγος, ὁ τῶν ριε πρὸς τὰ νβ, κατὰ τὸν ἐπὶ τῆς σφαίρας τῶν παραλλήλων τούτων λόγον, ἐπειδὴ καὶ οἵων μὲν ἡ ΗΣ ὑπόκειται ριε, τοιούτων ἐστὶ καὶ ἡ ΗΟ τμημάτων νβ· ὡς δὲ ἡ ΗΣ πρὸς τὴν ΗΟ, οὕτως ἡ ΡΣΙ περιφέρεια πρὸς τὴν χΟΠ. Καταλειφθήσεται δὲ καὶ ἡ μὲν ΟΚ τοῦ μεσημβρινοῦ διάστασις, τουτέστιν ἡ ἀπὸ τοῦ διὰ Θούλης ἐπὶ τὸν διὰ Ῥόδου, τμημάτων κζ· ἡ δὲ ΚΣ τουτέστιν ἡ ἀπὸ τοῦ διὰ Ῥόδου μέχρι τοῦ ἰσημερινοῦ, τῶν αὐτῶν λϛ· ἡ δὲ ΣΥ, τουτέστιν ἡ ἀπὸ τοῦ ἰσημερινοῦ ἐπὶ τὸν ἀντικείμενον τῷ διὰ Μερόης, τῶν αὐτῶν ιϛ γ′ ιϐ′. Καὶ ἔτι οἵων ἐστὶν ἡ ΟΥ κατὰ πλάτος τῆς ἐγνωσμένης γῆς διάστασις οθ γ′ ιϐ′, ἢ ὅλων π, τοιούτων ἔσται καὶ ἡ ΘΚΛ μέση κατὰ μῆκος διάστασις ρμδ, ἀκολούθως τοῖς ἐκ τῶν ἀποδείξεων ὑποτιθεμένοις. Τὸν αὐτὸν γὰρ τοῦτῳ λόγον ἔχουσιν ἔγγιστα καὶ οἱ τετρακισμύριοι τοῦ πλάτους στάδιοι, πρὸς τοὺς ἑπτακισμυρίους καὶ δισχιλίους, τοῦ κατὰ τὸν τῆς Ῥοδίας παράλληλον μήκους.

Καὶ τοὺς λοιποὺς δὲ τῶν παραλλήλων γράψομεν, ἐὰν προαιρῶ-

soient HRF, HIX; et le parallèle de Thulé ξOP, sera conséquemment décrit à une distance de 52 parties depuis le point H. Mais on décrira l'équateur RSI à la distance de 115 parties depuis le point H; et le parallèle le plus méridional, opposé à celui de Méroë, à la distance de 131 degrés $\frac{1}{3}$ $\frac{1}{12}$ de H, tel que MUN. On aura donc entre l'équateur RSI et le parallèle XOP, le rapport de 115 à 52, le même qui existe entre ces cercles sur la sphère; puisque HO a 52 des parties dont HS est supposé en avoir 115; et que l'arc RSI est à l'arc XOP comme HS est à HO. Or on trouvera la distance OK prise sur le méridien, c'est-à-dire celle du parallèle de Thulé à celui de Rhodes, de 27 parties; et la distance KS entre le parallèle de Rhodes et l'équateur, de 36 des mêmes parties; et la distance SU depuis l'équateur jusqu'au parallèle austral opposé à celui de Méroë, de 16 degrés $\frac{1}{3}$ $\frac{1}{12}$. Et encore, OU, étendue en latitude, de la terre connue, étant de 79 degrés $\frac{1}{3}$ $\frac{1}{12}$ ou de 80 parties environ, la longueur moyenne TKL ou son étendue en longitude prise en suivant la ligne du milieu, est de 144 des mêmes parties, conformément aux résultats des démonstrations précédentes. Car c'est à-peu-près la même raison, que celle de 40000 stades de latitude, aux 72000 de longitude sur le parallèle de Rhodes.

Nous décrirons les autres parallèles, en partant encore du centre H, avec des rayons de distances terminés à des points autant éloignés de S, que leur latitude est plus boréale que l'équateur. Nous ne pouvons prolonger en lignes droites jusqu'au parallèle MUN les lignes qui représentent les méridiens, au delà de l'équateur. Mais ayant divisé l'arc MUN de part et d'autre du méridien, en 90 portions égales entr'elles, et en même nombre que celles qui sont coupées sur le parallèle de Méroë, nous tirerons à ces sections depuis celles de l'équateur, des droites depuis les méridiens qui y tomberont, de manière à rendre sensible par leur continuation au-delà de l'équateur, l'inclinaison des méridiens vers le midi, comme sont les lignes RF et IX.

Enfin pour que l'indication des lieux à placer soit plus commode, nous ferons encore une règle étroite égale en longueur à ZH ou seulement à HS, et la fixant par une extrémité sur H, de manière qu'étant portée sur toute la longueur de la carte, elle s'applique exactement par un de ses côtés sur les droites des méridiens, parce que cette extrémité est fixée au milieu du pôle même, nous diviserons ce côté en 131 $\frac{1}{3}\frac{1}{12}$ portions correspondantes à celles de HZ, ou en 115 comme celles de HS seule et nous y marquerons leurs nombres respectifs en commençant à la section

μεθα κέντρῳ πάλιν τῷ H, καὶ διαστήμασι τοῖς ἀπέχουσιν ἀπὸ τοῦ Σ τὰ ἴσα τμήματα τοῖς ἐκκειμένοις ἀπὸ τῶν ἀποχῶν τοῦ ἰσημερινοῦ. Ἐξέςαι δ' ἡμῖν καὶ μὴ διευθύνειν τὰς ἀντὶ τῶν μεσημβρινῶν γραμμὰς ἕως τοῦ MYN παραλλήλου, ἀλλὰ μέχρι μόνου τοῦ ΡΣΤ ἰσημερινοῦ. Επειτα δειλοῦσι τὴν MYN περιφέρειαν, εἰς ἐνενήκοντα ἴσα τε καὶ ἰσάριθμα τμήματα τοῖς ἐπὶ τοῦ διὰ Μερόης εἰλημμένοις ἐπὶ ταύτας τὰς τομὰς ἐπιζευγνύειν ἀπὸ τῶν κατὰ τὸν ἰσημερινὸν τὰς μεταξὺ πιπτούσας εὐθείας τῶν μεσημβρινῶν, ὅπως ἐμφαίνηταί πως ἡ ἐπὶ θάτερα τοῦ ἰσημερινοῦ πρὸς μεσημβρίαν ἀποκλίνουσα θέσις, ἐκ τῆς μεταλαμβανομένης ἐπιςροφῆς, ὡς ἔχουσιν αἱ ΡΦ, καὶ ΙΞ γραμμαί.

Λοιπον δὲ ἕνεκεν τοῦ προχείρου τῆς τῶν κατατασσομένων τόπων παρασημειώσεως, ποιήσομεν πάλιν κανόνιον ςενὸν, ἴσον τῷ μήκει τῇ HZ, ἢ τῇ ΗΣ μόνῃ, καὶ ἐμπολίσαντες αὐτὸ περὶ τὸ H, ὥς τε παραφερομένου καθ' ὅλον τὸ μῆκος τῆς καταγραφῆς ἐφαρμόζειν ἀκριβῶς τὴν ἑτέραν τῶν πλευρᾶν ταῖς τῶν μεσημβρινῶν εὐθείαις, διὰ τὸ κατὰ μέσου τοῦ πόλου τὴν ἐκ τομὴν αὐτῆς πίπτειν. Διελοῦμεν ταύτην τὴν πλευρὰν εἰς τὰ ἐπιβάλλοντα ἤτοι τῇ HZ τμήματα ρλᾱ γ′ ιβ′, ἢ τῇ ΗΣ μόνῃ τμήματα ριε, καὶ παρασημειωσόμεθα τοὺς ἀριθμοὺς, ἀπὸ τῆς κατὰ τὸν ἰσημεριτὸν τομῆς ποιούμενοι τὴν ἀρχὴν, ἀφ' ὧν καὶ τοὺς παραλλήλους ἐξέσαι γράφειν, ἵνα μὴ τὸν ἐπὶ τῆς καταγραφῆς μεσημβρινὸν εἰς πάντα τὰ τμήματα διαιροῦντες καὶ ὑποσημειούμενοι, συγχέωμεν τὰς ἐσομένας πρὸς αὐτῶν τῶν τόπων ἐπιγραφάς. Διελόντες οὖν καὶ τὸν ἰσημερινὸν εἰς τὰς τῶν δώδεκα ὡρῶν ρπ μοίρας, καὶ παραθέντες τοὺς ἀριθμοὺς ἀπὸ τῆς κατὰ τὸν δυσμικώτατον μεσημβρινὸν ἀρχῆς, παροίσομεν ἀεὶ τὴν τοῦ κανονίου πλευρὰν ἐπὶ τὴν δηλουμένην τοῦ μήκους μοῖραν. Καὶ διὰ τῆς ἐν τῷ κανονίῳ διαιρέσεως ἐπὶ τὴν κατὰ πλάτος σημαινομένην θέσιν ἀφικνούμενοι, τὴν δέουσαν ἐφ' ἑκάσου ποιησόμεθα σημείωσιν, τὸν αὐτὸν τρόπον τοῖς ἐπὶ τῇ σφαίρᾳ ὑποδεδειγμένοις.

Ετι δ' ἂν ὁμοιότερόν τε καὶ συμμετρότερον ποιοίμεθα τὴν ἐν τῷ πίνακι τῆς οἰκουμένης καταγραφὴν, εἰ καὶ τὰς μεσημβρινὰς γραμμὰς καταλάβοιμεν τῇ φαντασίᾳ τῶν ἐπὶ τῆς σφαίρας μεσημβρινῶν γραμμῶν, ὡς τοῦ ἄξονος τῶν ὄψεων διήκοντος ἐν τῇ θέσει τῆς σφαίρας, διά τε τῆς πρὸς τῇ ὄψει τομῆς, τοῦ διχοτομοῦντος τὸ μῆκος τῆς ἐγνωσμένης γῆς μεσημβρινοῦ, καὶ τοῦ διχοτομοῦντος αὐτῆς τὸ πλάτος παραλλήλου, καὶ ἔτι τοῦ κέντρου τῆς σφαίρας, ἵν' ἐξ ἴσου τὰ ἀντικείμενα πέρατα ταῖς ὄψεσι καταλαμβάνηταί τε καὶ φαίνηται.

Πρῶτον δὲ ἕνεκεν τοῦ ποσοῦ τῆς

faite par l'équateur; on décrira les parallèles par toutes ces divisions de la règle, pour ne pas diviser le méridien du milieu de la carte en toutes ses portions accompagnées de leurs nombres; on évitera ainsi que ces nombres ne se confondent avec les indications des lieux qui doivent être placés auprès d'eux. Après avoir donc partagé l'équateur en 180 degrés pour les douze heures, en y joignant leurs nombres comptés depuis le méridien le plus occidental, nous porterons toujours le côté gradué de la règle sur le degré donné de la longitude; et ces divisions de la règle se posant sur les latitudes respectives données, nous marquerons chacune de ces latitudes à côté par son chiffre, comme nous avons fait pour les points que nous avons démontrés sur la sphère.

Mais nous représenterons la terre sur ce plan, d'une manière bien plus exacte, si nous concevons les lignes méridiennes semblables aux méridiens de la sphère, comme si l'axe de la vue, dans la position que nous donnons à la sphère, la pénétrant au point tourné vers les yeux qui est celui de l'intersection du méridien qui coupe en deux également la longueur de la terre connue, et du parallèle qui partage également aussi sa largeur, passoit aussi par le centre de la sphère, afin que les limites opposées paraissent tout à la fois aux yeux qui les découvrent.

D'abord (1) pour avoir la grandeur

(1) Figure 2.

de l'inclinaison des cercles parallèles, et du plan qui passe par cette intersection et par le centre de la sphère, perpendiculairement au méridien du milieu de la longitude de la terre connue, concevons le grand cercle ABGD qui termine l'hémisphère visible ABGD, et la demi-circonférence AEG du méridien qui coupe en deux parties égales cet hémisphère; soit tournée vers l'œil, l'intersection E de ce méridien et du parallèle qui coupe la latitude par moitié; et décrivons par ce point E du grand cercle, le demi-cercle BED perpendiculaire sur le cercle AEZG, et dont le plan sera dans l'axe de la vue. Prenant l'arc ZE de 23 degrés $\frac{1}{2}$ $\frac{1}{3}$, car c'est la distance de l'équateur au parallèle de Syène, lequel tient à-peu-près le milieu de la largeur de la terre connue, décrivons par le point Z de l'équateur la demi-circonférence BZD. Alors le plan de l'équateur et ceux des autres parallèles paroîtront inclinés sur celui qui est suivant le rayon visuel, des 23 degrés $\frac{1}{2}$ $\frac{1}{3}$ de l'arc ZE. On concevra aussi que les droites AFZG et BED sont prises pour des arcs; BE étant à ZE, dans la raison de 90 à 23 $\frac{1}{2}$ $\frac{1}{3}$. Et la ligne GA étant prolongée de sorte que le centre d'où sera décrit le segment BZD du cercle, tombe en H, soit proposé de trouver le rapport de HZ à EB.

ἐγκλίσεως τῶν τε παραλλήλων κύκλων καὶ τοῦ διὰ τῆς σημαινομένης τομῆς καὶ τοῦ κέντρου τῆς σφαίρας ὀρθοῦ πρὸς τὸν μέσον τοῦ μήκους μεσημβρινὸν ἐπιπέδου, νοείσθω ὁ μέγιϛος κύκλος, ὁ τὸ φαινόμενον ἡμισφαίριον ἀφορίζων ὁ ΑΒΓΔ, καὶ τοῦ μὲν διχοτομοῦντος τὸ ἡμισφαίριον μεσημβρινὸν ἡμικύκλιον τὸ ΑΕΓ· ἡ δὲ πρὸς τῇ ὄψει τομὴ τούτου τε καὶ τοῦ διχοτομοῦντος τὸ πλάτος παραλλήλου, τὸ Ε σημεῖον· καὶ γεγράφθω διὰ τοῦ Ε μεγίϛου κύκλου, πάλιν ἡμικύκλιον ὀρθὸν πρὸς τὸ ΑΕΖΓ, τὸ ΒΕΔ, οὗ τὸ ἐπίπεδον δηλονότι κατὰ τὸν ἄξονα ὑποκείσεται τῶν ὄψεων. Ἀποληφθείσης τε τῆς ΕΖ περιφερείας μοίρας κγ ἡμίσους τρίτου, τοσαύτας γὰρ διέϛηκεν ὁ ἰσημερινὸς τοῦ διὰ Συηνῆς, ὃς μέσος ἔγγιϛα καθίϛαται τοῦ πλάτους, γεγράφθω καὶ διὰ τοῦ Ζ ἡμικύκλιον τοῦ ἰσημερινοῦ, τὸ ΒΖΔ. Ἐγκεκλιμένον ἄρα φανήσεται, τό τε τοῦ ἰσημερινοῦ ἐπίπεδον, καὶ τὰ τῶν ἄλλων παραλλήλων, πρὸς τὸ διὰ τοῦ ἄξονος τῶν ὄψεων, τῇ ΕΖ περιφερείᾳ μοιρῶν οὔσῃ κγ ἡμίσους τρίτου. Νοείσθωσαν δὴ αἱ ΑΕΖΓ καὶ ΒΕΔ εὐθεῖαι ἀντὶ περιφερειῶν· τῆς ΒΕ λόγον ἐχούσης πρὸς τὴν ΕΖ, τὸν τῶν ϟ πρὸς τὰ κγ ς″ γ″. Καὶ ἐκβληθείσης τῆς ΓΑ, πιπτέτω τὸ κέντρον ἐν ᾧ γραφήσεται τὸ ΒΖΔ τοῦ κύκλου τμῆμα, κατὰ τὸ Η. Προκείσθω τε εὑρεῖν τὸν τῆς ΗΖ πρὸς τὴν

ΕΒ λόγον. Εζεύχθω δή ἡ ΖΒ εὐθεῖα, καὶ δίχα διαιρεθείσης αὐτῆς τῷ Θ, ἐπεζεύχθω καὶ ἡ ΘΗ κάθετος δηλονότι πρὸς τὴν ΒΖ γινομένη. Επεὶ τοίνυν οἵων ἐςὶν ἡ ΒΕ εὐθεῖα ϟ, τοιούτων ὑπόκειται ἡ ΕΖ κγ ἡμίσους γʹ τῶν αὐτῶν ἔςαι, καὶ ἡ μὲν ΒΖ ὑποτείνουσα ϟγ δεκάτου, ἡ δὲ ὑπὸ ΒΖΕ γωνία, τοιούτων ρν καὶ γʹ, οἵων εἰσὶν αἱ δύο ὀρθαὶ τξ. Λοιπὴ δὲ καὶ ἡ ὑπὸ ΘΗΖ τῶν αὐτῶν κθ γοʺ. καὶ διατοῦτο ὁ λόγος ἐςὶ τῆς ΗΖ πρὸς τὴν ΖΘ, ὁ τῶν ρπα ἡμίσους τρίτου, πρὸς τὰς μϛ καὶ ϛʹ καὶ κʹ. Καὶ ἔςιν οἵων ἡ ΘΖ εὐθεῖα μϛ ϛʺ κʹ, τοιούτων ἡ ΒΕ εὐθεῖα ϟ. Ωςτε καὶ οἵων ἐςὶν ἡ μὲν ΕΒ εὐθεῖα ἐννενήκοντα, ἡ δὲ ΖΕ τῶν αὐτῶν κγ ἡμίσους τρίτου, τοιούτων ἕξομεν καὶ τὴν ΗΖ εὐθεῖαν ρπα ϛʹ γʹ, καὶ τὸ Η σημεῖον, ᾧ γραφήσονται πάντες οἱ ἐν τῇ ἐπιπέδω καταγραφῇ παράλληλοι.

Τουτων δὲ προληφθέντων, ἐκκείσθω ὁ ΑΒΓΔ πίναξ, διπλασίαν μὲν πάλιν ἔχων τὴν ΑΒ τῆς ΑΔ, ισην δὲ τὴν ΑΕ τῇ ΕΒ, καὶ πρὸς αὐτὰς ὀρθὴν τὴν ΕΖ. Διῃρήσθω τε ἴση τις τῇ ΕΖ εὐθεία εἰς τὰς ϟ τοῦ τεταρτημορίου μοίρας, ἀποληφθεισῶν δὲ τῆς μὲν ΖΗ μοίρων ιϛ τρίτου ιβ, Τῆς δὲ ΗΘ μοίρων κγ ϛʺ τρίτου, τῆς δὲ ΗΚ τῶν αὐτῶν ξγ, καὶ τοῦ Η ὑποτεθέντος κατὰ τὸν ἰσημερινὸν, ἔςαι καὶ τὸ μὲν Θ δι' οὗ γραφήσεται ὁ διὰ Συήνης, καὶ

soit jointe la ligne droite ZB, et coupée par moitié au point Θ, duquel élevez la perpendiculaire ΘH sur ZB. Maintenant, puisque la ligne BE étant de 90 des parties dont EZ est supposée en avoir $23\frac{1}{2}\frac{1}{3}$, l'hypoténuse ZB en aura $93\frac{1}{10}$, et l'angle BZE vaudra 150 $\frac{1}{3}$ des degrés dont 360 font deux angles droits, et l'autre angle ΘHZ en vaudra $29\frac{2}{3}$. C'est pourquoi la raison de HZ à ZΘ est celle de $181\frac{1}{2}\frac{1}{3}$ à $46\frac{1}{2}\frac{1}{20}$; or la droite BE est de 90 des parties dont ΘZ en contient $46\frac{1}{2}\frac{1}{20}$, donc nous aurons la droite HZ de $181\frac{1}{2}\frac{1}{3}$ des parties dont la droite EB en contient 90, et ZE $23\frac{1}{2}\frac{1}{3}$; et nous aurons ainsi le point H d'où seront décrits tous les parallèles dans la projection plane.

Cela posé, soit (figure 3) le parallélogramme rectangle ABGD, ayant son grand côté AB double du côté AD, et EB égal à AE, EZ perpendiculaire sur celles-ci. Soit divisée une ligne égale à la droite ZE en 90 parties du quart de cercle, sur laquelle prenant ZH de $16\frac{1}{3}\frac{1}{12}$ de ces parties, et ΘH de $23\frac{1}{2}\frac{1}{3}$, et HK de 63 des mêmes, supposant H dans l'équateur, Θ sera le point par où passera le parallèle de Syène, lequel est celui qui partage à-peu-près en deux portions égales la largeur de l'étendue de la terre connue dans le sens de la latitude, et Z sera le point par où sera décrit le parallèle de la limite australe, opposé à celui qui passe par Méroë, et le point K par lequel sera décrit le parallèle qui termine la limite boréale et qui passe par l'île Thulé. Ensuite prolongeant au delà la ligne HL, des 181 parties et du reste $\frac{1}{2}\frac{1}{3}$, ou de 180 seulement, car cela ne fera pas une grande différence dans le tracé de cette projection, du centre L, et des intervalles Z, Θ et K, nous décrirons les arcs MZN, XΘT, OKU. Ainsi sera conservé le rapport respectif des parallèles au plan d'inclinaison de l'arc visuel : parcequ'ici l'arc doit être incliné au point Θ, et perpendiculaire sur le plan de la carte, afin que d'un coup d'œil on puisse voir les limites opposées de la projection. Mais pour que la longueur y soit commensurable à la largeur suivant leurs proportions respectives, le grand cercle de la sphère étant au parallèle qui passe par Thulé, comme 5 à 2 $\frac{1}{4}$, à celui qui passe par Syène, comme 5 à 4 $\frac{1}{2}$ $\frac{1}{12}$, à celui qui passe par Méroë, comme 5 à 4 $\frac{1}{2}$ $\frac{1}{3}$, il faut de part et d'autre du méridien ZK, tracer en tout 18 méridiens, chacun passant par le tiers d'un intervalle ou angle horaire, pour faire le nombre complet de tous ceux qui doivent occuper toute l'étendue de la carte dans le sens de la lon-

μεταξὺ ἔγγιςα τοῦ πλάτους παράλληλος, τὸ δὲ Ζ, δι' οὗ γραφήσεται ὁ ἀφορίζων τὸ νότιον πέρας, καὶ ἀντικείμενος τῷ διὰ Μερόης, τὸ δὲ Κ, δι' οὗ γραφήσεται ὁ ἀφορίζων τὸ βόρειον πέρας, καὶ διὰ Θούλης τῆς νήσου πίπτων. Καὶ δὴ προσεκβαλόντες τὴν ἐπ' αὐτῆς τὴν ΗΛ, τῶν αὐτῶν ρπα, καὶ τὰ ἑξῆς τῶν αὐτῶν ρπα ἡμίσους τρίτου τμημάτων, ἢ καὶ ρπ μοιρῶν μόνων, οὐδενὶ γὰρ ἀξιολόγῳ παρὰ τοῦτο ἡ καταγραφὴ διοίσει· Κέντρῳ τῷ Λ, καὶ διαςήμασι τοῖς Ζ καὶ Θ καὶ Κ, τὰς ΜΖΝ καὶ ΞΘΤ, καὶ ΟΚΥ, περιφερείας γράφομεν. Ο μὲν τοίνυν οἰκεῖος λόγος τῶν παραλλήλων πρὸς τὸ διὰ τοῦ ἄξονος τῶν ὄψεων ἐπίπεδον ἐγκλίσεως, οὕτως ἔςαι τετηρημένος· ἐπειδὴ κἀνταῦθα ὁ ἄξων νεύειν τε ὀφείλει πρὸς τὸ Θ, καὶ ὀρθὸς εἶναι πρὸς τὸ τοῦ πίνακος ἐπίπεδον, ἵνα πάλιν ἐξίσου τὰ ἀντικείμενα πέρατα τῆς καταγραφῆς τῇ ὄψει καταλαμβάνηται. Οπως δὲ καὶ τὸ μῆκος σύμμετρον ᾖ τῷ πλάτει, ἐπειδήπερ ἐπὶ τῆς σφαίρας οἵων ἐςὶν ὁ μέγιςος κύκλος πέντε, τοιούτων ἔγγιςα ὁ μὲν διὰ Θούλης συνάγεται β καὶ δ', ὁ δὲ διὰ Συήνης τεσσάρων ἡμίσους δωδεκάτου, ὁ δὲ διὰ Μερόης τεττάρων ἡμίσους τρίτου· Δεῖ δ' ἐφ' ἑκάτερα τῆς ΖΚ μεσημβρινῆς εὐθείας, ὀκτωκαίδεκα θέσθαι μεσημβρινοὺς, διὰ τριτημορίου μιᾶς ὥρας ἰσημερινῆς εἰς συμπλήρωσιν τῶν ὑφ' ὅλου τοῦ μήκους περιεχομένων ἡμικυκλίων· ληψόμεθα τὰ ἰσοδυναμοῦντα τμήματα καθ' ἕκαστον τῶν ἐκκειμένων τριῶν παραλλήλων, ταῖς τοῦ τριτημορίου τῆς μιᾶς ὥρας ε μοίραις, ἀπὸ μὲν τοῦ Κ, διὰ δύο καὶ τετάρτου μοιρῶν ποιούμενοι τὰς τομὰς, οἵων εἴχομεν τὴν ΕΖ εὐθεῖαν ζ· Ἀπὸ δὲ τοῦ Θ, δ ϛ'' καὶ ιβ''. Ἀπὸ δὲ τοῦ Ζ τεσσάρων ἡμίσους τρίτου ἐπὶ τούτων αὐτῶν. Ἔπειτα γράψαντες διὰ τῶν ἰσοδυναμούντων τριῶν σημείων τὰς ἐσομένας ἀντὶ τῶν λοιπῶν μεσημβρινῶν περιφερείας, ὡς τὰς ἀφοριζούσας τὸ πᾶν μῆκος τήν τε ΥΤΝ, καὶ ΟΞΜ, προσαναπληρώσομεν καὶ τὰς ἀντὶ τῶν λοιπῶν παραλλήλων, κέντρῳ μὲν πάλιν τῷ Λ, διαστήμασι δὲ τοῖς γινομένοις ἐπὶ τῇ ΖΚ τμήμασι κατὰ τὰς πρὸς τὸν ἰσημερινὸν αὐτῶν διαστάσεις.

Τὸ δὲ δὴ ὁμοιότερον τῷ ἐπὶ τῆς σφαίρας σχήματι τὸ ἐκ τῆς τοιαύτης καταγραφῆς ἐπὶ τὴν προτέραν αὐτόθεν ἐστὶ δῆλον, ἐπειδὴ κἀκεῖ μενούσης τῆς σφαίρας καὶ μὴ περιστρεφομένης, ὃ καὶ τῷ πίνακι συμβέβηκεν, ἐξ ἀνάγκης τοῦ μέσου τῆς καταγραφῆς κατὰ τὴν ὄψιν τετραμμένου, εἷς μὲν ὁ μέσος καὶ μεσημβρινὸς ἐν τῷ διὰ τοῦ ἄξονος τῶν ὄψεων ἐπιπέδῳ πίπτων, εὐθείας ἂν παρέχοι φαντασίαν (1). Οἱ δὲ ἐφ' ἑκάτερα τούτων πάντες, ἐπεστραμμένοι κατὰ

(1) Le grand manuscrit grec dit παρειχῃ.

gitude; nous prendrons sur chacun des trois parallèles tracés, des portions équivalentes à cinq degrés pour chaque tiers d'angle horaire, en faisant, depuis le point K, les sections de 2 $\frac{1}{4}$ des parties dont nous avons la droite EZ qui en contient 90, depuis le point Θ en 4 $\frac{1}{2}$ $\frac{1}{12}$ de ces parties, et depuis le point Z en 4 $\frac{1}{2}$ $\frac{1}{3}$, sur ces mêmes parallèles. Ensuite après avoir décrit les arcs des méridiens qui passeront chacun par une des trois sections faites dans chaque angle ou espace horaire, comme OXM et UTN qui terminent l'hémisphère dans le sens de la longitude, nous compléterons le nombre des autres parallèles, en nous servant du point L pour centre, et pour rayons, des portions prises sur la ligne ZK depuis ce point, selon leurs distances à l'équateur.

Il est évident que cette projection est plus semblable que la précédente à la forme sphérique, parce que la sphère y restant, comme la carte, fixe sans être tournée, par une conséquence du milieu de la projection tourné vers l'œil, un seul méridien, celui du milieu, étant dans le plan qui est suivant l'axe de la vue, se présente à l'œil, comme une ligne droite. Mais tous ceux qui sont de chaque côté paroissent tourner vers lui leur concavité, et cela d'autant plus qu'ils s'éloignent davantage du point du milieu. C'est ce qu'on observera ici avec le rapport convenable des courbures, de même que la proportion des arcs des parallèles entr'eux y est conservée, de manière que non-seulement la raison qui existe entre ceux de l'équateur et ceux du parallèle qui passe par Thulé, y est observée, mais encore pour les autres, avec le plus d'exactitude possible, comme on le verra, si on veut les examiner. Enfin le rapport de la latitude entière à la longitude entière, s'y trouve aussi, non-seulement pour le parallèle décrit au travers de Rhodes, comme ici, mais encore généralement pour tous les autres. Car si nous menons ici, comme dans la première figure, la droite SOU, l'arc ΘΩ moindre que tout l'arc ΘT, sera plus petit qu'il ne convient dans cette projection, relativement à ZS et à KU. Mais si nous faisons ΘT en rapport avec l'intervalle KZ de latitude, ZS et KU deviendront trop grands pour être comme ΘT en rapport avec KZ. Si au contraire nous laissons KU et ZS dans leurs rapports respectifs à KZ, ΘΩ sera moindre que proportionnelle à l'arc KZ, comme aussi moindre que l'arcΘT. (Voyez ci-après, la note explicative de ce passage tronqué dans le grec.)

Par ces moyens, cette dernière construction deviendroit meilleure, mais

τὰ κοῖλα πρὸς αὐτὸν φαίνονται, καὶ μᾶλλον οἱ πλέον αὐτοῦ διεστηκότες. Ο κἀνταῦθα παραφυλάξεται μετὰ τῆς δεούσης τῶν κυρτοτήτων ἀναλογίας, καὶ ἔτι τὸ σύμμετρον τῶν παραλλήλων περιφερειῶν πρὸς ἀλλήλας, οὐκέτι μόνον τῶν ὑπὸ τὸν ἰσημερινὸν καὶ τὸν διὰ Θούλης, ὡς ἐκεῖ σώζειν τὸν οἰκεῖον λόγον, ἀλλὰ καὶ ἐπὶ τῶν ἄλλων ὡς ἔνι μάλιστα ἐγγυτάτω, καθάπερ ἐξέσται, πειρωμένοις σκοπεῖν. Καὶ τοῦ ὅλου πλάτους πρὸς ὅλον τὸ μῆκος, οὐκ ἐπὶ μόνου πάλιν τοῦ διὰ τῆς Ῥοδίας γραφομένου παραλλήλου καθάπερ ἐκεῖ, σχεδὸν δὲ ἐπὶ πάντων ἁπλῶς. Εαν γὰρ κἀνταῦθα διαγάγωμεν τὴν ΣΩΥ εὐθεῖαν ὡς ἐπὶ τοῦ πρότερου σχήματος, ἥ τε ΘΩ περιφέρεια ἐλάττονα δηλονότι ποιήσει λόγον πρὸς τὰς ΖΣ καὶ ΚΥ, τοῦ προσήκοντος ἐν ταύτῃ τῇ καταγραφῇ λόγου, ὡς εἴληπτο καθ' ὅλην τὴν ΘΤ. Εάν τε ταύτην σύμμετρον ποιήσωμεν τῇ ΚΖ τοῦ πλάτους διαστάσει, αἱ ΖΣ καὶ ΚΥ μείζους ἔσονται τῶν πρὸς τῇ ΖΚ συμμέτρων, ὥσπερ καὶ ἡ ΘΤ. Εάν τε τὰς ΖΣ καὶ ΚΥ τηρῶμεν τῇ ΖΚ συμμέτρους, ἡ ΘΩ ἐλάττων ἔσται πρὸς τὴν ΚΖ συμμέτρου, καθάπερ καὶ τῆς ΘΤ.

Τούτοις μὲν οὖν ἂν ἡ μέθοδος αὕτη πλεονεκτοίη τῆς προτέρας· Λείποιτο δ' ἂν ἐκείνης καὶ αὕτη τῷ προχείρῳ τῆς καταγραφῆς. Ἐπειδή περ ἐκεῖ μὲν ἦν ἀπὸ τῆς τοῦ κανονίου παραγωγῆς τε καὶ παραφορᾶς ἑνὸς μόνου τῶν παραλλήλων γραφέντος καὶ διαιρεθέντος, ἐντάσσειν ἕκαστον τῶν τόπων. Ἐνθάδε δὲ μηκέτι τοῦ τοιούτου προχωροῦντος διὰ τὰς τῶν μεσημβρινῶν γραμμῶν πρὸς τὴν μέσην ἐπιστροφὰς, πάντας τε δεῖ τοὺς κύκλους προσκαταγράφειν, καὶ τὰς μεταξὺ τῶν πλιντίων πιπτούσας θέσεις, τῷ πρὸς ὅλας τὰς περιεχούσας πλευρὰς, διὰ τῶν διασημαινομένων μερῶν ἐπιλογισμῷ καταστοχάζεσται. Τούτων δὲ οὕτως ἐχόντων, προτιμητέον μὲν ἔμοι γε κἀνταῦθα καὶ πανταχῆ, τὸ βέλτιον καὶ ἐπιπονώτερον, τοῦ χείρονος καὶ ῥᾴονος. Τηρητέον δὲ ὅμως ἀμφοτέρας τὰς μεθόδους κατατεταγμένας, ἕνεκεν τῶν ἐπὶ τὴν προχειροτέραν αὐτῶν ὑπὸ ῥαστώνης κατενεχθησομένων.

Οἵων ἐστὶν ὁ ἰσημερινὸς ε̅, τοιούτων ὁ διὰ Μερόης δ ς″ γ′. Ὡς λόγον ἔχειν πρὸς αὐτὸν ὃν τὰ λ̅ πρὸς κ̅θ̅.

Οἵων ἐστὶν ὁ ἰσημερινὸς ε̅, τοιούτων ὁ διὰ Συήνης δ ς″ ιβ″. Ὡς λόγον ἔχειν πρὸς αὐτὸν, ὃν τὰ ξ̅ πρὸς ν̅ε̅, Τουτέστιν ὃν τὰ ι̅β̅ πρὸς τὰ ι̅α̅.

plus difficile à pratiquer que la première, parce que dans celle-ci, en faisant mouvoir la règle autour de son extrémité fixe, dès qu'un seul parallèle aura été tracé et divisé, tous les lieux de la terre pourront être placés en leurs vrais points : chose plus difficile dans la dernière projection, à cause de la courbure des méridiens concaves vers le centre, et parcequ'il faut décrire chacun des cercles, et placer par estime dans les espaces compris entre les côtés des quadrilatères, les lieux qui y tombent. Néanmoins, je préfèrerai toujours en ce cas, comme en tout autre, la méthode la plus exacte, quoique la plus difficile, à une autre qui est plus aisée, mais moins bonne. Toutefois, je suis d'avis de garder ici l'une et l'autre en faveur de ceux qui aiment mieux ce qui est le plus expéditif pour la facilité de l'exécution.

Des cinq parties supposées à l'équateur, le parallèle de Méroë en a quatre et demi et un tiers, en sorte que leur rapport est celui de 30 à 29.

Des cinq de l'équateur, le parallèle de Syène en a $4\frac{1}{2}\frac{1}{12}$, et leur rapport est de 60 à 55, c'est-à-dire de 12 à 11.

Des cinq de l'équateur, le parallèle de Rhodes en a 4, et leur rapport est celui de 5 à 4.

Des cinq de l'équateur, le parallèle de Thulé en a 2 $\frac{1}{4}$, et leur rapport est celui de 20 à 9.

Οἵων ἐστὶν ὁ ἰσημερινὸς ε̅, τοιούτων ὁ διὰ Ῥόδου δ̅. Ὡς λόγον ἔχειν πρὸς αὐτὸν τὸν ἐπιτέταρτον.

Οἵων ἐστὶν ὁ ἰσημερινὸς ε̅, τοιούτων ὁ διὰ Θούλης β̅ δʹ. Ὡς λόγον ἔχειν πρὸς αὐτὸν, ὃν τὰ κ πρὸς θ.

ΕΚ ΤΩΝ ΕΣΧΑΤΩΝ ΤΟΥ Ζ ΒΙΒΛΙΟΥ

ΤΗΣ ΓΕΩΓΡΑΦΙΚΗΣ ΥΦΗΓΗΣΕΩΣ.

EXTRAIT

DES DERNIERS CHAPITRES DU SEPTIÈME LIVRE

DE CETTE GÉOGRAPHIE.

ΕΠΕΙ δὲ ὑπεδείξαμεν ἐν ἀρχῇ τῆς συντάξεως, πῶς ἂν καταγράφοιτο τὸ ἐγνωσμένον τῆς γῆς μέρος ἐπί τε σφαίρας, καὶ ἔτι εἰς ἐπίπεδον ἐπιφάνειαν, ὁμοίως τε καὶ συμμέτρως ὡς ἔνι μάλιστα τοῖς ἐπὶ τῆς στερεᾶς σφαίρας καταλαμβανομένοις. Ἁρμόζει δὲ ταῖς τοιαύταις τῆς ὅλης οἰκουμένης ἐκθέσεσιν, ὑπογραφήν τινα κεφαλαιώδη παραθέσθαι πρὸς ἔνδειξιν τῶν θεωρουμένων. Γένοιτο ἂν καὶ αὕτη κατὰ τὸν προσήκοντα λόγον, εἰ οὕτως ἔχοι.

Après avoir montré, au commencement de la Composition mathématique, comment on pourroit décrire sur une sphère la partie connue de la terre, et la représenter sur une surface plane de la manière la plus semblable et la plus commensurablement conforme à ce que l'on verroit sur la sphère solide; il convient de présenter, comme préliminaire de ces expositions de toute la terre habitée, une construction graphique qui embrasse toutes les parties qui se voient dans chacun de ces tableaux; nous allons donc ajouter ici cette représentation générale, dans ses justes proportions.

CHAPITRE V.

Description sommaire de la carte générale de la terre habitée.

La partie que nous habitons sur la terre ayant été partagée en trois continens par les anciens géographes qui en ont traité avec le plus d'exactitude, et qui nous en ont laissé des mémoires particuliers, comme des relations historiques, nous nous y sommes conformés tant pour ce que nous avons vu, que dans ce que nous avons pris d'eux; et après en avoir fait des extraits exacts, nous avons résolu d'en composer une sorte de représentation figurée de toute la terre habitée; pour ne rien négliger de ce qu'il y a de particulièrement utile à savoir, en faveur des personnes curieuses de ce genre de connoissance, afin d'orner leur esprit par cette étude, et d'exciter la vivacité naturelle de leur génie.

La partie habitée de la terre, se termine à l'orient, par une contrée inconnue contiguë aux peuples orientaux de la Grande-Asie, aux Sines et à la Sérique; du côté du midi, par une contrée également inconnue, qui embrasse la mer indienne, et par celle qui entoure au midi de la Libye, la contrée nommée Agisymba; à l'occident, par une terre inconnue qui embrasse le golfe Éthiopique de la Libye, et par l'Océan occidental suivant qui s'étend le long des parties les plus occidentales de la Libye et de l'Europe; enfin, du côté des Ourses,

ΚΕΦΑΛΑΙΟΝ Ε.

Ὑπογραφὴ Κεφαλαιώδης τοῦ τῆς οἰκουμένης πίνακος.

ΤΗΣ καθ' ἡμᾶς οἰκουμένης ἐν ἠπείροις διῃρημένης τρισὶν ὑπὸ τῶν ἀρχαιοτέρων, κατὰ μέρος ἐπ' ἀκριβὲς ἱστορησάντων, ἀναγραφάς τε καταλελοιπότων τοῖς καθέκαστον ὡς ἐν ἱστορίᾳ, καὶ αὐτοὶ προσεπενοήσαμεν, τὰ μὲν ἑωρακότες, τὰ δὲ καὶ παρ' αὐτῶν ἀκριβῶς ἐκλαβόντες, πίνακος ὥς περ τρόπον πάσης τῆς οἰκουμένης ὑποτυπῶσαι, ὡς ἂν μηδὲν τοῖς φιλομαθέσιν ἄπειρον ᾖ τῶν κατὰ μέρος χρησίμων, μεθ' ἱστορίας ψυχὴν κοσμεῖν, καὶ διεγείρειν εἰς ὀξύνοιαν φυσικὴν δυνάμενον.

Τῆς γῆς τὸ κατὰ τὴν ἡμετέραν οἰκουμένην μέρος περιορίζεται, ἀπὸ μὲν ἀνατολῶν, ἀγνώστῳ γῇ τῇ παρακειμένῃ τοῖς ἀνατολικοῖς ἔθνεσι τῆς μεγάλης Ἀσίας, Σίναις τε καὶ τοῖς ἐν τῇ Σηρικῇ· Ἀπὸ δὲ μεσημβρίας, ὁμοίως ἀγνώστῳ γῇ, τῇ περικλειούσῃ τὸ ἰνδικὸν πέλαγος, καὶ τῇ περιεχούσῃ τὴν ἀπὸ μεσημβρίας τῆς Λιβύης Αἰθιοπίαν Ἀγίσυμβα χώραν καλουμένην. Ἀπὸ δὲ δυσμῶν, τῇ τε ἀγνώστῳ γῇ τῇ περιλαμβανούσῃ τὸν Αἰθιοπικὸν κόλπον τῆς Λιβύης, καὶ τῷ ἐφεξῆς δυτικῷ Ὠκεανῷ, παρακειμένῳ δὲ τοῖς τῆς Λιβύης καὶ τῆς Εὐρώπης δυσμικωτάτοις μέρεσιν. Ἀπὸ ἄρκτων δὲ τῷ συνημμένῳ ὠκεανῷ, τῷ περιέχοντι μὲν τὰς Βρεττανικας νήσους, καὶ τὰ Βορειότατα τῆς Εὐρώπης, καλουμένῳ δὲ Δουηκαλυδονίῳ τε καὶ Σαρματικῷ, καὶ τῇ ἀγνώςῳ γῇ παρακειμένῃ ταῖς ἀρκτικω τὰ ταῖς χώραις τῆς μεγάλης Ασίας, Σαρματίᾳ καὶ Σκυθίᾳ, καὶ Σηρικῇ.

Τῶν δὲ περιλαμβανομένων ὑπὸ τῆς οἰκουμένης θαλασσῶν, ἡ μὲν καὶ ἡμᾶς μετὰ τῶν συνημμένων αὐτῇ κόλπων, παρά τε τὸν Αδρίαν κόλπον, καὶ τὸ Αἰγαῖον Πέλαγος, καὶ τὴν Προποντίδα καὶ τὸν Πόντον, καὶ τὴν Μαιῶτιν λίμνην, ἀναςόμωται πρὸς τὸν ὠκεανον διὰ μόνου τοῦ Ηρακλείου πορθμοῦ, Χερσοννήσου δίκην ἰσθμον ὥσπερει ποιοῦσα τὸ πελαγους τὸν πορθμόν. Η δὲ Υρκανία, ἡ καὶ Κασπία θαλασσα πανταθεν ὑπὸ τῆς γῆς περικέκλειςαι, νήσῳ κατὰ τὸ ἀντικείμενον παραπλησίως.

Ομοίως δὲ καὶ ἡ περὶ τὸ Ινδικὸν πέλαγος πᾶσα μετὰ τῶν συνημμένων αὐτῇ κόλπων, παρά τε τὸν Αράβιον κόλπον καὶ τὸν Περσικὸν, καὶ τὸν Γαγγητικον, καὶ τὸν ἰδίως καλούμενον μέγαν κόλπον, περιεχομένης καὶ ταύτης παντοθεν ὑπὸ τῆς γῆς. Διὸ καὶ τῶν τριῶν ἠπείρων, ἡ μὲν Ασία συνάπτει, τῇ τε Λιβύῃ, καὶ διὰ τοῦ κατὰ τὴν Αραβίαν αὐχένος, ὃς καὶ χωρίζει τὴν καθ' ἡμᾶς θάλασσαν ἀπὸ τοῦ Αραβικοῦ κόλπου, καὶ διὰ τῆς περιεχούσης τὸ Ινδικὸν πέλαγος

par le même Océan, qui entoure les îles Britanniques, et les parties les plus boréales de l'Europe, et se nomme mer de Calédonie et de Sarmatie, et par un pays inconnu situé le long des contrées boréales de la Grande Asie, de la Sarmatie, de la Scythie et de la Sérique.

Quant aux mers qui sont comprises dans la terre habitée, la nôtre avec ses golfes, savoir : la mer Adriatique qui aboutit à Adria, la mer Egée, la Propontide, la mer Pontique et le Palus Mœotide, communique avec l'Océan par le seul détroit d'Hercule, en faisant un isthme de mer, comme un isthme de presqu'île. Mais la mer d'Hircanie, qu'on appelle aussi mer Caspienne, est toute entourée de terre, et forme au contraire comme une île d'eau au milieu des terres.

De même, la mer qui est le long de celle de l'Inde, avec ses golfes, tant celui d'Arabie, que celui de Perse et celui du Gange, ainsi que celui qu'on nomme proprement le grand Golfe, est tout environnée de terres. C'est pourquoi, des trois continens, l'Asie tient à la Libye par le col de l'Arabie qui sépare notre mer du golfe Arabique, et par une terre inconnue qui entoure l'Océan Indien ;

et elle est attachée à l'Europe par l'espèce de col qui s'étend entre le Palus Mœotide et l'Océan Sarmatique, le long du cours du fleuve Tanaïs. Mais la Libye n'est séparée de l'Europe, que par le détroit de Gadès, sans la toucher en aucune part; elle tient au contraire à l'Asie, qui est ainsi attachée à l'une et à l'autre en les touchant toutes deux à l'est.

Or, de ces trois continents, l'Asie est la première en grandeur, la Libye la seconde, et l'Europe la troisième; de même pour les mers Méditerranées : la plus grande est la mer de l'Inde, la moindre est la Caspienne ou d'Hircanie, et la moyenne est la nôtre. De tous les golfes, le plus grand est celui du Gange; le second en grandeur est celui de Perse; le troisième est le Grand; le quatrième, celui d'Arabie; le cinquième, celui d'Éthiopie; le sixième, celui de Pont; le septième, la mer Egée; le huitième, le Palus Mëotide; le neuvième, la mer Adriatique; et le dixième, la Propontide.

La première des plus grandes îles ou presqu'îles est la Taprobane; la seconde en grandeur, l'Albion des îles Britanniques; la troisième, la Chersonèse d'Or; la quatrième, l'Iouberniedes Britons; la

ἀγνώςου γῆς· Καὶ τῇ Εὐρώπῃ δὲ συνάπτει διὰ τοῦ μεταξὺ αὐχένος, τῆς τε Μαιώτιδος λίμνης, καὶ τοῦ Σαρματίκου ὠκεανοῦ, ἐπὶ τῆς διαβάσεως τοῦ Ταναίδος ποταμου. Η δὲ Λιβύη, τῆς Εὐρώπης ἀπείγρεται μόνῳ τῷ πορθμῷ. Καθ' ἑαυτὴν μὲν, μὴ συνάπτουσα μηδαμῶς, διὰ δὲ τῆς Ασίας πάντος, επειδὴ καὶ αὐτὴ τούτων ἑκατέρα συνάπτει, ἀντιπαρήκουσα κατὰ ἀνατολὰς ἀμφοτέραις.

Καὶ ἔτι πρώτη μὲν τῶν ἠπείρων μεγέθους ἕνεκὲν ἐςὶν Ασία, δευτέρα δὲ Λιβύη, τρίτη δὲ Εὐρώπη. Ομοίως δὲ καὶ τῶν εἰρημένων ἐμπεριέχεσθαι τῇ γῇ θαλασσῶν, πρώτη μέν ἐςι μεγέθει πάλιν, ἡ κατὰ τὸ ἰνδικὸν πέλαγος, δευτέρα δὲ ἡ καθ' ἡμάς. Τρίτη δὲ, ἡ Υρκανία ἢ καὶ Κασπία. Ετι δὲ, καὶ τῶν μὲν ἀξιολογωτέρων κόλπων, πρῶτος μὲν καὶ μείζων ὁμοίως, ὁ Γαγγητικός. Δεύτερος δὲ, ὁ Περσικός. Τρίτος δὲ, ὁ μέγας. Τέταρτος δὲ, ὁ Αραβικός. Πέμπτος δὲ, ὁ Αἰθιοπικός. Εκτος δὲ, ὁ τοῦ Πόντου. Εϐδομος δὲ, ὁ τοῦ Αἰγαίου πελάγους. Ογδοος δὲ, ὁ τῆς Μαιώτιδος λίμνης. Εννατος δὲ, ὁ Αδρίας. Δέκατος δὲ, ὁ τῆς Προποντίδος.

Τῶν δὲ ἀξιολογωτέρων νήσων ἢ χερσοννήσων, πρώτη μὲν, Ταπροβάνη, δευτέρα δὲ, τῶν Βρεττανικῶν, ἡ Αλουΐωνος. Τρίτη δὲ, ἡ χρυσὴ Χερσόννησος. Τετάρτη δὲ τῶν Βρεττανικῶν, ἡ Ιουϐερνία. Πέμπτη δὲ, ἡ Πελοπόννησος. Εκτη δὲ, ἡ Σικελία. Εϐδόμη δὲ, ἡ Σαρδώ. Ογδόη δὲ ἡ Κύρνος. Εννάτη δὲ, ἡ Κρήτη. Δεκάτη δὲ, ἡ Κύπρος.

Ορίζει δὲ τὸ μεσημϐρινὸν τῆς ἐγνωσμένης γῆς πέρας παράλληλος ὁ νοτιώτερος τοῦ ἰσημερινοῦ μοίρας ιϛ γ ιβ, οἵων ἐςὶν ὁ μέγιςος κύκλος τξ, ὅσαις μοίραις καὶ ὁ διὰ Μερόης τοῦ ἰσημερινοῦ τυγχάνει βορειότερος. Τὸ δὲ ἀρκτικὸν πέρας, ὁρίζει παράλληλος, ὁ βορειότερος τοῦ ἰσημερινοῦ μοίρας ξγ, γραφόμενος δὲ διὰ Θούλης τῆς νήσου. Ως γίγνεσθαι τὸ ἐγνωσμένον αὐτῆς πλάτος, μοιρῶν μὲν οθ ς' γ'', ἢ καὶ ὅλων π, σταδίων δὲ τετρακισμυρίων ἔγγιςα. Ως τῆς μὲν μιᾶς μοίρας, πεντακοσίους περιεχούσης ςαδίους, ὅπερ ἐκ τῶν ἀκριβεςέρων ἀναμετρήσεων κατελήφθη. Τῆς δὲ ὅλης γῆς περίμετρον, μυριαδων ιη.

Πάλιν δὲ καὶ τὸ μὲν ἀνατολικὸν πέρας τῆς ἐγνωσμένης γῆς ὁρίζει μεσημϐρινὸς ὁ γραφόμενος διὰ τῆς τῶν Σινῶν μητροπόλεως, ἀπέχων τοῦ διὰ Αλεξανδρείας γραφομένου πρὸς ἀνατολὰς ἐπὶ τοῦ ἰσημερινοῦ μοίρας ριθ ς'', ὀκτὼ δὲ ὥρας ἔγγιςα ἰσημερινάς. Τὸ δὲ δυτικὸν πέρας ὁ γραφόμενος διὰ τῶν μακάρων νήσων, ἀπέχων καὶ οὗτος τοῦ μὲν διὰ Αλεξανδρείας, μοίρας ξ ς'', τέσσαρας δὲ ὥρας ἰσημερινάς. Τοῦ δὲ ἀνατολικωτάτου, τὰς τοῦ ἡμικυκλίου μοίρας ρπ, καὶ ιβ ὥρας ἰσημερινάς. Ως τε συνάγεσθαι τὸ ἐγνωσμένον

cinquième, le Péloponnèse; la sixième, la Sicile; la septième, la Sardaigne; la huitième, Cyrnos, qui est la Corse; la neuvième, Crète; et la dixième, Chypre.

La limite méridionale de la terre connue, se termine au parallèle plus austral que l'équateur, de $16\frac{1}{3}\frac{1}{12}$ des degrés de latitude ; dont l'équateur en a 360 à sa circonférence, desquels $16\frac{1}{3}\frac{1}{12}$ degrés le parallèle passant par Méroé, est plus boréal que l'équateur. Mais le parallèle qui est la limite boréale de la terre connue, à 63 degrés de latitude, se décrit au travers de l'île Thulé. Ainsi, toute la largeur de la terre connue, est de $79\frac{1}{2}\frac{1}{3}$ ou 80 degrés ; ou bien en stades, de près de 40000, dont 500 font la valeur d'un stade, comme on l'a trouvé par des mesures très-exactes, ce qui donne 180000 stades pour la circonférence de la terre.

La limite orientale de la terre connue est le méridien qui passe par la ville principale des Sines, à la distance orientale d'Alexandrie, de $119\frac{1}{2}$ degrés comptés sur l'équateur, c'est-à-dire, à 8 heures équinoxiales environ. Et la limite occidentale, est le méridien qui passe par les îles Fortunées à $60\frac{1}{2}$ degrés à l'occident d'Alexandrie, ou en temps à 4 heures; et l'intervalle entre les demi-cercles extrêmes oriental et occidental, est de 180 degrés, ou de 12 heures équinoxiales. Ainsi, la longueur de la terre connue se trouve sur l'équateur, être de 90000 stades, mais de près de 86330 $\frac{1}{3}$ sur le parallèle le plus austral; et de 40000, sur le parallèle le plus boréal; et encore, d'environ 72812 stades sur le parallèle de Rhodes, sur lequel les mesures surtout ont été prises, à 36 degrés de latitude boréale; enfin, suivant le rapport de ces parallèles à l'équateur, de 82336 stades sur celui de Syène qui tient à-peu-près le milieu de toute la latitude, à 23 $\frac{1}{2}$ $\frac{1}{3}$ degrés de latitude boréale. Par conséquent, la longitude est plus grande que la latitude, d'environ $\frac{1}{50}$ de la latitude dans les climats les plus boréaux; de près de $\frac{1}{2}$ $\frac{1}{3}$ dans ceux de Rhodes; d'autant, avec environ $\frac{1}{18}$ de plus dans ceux de Syène; d'autant encore, et de $\frac{1}{6}$ de plus dans les parties les plus australes jusqu'à ceux de l'équateur où il est d'autant et d'un quart en sus. Enfin la durée du plus long jour ou de la plus longue nuit, est de 13 heures équinoxiales sous le plus austral de ces parallèles; de 13 $\frac{1}{2}$ sous celui de Syène, de 14 $\frac{1}{2}$ sous celui de Rhodes, et de 20 sous le plus boréal qui passe par l'île Thulé. Ainsi la différence

αὐτῆς μῆκος ςαδίων, ἐπὶ μὲν τοῦ κατὰ τὸν ἰσημερινὸν τμήματος, ἐννακισμυρίων· Επὶ δὲ τοῦ κατὰ τὸν νοτιώτατον αὐτῆς παράλληλον, μυριάδων ὀκτὼ ς, τλ γ″ λγ ἔγγιςα· Επὶ δὲ τοῦ κατὰ τὸν βορειότατον, μυριάδων τεσσάρων. Καὶ πάλιν ἐπὶ μὲν τοῦ διὰ τῆς Ῥόδου, ἐφ' οὗ μάλιςα γεγόνασιν αἱ ἀναμετρήσεις, ἀπέχοντος τοῦ ἰσημερινοῦ μοίρας λϛ, ςαδίων μυριάδων ἑπτά ϐω ιβ ἔγγιςα. Επὶ δὲ τοῦ διὰ Συήνης, ὃς ἀπέχει τοῦ ἰσημερινοῦ μοίρας κγ ς″γ, μέσος πως κείμενος τοῦ ὅλου πλάτους, μυριάδας ὀκτὼ βτ λϛ, κατὰ τὴν τῶν εἰρημένων παραλλήλων πρὸς τὸν ἰσημερινὸν ἀναλογίαν. Καὶ γίνεσθαι τοῦ πλάτους τῆς οἰκουμένης μεῖζον τὸ μῆκος, ἐν μὲν τοῖς ἀρκτικωτάτοις κλίμασι, τῷ πεντηκοστῷ ἔγγιςα τοῦ πλάτους· Εν δὲ τοῖς διὰ τῆς Ῥόδου τὸ ἥμισύ πως καὶ τρίτον· Εν δὲ τοῖς ὑπὸ τὸν διὰ Συήνης, τῷ ἴσῳ καὶ ἔτι τῷ ὀκτωκαιδεκάτῳ ἔγγιςα. Εν δὲ τοῖς μεσημϐρινωτατοῖς μέρεσι, τῷ ἴσῳ καὶ ἔτι τῷ ἕκτῳ ἔγγιςα. Εν δὲ τοῖς ὑπὸ τον ἰσημερινὸν, τῷ ἴσῳ, καὶ ἔτι τῷ τετάρτῳ, Τὸ δὲ μέγεθος τῆς μεγίςης ἡμέρας ἢ νυκτὸς, ἐν μὲν τῷ νοτιωτάτῳ τῶν εἰρημένων παραλλήλων ὡρῶν ἰσημερινῶν ιγ· Εν δὲ τῷ διὰ Συήνης, ιγ ς″. Εν δὲ τῷ διὰ τῆς Ῥοδίας, δεκατεσσάρων ς″. Εν δὲ τῷ βορειοτάτῳ, καὶ διὰ Θούλης κ̄. Καὶ ἔτι τὴν τοῦ ὅλου πλάτους διαφορὰν ἐννέα ποιεῖν ὥρας ἰσημερινάς.

ΚΕΦΑΛΑΙΟΝ ϛ.

Κρικωτῆς σφαίρας μετὰ τῆς οἰκουμένης καταγραφή.

Η ΜΕΝ οὖν ὑπογραφὴ τῆς καθόλου διαθέσεως, μέχρι τῶν τοσούτων ἂν ἔχοι συμμέτρως. Οὐκ ἄτοπον δὲ προσθεῖναι, πῶς ἂν τὸ φαινόμενον ἡμισφαίριον ἐν ᾧ ἡ οἰκουμένη καταγράφοιτο ἐν ἐπιπέδῳ, περιεχόμενον ὑπὸ σφαίρας κρικωτῆς, ἐπειδὴ πλείους μὲν ἐπικεχειρήκασι τῇ τοιαύτῃ δείξει, παραλογώτατα δὲ φαίνονται ταύτῃ κεχρημένοι. Προκείσθω δὴ κρικωτὴν σφαῖραν ἐν ἐπιπέδῳ καταγράψαι μέρος ἐμπεριλαμβανομένην τῆς γῆς, ὡς τῆς ὄψεως θέσιν ἐχούσης, καθ' ἣν ἡ ἐπευθείας ἔσται ταῖς κοιναῖς τομαῖς τοῦ τε διὰ τῶν τροπικῶν σημείων μεσημβρινοῦ, ὑφ' ὧν ὑποκεῖσθαι καὶ ὁ τὸ μῆκος τῆς καθ' ἡμᾶς οἰκουμένης διχοτομῶν. Καὶ τοῦ διὰ Συήνης ἐν τῇ γῇ γραφομένου παραλλήλου, δίχα καὶ αὐτοῦ τέμνοντος τῆς γῆς τὸ πλάτος τῆς οἰκουμένης.

Οὕτω δὲ ἐχέτωσαν οἱ λόγοι, τῶν τε μεγεθῶν τῆς κρικωτῆς σφαίρας καὶ τῆς γῆς, καὶ τοῦ τῆς ὄψεως ἀποστήματος, ὥς τε ἐν τῷ μεταξὺ διαστήματι, τοῦ

des heures de la latitude entière est de 9 heures équinoxiales.

CHAPITRE VI.

Description graphique de la sphère armillaire, avec la partie habitée de la terre.

Il suffit, pour le présent, de cet exposé de la disposition générale telle qu'elle seroit proportionnellement à la terre. Mais nous jugeons convenable d'y ajouter la manière de représenter sur un plan, comment est comprise dans la sphère armillaire, la partie de la terre que nous habitons, attendu que plusieurs ont entrepris de le faire et y ont échoué. Proposons-nous donc de décrire sur un plan, une sphère armillaire, qui comprenne une partie de la terre, relativement à une position de l'œil, telle que le rayon visuel tombe directement sur les sections communes du méridien, qui passant par les points solstitiaux, partage également la longitude de notre terre habitée, et du parallèle qui passant par Syène, coupe la latitude de la terre en deux portions également larges.

Pour cela, prenons des rapports de grandeurs de la sphère armillaire, de la terre, et de la distance de l'œil, tels que dans l'espace compris entre l'armille qui est dans le plan de l'équateur, et l'armille qui est dans le plan du tropique d'été, paroisse tout ce que nous connoissons de la terre. La demi-circonférence méridionale du cercle zodiacal étant posée au-dessus de la terre, de façon qu'elle n'intercepte aucune avance de la terre habitée placée dans l'hémisphère boréal. Tout étant ainsi disposé, ce méridien ne paroîtra faire qu'une seule ligne droite avec l'axe, la vue étant dans le même plan que lui et l'axe, et pour la même raison, le parallèle de Syène sera perpendiculaire sur cette droite. Les autres cercles tracés paroîtront tourner leur concavité vers les droites, savoir: les méridiens vers celle de l'axe des pôles; et les parallèles vers celle qui passe par Syène: d'autant plus, comme il est évident, qu'ils en seront plus distants de part et d'autre. Mais pour faire voir comment on doit procéder pour tracer ces lignes d'une manière conforme aux apparences optiques, nous allons en donner la description dont je mets ici la démonstration sous les yeux.

Soit (fig. 4) ABGD le méridien qui passe par les points équinoxiaux dans la sphère armillaire, autour du centre E, et sur le diamètre AE, A le pôle boréal, et G le pôle austral. En prenant les arcs

τε κατὰ τὸν ἰσημερινὸν κρίκου καὶ τοῦ κατὰ τὸν θερινὸν τροπικὸν, ὅλον ἐμφαίνεσθαι τὸ ἐγνωσμένον μέρος τῆς γῆς. Τοῦ νοτιωτέρου τῶν ἡμικυκλίων τοῦ διὰ μέσου τῶν ζωδίων κύκλου καθεστηκότος ὑπὲρ τὴν γὴν, ἵνα μὴ δ' ὑπὸ τούτου τὶς ἐπιπρόσθεσις γένηται τῆς οἰκουμένης πρὸς τῷ βορείῳ τιθεμένης ἡμισφαιρίῳ· ὅτι μὲν οὖν τούτων ὑποκειμένων, οἱ μὲν εἰρημένοι μεσημβρινοὶ, μιᾶς εὐθείας τῆς καθ' αὐτὸν ἄξονα ποιήσονται φαντασίαν, ἅ τε τῆς ὄψεως ἐν τῷ δι' αὐτῶν ἐπιπέδῳ πιπτούσης, καὶ ἔτι ὁ διὰ Συήνης παράλληλος ὀρθὸς πρὸς ἐκείνην διὰ τὴν ὁμοίαν αἰτίαν. Οἱ δὲ λοιποὶ τῶν ἐντασσομένων κύκλων ἐπιστραμμένοι κατὰ τὰ κοῖλα φανήσονται πρὸς τὰς εὐθείας, οἱ μὲν μεσημβρινοὶ, πρὸς τὴν διὰ τῶν πόλων, οἱ δὲ παράλληλοι πρὸς τὴν διὰ τῆς Συήνης· καὶ μᾶλλον οἱ πλεῖον αὐτῶν ἐφ' ἑκάτερα διεστηκότες, αὐτόθεν ἐστὶ δῆλον. Πῶς δ' ἂν μεθοδεύοιμεν τὴν καταγραφὴν ὁμοίαν ὡς ἔνι μάλιστα ταῖς ὀπτικαῖς διατυπώσεσι, πρόχειρον ἡμῖν ἐστὰι τόνδε τὸν τρόπον.

Ἔστω ὁ διὰ τῶν ἰσημερινῶν σημείων ἐν τῇ κρικωτῇ σφαίρᾳ μεσημβρινὸς, ὁ ΑΒΓΔ, περὶ κέντρον τὸ Ε, καὶ διάμετρον, τὴν ΑΕΓ, τοῦ μὲν Α, κατὰ τὸν βόρειον πόλον νοουμένου, τοῦ δὲ Γ κατὰ τὸν νότιον. Ἀπειλήφθωσάν τε, αἱ μὲν ΒΖ καὶ ΔΗ καὶ ΒΘ καὶ ΔΚ περιφέρειαι, ἐν ταῖς τῶν τροπικῶν ἀπὸ τοῦ ἰσημερινοῦ διαςάσεσιν. Αἱ δὲ ΑΛ καὶ ΑΜ καὶ ΓΝ καὶ ΓΞ, ἐν ταῖς ἀπὸ τῶν πόλων τοῦ ἀρκτικοῦ καὶ ἀνταρκτιτοῦ καὶ τεμνέτω ἡ τοῦ θερινοῦ διάμετρος, τὴν ΑΕ, κατὰ τὸ Ο· ἐπεὶ τοίνυν τὸν διὰ Συήνης παράλληλον ἐν τῇ μεταξὺ τῆς ΕΟ, ἔδει τὴν θέσιν ἔχειν, λόγος δὲ τῆς μὲν ἀπὸ τοῦ διὰ Συήνης ἐπὶ τὸν ἰσημερινὸν περιφερείας πρὸς τὸ τεταρτημόριον, τῶν τεσσάρων ἐγγὺς πρὸς τὰ ιε· Τῆς δὲ ἡμισειας τῆς ΕΑ πρὸς τὴν ΕΟ, ὁ τῶν αὐτῶν τεσσάρων, ἐγγὺς πρὸς τὰ τρία, ἐπίτριτος ἔςαι καὶ ἡ ΟΑ τῆς ἐκ τοῦ κέντρου τῆς γῆς.

Απειλήφθω δὲ ἡ ΕΠ, τριούτων τριῶν, οἵων ἐςὶ τεσσάρων ἡ ΕΑ. Καὶ κέντρῳ τῷ Ε, διαςήματι δὲ τῷ ΕΠ, γεγράφθω ὁ ἐν τῷ αὐτῷ ἐπιπέδῳ περιλαμβάνων τὴν γῆν κύκλος, ὁ ΠΡ. Καὶ διαιρεθείσης τινὸς εὐθείας ἴσης τῆς ΕΠ, εἰς τὰ ἐνενήκοντα ἴσα τμήματα τοῦ ἑνὸς τεταρτημορίου, ἀπειλήφθω ἡ μὲν ΕΣ τμημάτων κγ ς'' γ'', ἡ δὲ ΕΤ τμημάτων ις γ'' ιβ''. Η δὲ ΕΥ τῶν αὐτῶν ξγ. Καὶ διήχθω ἡ ΦΣΧ, πρὸς τὴν ΕΠ, ὀρθὴ πίπτουσα δηλονότι κατὰ τὸν διὰ Συήνς παράλληλαν· Εςαι ἄρα τὸ μὲν Τ, δι' οὗ γραφήσεται ὁ ἀφορίζων τὸ νότιον πέρας τῆς οἰκουμένης παράλληλος, καὶ ἀντικείμενος τῷ διὰ Μερόης. Τὸ

BZ, DH, BΘ et DK égaux aux distances des tropiques à l'équateur, et AL, AM, GN, GX égaux à leurs distances des pôles arctique et antarctique, soit le diamètre du tropique d'été coupant AE en O. Puisqu'il faut que le parallèle de Syène soit placé entre E et O, et que le rapport de l'arc mené du parallèle de Syène sur l'équateur, est au quart de cercle, comme environ 4 est à 15, et que celui de la moitié EA à EO, est de 4 à 3, OA sera donc les $\frac{1}{4}$ du rayon de la terre. (Voyez la Note).

Prenons maintenant (fig. 5) EP de trois des portions dont EA en a quatre, et du centre E, avec le rayon EP, décrivons le cercle PR qui embrasse la terre, toujours dans le même plan; et ayant divisé une droite égale à EP, en 90 portions égales, correspondantes aux 90 du quart de cercle, prenons ES de $23\ \frac{1}{2}\ \frac{1}{3}$, ET de $16\ \frac{1}{3}\ \frac{1}{12}$, et EU de 63 de ces portions, et menons FSX perpendiculaire sur EP, dans le plan du parallèle de Syène, T sera donc le point par lequel passera le parallèle qui détermine la limite australe de la partie habitée de la terre, et qui est opposé à celui qui passe par Méroë; et U sera le point par où l'on décrira le parallèle qui est la limite boréale et qui passe par Thulé. Prenons un point comme ψ un peu plus austral que T, joignons ψD, et faisons coïncider en O les droites prolongées SX et ψD. Si maintenant nous concevons ces cercles dans le plan qui passe par les solstices et les pôles, en suivant les rayons visuels partant de l'œil qui est en O, jusqu'aux points au-dessous, ces droites menées de O par (f. 4) M, H, D, K, X, sur AG, feront sur celle-ci des sections par lesquelles on décrira pour cet œil les segmens des cinq parallèles, comme la section ψ par laquelle on décrira le segment de l'équateur; et les droites menées de O en L, Z, B, Θ, feront sur AG des sections par lesquelles on décrira les cinq segmens des mêmes parallèles.

Pareillement prenant sur PR (f. 5) les distances propres depuis l'équateur, comme U et T, sections du demi cercle PXR faites par les droites menées du point O à ces sections, nous aurons les positions qui leur sont parallèlement opposées, par lesquelles on fera passer les segmens de ces parallèles,

δὲ Υ, δι' οὗ γραφήσεται ὁ ἀφορίζων τὸ βόρειον πέρας παράλληλος, καὶ γραφόμενος διὰ Θούλης. Εἰλήφθω τὶ σημεῖον βραχεῖ νοτιώτερον τοῦ Τ, ὡς τὸ Ψ, καὶ ἐπεζεύχθω ἡ ΨΔ, καὶ ἐκβληθεῖσαι αἱ ΣΧ καὶ ΨΔ συμπιπτέτωσαν κατὰ τὸ Ω. Εὰν τοίνυν τούς τε ἐκκειμένους κύκλους νοῶμεν ἐν τῷ διὰ τῶν τροπικῶν σημείων καὶ τῶν πόλων ἐπιπέδῳ κατὰ τὴν ὄψιν ἐπὶ τοῦ Ω διὰ τὰ ὑποκείμενα, αἱ μὲν ἀπὸ τοῦ Ω διὰ τοῦ Μ καὶ Η καὶ Δ καὶ Κ καὶ Ξ ἐκβαλλόμεναι ἐπὶ τὴν ΑΓ ποιήσουσιν ἐπ' αὐτῆς τὰς τομὰς, δι' ὧν γραφήσεται τὰ πρὸς τῇ ὄψει τμήματα τῶν πέντε παραλλήλων, ὡς τὴν Ψ, δι' ἧ γραφήσεται τὸ τοῦ περὶ τὸ Δ ἰσημερινοῦ. αἱ δὲ ἀπὸ τοῦ Ω ἐπὶ τὸ Λ καὶ Ζ καὶ Β καὶ Θ ἐπιζευγνύμεναι, ποιήσουσι τὰς πρὸς τὴν ΑΓ τομάς δι' ὧν γραφήσεται τὰ πέντε τῆς γῆς τμήματα τῶν αὐτῶν παραλλήλων.

Ομοίως δὲ καὶ τῶν ἐν τῇ γῇ γραφησομένων παραλλήλων λαμβάνοντες ἐπὶ τῆς ΠΡ τὰς οἰκείας τοῦ ἰσημερινοῦ ἀποχὰς, ὡς τὰς Υ καὶ Τ, τάς τε γινομένας τομὰς ὑπὸ τῶν ἐπ' αὐτὰς ἐπιζευγνυμένων εὐθειῶν ἀπὸ τοῦ Ω, τοῦ ΠΧΡ ἡμικυκλίου, καὶ τὰς ἀντικειμένας αὐταῖς κατὰ παραλλήλους θέσεις ἕξομεν δι' ὧν γραφήσεται τὰ τῶν εἰρημένων παραλλήλων τμήματα, ὡς τό τε ΔΤΒ, ΘΕΚ, ΖΣΗ, ἀφ᾽ ὧν ἀπολαμβάνοντες τὰς τῶν ἐνταχθησομένων ἐφ᾽ ἑκάτερα τῆς ΤΥ μεσημβρινῶν ἀποχὰς, καὶ ἐπὶ τῆς ΦΧ εὐθείας ἐν τοῖς οἰκείοις τῶν τριῶν παραλλήλων λόγοις γράψομεν τὰ διὰ τῶν ὁμολόγων τριῶν σημείων τμήματα τῶν ὑποκειμένων μεσημβρινῶν, ὡς τῶν ἀφοριζόντων τὸ μῆκος, τό τε μψδ καὶ νυθ.

Τὸ μὲν οὖν πλῆθος τῶν ἐγγραφησομένων τῇ γῇ, πρὸς τὸ μέγεθος τῆς καταγραφῆς, ἁρμοςέον. Ἐπὶ δὲ τῆς Κρίκων παραβολῆς, ἐκεῖνα παρατηρητέον, ὅπως ἔρχηται μὲν ἕκαςος διὰ τῶν εἰρημένων τεσσάρων σημείων. Σχήματι δὲ ὠοειδεῖ, καὶ μὴ εἰς ὀξὺ λήγοντι ἐν ταῖς πρὸς τὸν ἐξωτάτω κύκλον τομαῖς, ἵνα μὴ κατάματος παράσχῃ φαντασίαν. Ἀλλὰ κἀνταῦθα τὴν σύμμετρον περίςασιν ταῖς ἐφεξῆς ἀπολαμβάνομεν, κἂν ἐκτὸς τοῦ περιέχοντος τὸ σχῆμα κύκλου πίπτωσιν αἱ τὴν ἔλλειψιν ἀπαρτίζουσαι κυρτότητες, ὃ καὶ ἐπὶ τῶν ἀληθινῶν φαίνεται συμπίπτον.

Προσεκτέον δὲ ὅπως μὴ γραμμαὶ μόνον ὦσιν οἱ κύκλοι, μετὰ δέ τινος πλάτους συμμέτρου, καὶ χρώματος διαφέροντος· καὶ ἔτι τὰ πέραν τῆς γῆς τμήματα σκιερώτερα περιέχειν χρώματα τῶν πρὸς τῇ ὄψει. Καὶ τῶν συμπιπτόντων τμη-

comme DTB, ΘEK, ZSH, d'où nous prendrons les distances des méridiens à placer, de chaque côté de TU, (f. 4) et nous décrirons de chaque côté de la droite FX (f. 5) par les trois points qui correspondent proportionnellement aux intervalles de ces trois parallèles, les segmens des méridiens tels que mψd, νυθ, comme limitant la longitude de la terre connue.

Le nombre des lieux de la terre à représenter, doit être proportionné à la grandeur de la figure ainsi construite. Et il faut observer dans la projection des cercles, que chacun passant par les points que nous avons indiqués, soit de forme ovale qui ne finisse pas en pointe dans ses intersections avec le cercle le plus extérieur, afin qu'il n'y montre pas une apparence de brisure. Mais nous avons soin ici de leur donner la même courbure qu'aux cercles suivans, quoique les courbures qui forment l'ellipse, tombent hors du cercle qui entoure la figure, chose qui s'observe dans les vraies armilles.

Il faut aussi faire ensorte que ces cercles ne soient pas des lignes simples, mais qu'ils aient chacun une certaine largeur proportionnée, et une couleur qui les distingue; et encore, que les parties du globe terrestre qui sont au-delà des limites de la terre habitée soient d'une teinte plus obscure que les parties de la terre au dessus desquelles est l'œil; et que des segmens qui sont vus du même coup d'œil, les plus éloignés de ceux qui sont verticalement sous les yeux, soient coupés par les plus proches du centre de la terre habitée, conformément aux avances de celles-ci vers celles-là, sur les véritables armilles et sur la terre. Enfin, que tant les armilles, que les cercles de la surface terrestre s'entrecoupent le plus exactement comme de véritables cercles. Il faut encore que le zodiaque qui embrasse la terre dont il est détaché, soit tracé passant par le demi-cercle le plus austral et par le tropique d'hiver, sur l'hémisphère terrestre supérieur; et qu'il soit coupé sous l'intérieur par le tropique boréal, au point du solstice d'été. Nous écrirons à côté les dénominations convenables en leurs places propres, ainsi que, sur les cercles du globe terrestre, les nombres des distances et des heures détaillées dans la description de la terre; et sur le cercle extérieur les noms des vents, comme cela se pratique sur la sphère armillaire par des indications mises aux cinq parallèles et aux pôles.

μάτων τὰ πορρωτέρω τῆς ὄψεως, ὑπὸ τῶν ἐγγυτέρω διακόπτηται ταῖς τῶν ἀληθινῶν ἐπιπροσθέσεσιν ἀκολούθως, ἐπί τε τῶν κρίκων καὶ ἐπὶ τῆς γῆς. Καὶ ὁ ζωδιακὸς ἐπέρχηται μὲν τῇ γῇ, κατὰ τὸ νοτιώτερον ἡμικύκλιον, καὶ διὰ τοῦ χειμερινοῦ τροπικοῦ. Διακόπτηται δ' ὑπ' αὐτῆς κατὰ τὸ Βόρειον καὶ διὰ τοῦ θερινοῦ τροπικοῦ. Παραγράψομεν δὲ καὶ ἐπὶ τούτων ἐν τοῖς ἐπικαίροις τόποις τὰς οἰκείας ὀνομασίας. Καὶ ἔτι ἐπὶ μὲν τῶν ἐν τῇ γῇ κύκλων, τοὺς ὑποδεδειγμένους ἐν τῇ καταγραφῇ τῆς οἰκουμένης ἀριθμοὺς ἀποχῶν τε καὶ ὡρῶν· περὶ δὲ τὸν ἔξω κύκλον, τὰς τῶν ἀνέμων προσηγορίας, ἀκολούθως ταῖς ἐπὶ τῆς κρικωτῆς σφαίρας, παρὰ τοὺς ἐκκειμένους πέντε παραλλήλους καὶ τοὺς πόλους διασημασίαις.

ΚΕΦΑΛΑΙΟΝ Η.

Ὑπογραφὴ τοῦ ἐκπετάσματος.

ΥΠΟΓΡΑΦΗ δ' ἔςαι καὶ τῆς τοιαύτης ἐκπετάσεως, ἁρμόζουσά τε, καὶ κεφαλαιώδης ἡ τοιαύτη. Η τῆς κρικωτῆς σφαίρας ἐν ἐπιπέδῳ καταγραφὴ, μετὰ τῆς ἐμπεριλαμβανομένης γῆς ὑπόκειται, θέσιν ἔχουσα καθ' ἣν ἡ ὄψις ἐπ' εὐθείας ἔςαι ταῖς κοιναῖς τομαῖς, τοῦ τε διὰ τῶν τροπικῶν σημείων μεσημβρινοῦ, ὑφ' ὃν κεῖται καὶ ὁ τὸ μῆκος τῆς καθ' ἡμᾶς οἰκουμένης διχοτομῶν, καὶ τοῦ διὰ Συήνης ἐν τῇ γῇ γραφομένου παραλλήλου, διχᾶ καὶ αὐτοῦ τέμνοντος ἐγγὺς τὸ πλάτος τῆς οἰκουμένης. Οὕτως δὲ ἔχουσιν οἱ λόγοι, τῶν τε μεγεθῶν τῆς σφαίρας, καὶ τοῦ τῆς γῆς, καὶ τοῦ τῆς ὄψεως ἀποτμήματος, ὥς τε ἐν τῷ μεταξὺ διαλήμματι τοῦ τε κατὰ τὸν ἰσημερινὸν καὶ τοῦ κατὰ τὸν θερινὸν τροπικὸν ὅλον διαφαίνεσθαι τὸ ἐγνωσμένον μέρος τῆς γῆς, τοῦ νοτιωτέρου τῶν ἡμικυκλίων τοῦ διὰ μέσου τῶν Ζωδίων κρίκου, τοῦ καθεστηκότος ὑπὲρ γῆν· ἵνα δὲ μὴ δ' ὑπὸ τούτου τὶς ἐπιπρόσθεσις γέκα αι τῆς οἰκουμένης, πρὸς τᾷ βοδ' τέρῳ τιθεμένης ἡμισφαιρίῳ· διόπερ νητ μὲν εἰρημένοι μεσημβρινοὶ μιᾶς

CHAPITRE XVII.

Description de l'étendue de la représentation de la terre habitée et connue.

Cette représentation sommaire, mais proportionnée à la sphère, se fera de la manière suivante : La projection de la sphère armillaire est supposée faite sur un plan avec la terre qu'elle comprend, sous un point de vue tel que l'œil soit perpendiculaire aux communes sections du méridien céleste qui passe par les points tropiques, sous lequel est celui qui coupe en deux moitiés la longueur de notre terre habitée, et du parallèle de Syène qui partage la largeur en deux parties à-peu-près égales. Et telles seront les proportions des grandeurs de la sphère, de la terre, et de la distance de l'œil, que dans l'intervalle qui sépare l'équateur et le parallèle tropique boréal, paroîtra toute la partie connue de la terre, en sorte que le demi-cercle mitoyen (l'écliptique) du zodiaque, qui est le plus méridional, au-dessus et détaché de la terre, ne dérobera à la vue rien de la partie habitée de la terre située dans l'hémisphère boréal. C'est pourquoi ces méridiens ne paroîtront que comme une droite suivant l'axe de la terre, l'œil étant placé dans leur plan; et pour cette raison, le parallèle de Syène sera une droite perpendiculaire au rayon visuel. Mais les autres cercles ne présentant pas leurs bords à la vue, paroîtront les uns, tels que les méridiens, tourner leur concavité vers la ligne droite qui est l'axe polaire; les autres, tels que les parallèles, vers la droite qui représente le parallèle de Syène; et cela d'autant plus sensiblement qu'ils en sont plus éloignés de part et d'autre. Ainsi le cercle polaire arctique y sera plus avancé vers les ourses, que le tropique d'été; le tropique d'hiver plus avancé vers le midi que l'équateur; et le cercle polaire antarctique plus que le tropique d'hiver. Enfin, la partie connue de la terre doit être disposée de manière qu'elle ne soit pas entourée de l'Océan, sinon aux seules limites de la Libye et de l'Europe, marquées vers les vents Iapyx et Thrascia, suivant les traditions des anciens.

εὐθείας τῆς κατ' αὐτὸν τὸν ἄξονα ποιοῦνται φαντασίαν, ἅτε τῆς ὄψεως ἐν τῷ δι' αὐτῶν ἐπιπέδῳ πιπτούσης· καὶ ἔτι ὁ διὰ Συήνης παράλληλος ὀρθὸς πρὸς ἐκείνην μένῃ διὰ τὴν ὁμοίαν αἰτίαν. Οἱ δὲ λοιποὶ κύκλοι ἐπεστραμμένοι κατὰ τὰ κοῖλα φαίνονται τῆς εὐθείας, οἱ μὲν τῆς μεσημβρινῆς διὰ τῶν πόλων· οἱ δὲ παράλληλοι, πρὸς τὴν διὰ τῆς Συήνης, καὶ μᾶλλον οἱ πλέον αὐτῶν ἐφ' ἑκάτερα διεστηκότες. Ὡς ὁ μὲν ἀρκτικὸς μᾶλλον τοῦ θερινοῦ τροπικοῦ πρὸς τὰς ἄρκτους ἀνακεκλιμένος· ὁ δὲ χειμερινὸς τροπικὸς, μᾶλλον τοῦ ἰσημερινοῦ πρὸς μεσημβρίαν, καὶ ἔτι ὁ ἀνταρκτικὸς τοῦ χειμερινοῦ τροπικοῦ. Διατεθεῖται δὲ καὶ τὸ ἐγνωσμένον τῆς γῆς μέρος, ὡς μὴ περιῤῥέοντος αὐτῷ τοῦ Ὠκεανοῦ μηδαμόθεν, ἀλλὰ μόνοις παρακειμένου τοῖς πρὸς Ἰάπυγα καὶ Θρασκίαν γεγραμμένοις πέρασι τῆς τε Λιβύης καὶ τῆς Εὐρώπης, ἀκολούθως ταῖς τῶν παλαιοτέρων ἱστορίαις.

MÉMOIRE*

Sur la mesure des longueurs et des surfaces, chez les Anciens, et particulièrement sur le stade.

Traduit de l'allemand de M. Ideler par M. l'abbé Halma.

AVANT-PROPOS.

**La recherche qui sera le sujet de ce Mémoire, a occupé tant de savans, depuis le seizième siècle, que personne ne trouvera mauvais que je m'en occupe moi-même après eux. Elle n'aura pas besoin d'excuse aux yeux d'un amateur de l'antiquité. Il sait combien les recherches qui ont l'antiquité pour objet, sont loin de pouvoir être regardées comme parfaitement terminées, et en les considérant sous toutes les faces, il y rencontre plus d'un côté qui prête encore au doute, et qui ne laisse qu'incertitude. Pour n'en toucher qu'un seul point, il n'en est aucun sur lequel les opinions des savans soient plus partagées, que le stade des Grecs. L'Essai qui a pour but de le déterminer, mérite donc de fixer l'attention. Mais un pareil Essai ne peut obtenir de succès dans l'examen du rapport exact du stade avec les autres mesures de longueur usitées chez les anciens, qu'autant que cette recherche embrassera tout l'ensemble de son sujet, comme s'il n'avoit jamais été traité, quoique plusieurs parties isolées d'un si vaste champ, sur lequel on a déjà tant moissonné, ne promettent pas qu'on puisse maintenant y glaner avec beaucoup de profit.

Les mesures des surfaces sont intimement liées avec celles des longueurs, j'ai donc à parler également des unes et des autres. Mais les mesures des solides et les poids ne sont pas de mon sujet. Pour aller en cette matière plus loin qu'on n'a fait jusqu'à présent, il faut que, plus heureux que moi, on puisse rassembler une collection complète de monumens qui serviront pour l'examen qu'on en fera. Les travaux mêmes de Romé de l'Isle, quelqu'estimables qu'ils soient, ne paroissent pas avoir rendu de grands services en ce genre.

* Ueber die Längen-und Flächenmasse der Alten.

** Cette traduction du Mémoire de M. Ideler, destinée à accompagner celle de la Géographie de Ptolémée, étoit terminée et attendoit l'édition grecque et française de cette Géographie, quand il en parut une autre traduction, dont M. Daunou, dans un des journaux des savans, dit qu'elle n'a pas de rapport à l'ouvrage auquel elle est jointe. On verra en comparant ces deux traductions entr'elles, qu'elles ne se ressemblent nullement dans les expressions.

La marche que je suivrai, sera de commencer par les mesures romaines, parce qu'elles sont presque le seul moyen qui puisse nous faire connoître celles des Grecs. Je détermine d'abord les rapports réciproques de ces deux sortes de mesures prises isolément; je fixe ensuite la grandeur du pied comme base du système métrique; j'établis enfin le rapport des anciennes mesures aux nôtres; et je terminerai par des recherches très-étendues sur le Stade des Grecs.

PREMIÈRE PARTIE.

DES MESURES ROMAINES DES LONGUEURS ET DES SURFACES.

PREMIÈRE SECTION.

DE LEURS RAPPORTS ENTR'ELLES.

L'UNITÉ des mesures de longueur se nomme chez les Romains *pes*, et leurs géomètres praticiens appelloient la mesure des lignes et des surfaces *pedatura* et *podismos*. (Goës ind. ad ser. r. agr.) Le nom de cette mesure originelle et fondamentale montre déjà qu'elle est prise du corps humain. Il en est de même du *cubitus*, *palmus*, *digitus*, dont les rapports entr'eux et avec le pied se déterminoient par eux-mêmes de la manière que nous trouvons consignée dans toute l'antiquité. Le *palmus* étoit la largeur de la main, c'est-à-dire, des doigts sans le pouce; quatre de ces largeurs équivalaient à la longueur ordinaire du pied; et un pied et demi fait le *cubitus* ou la longueur comprise depuis la pointe du coude jusqu'à l'extrémité du doigt du milieu étendu. Le *palmus* avoit donc quatre doigts; le pied, *pes*, quatre *palmi*, ou seize doigts; et le *cubitus*, coudée, six *palmi*, ou un pied et demi. De tous les témoignages qui certifient la justesse de ces rapports, je n'en citerai qu'un seul pris de Vitruve: *E cubito cùm dempti sunt duo palmi, relinquitur pes quatuor palmorum. Palmus autem habet quatuor digitos: ita efficitur uti pes habeat sexdecim digitos.* Il convient de remarquer ici que des deux mesures que déterminent la coudée et le pied, la première étoit presque la seule en usage chez les Orientaux, mais que chez les Grecs, la première et la seconde étoient également usitées.

La division du *pes* en seize doigts, et du *cubitus* en vingt-quatre, est si naturelle, que les Romains purent y arriver, sans avoir besoin de l'exemple des Grecs qui avoient donné le même nombre de δακτύλοι au ποῦς et au πῆχος. Il est néanmoins possible qu'originairement les relations mutuelles de ces deux peuples aient donné lieu à cette communication, et qu'il n'y ait eu primitivement que la division duodécimale en usage chez les Romains.

Nous trouvons en effet chez eux deux sortes de divisions de la mesure appelée *pes*; l'une en seize, et l'autre en douze portions. Cette dernière étoit d'usage pour toutes les choses dont on employoit les diverses parties dans la vie civile; et elle avoit tellement restreint l'usage de l'autre sorte de division, que nous ne trouvons presque pas d'autres fractions dans leurs auteurs, que celles de la division duodécimale, pour laquelle on avoit formé les expressions suivantes :

Uncia.	$\frac{1}{12}$	*Semis, semissis.*	$\frac{6}{12} = \frac{1}{2}$
Sescuncia, Sescunx.	$\frac{1\frac{1}{2}}{12} = \frac{1}{8}$	*Septunx.*	$\frac{7}{12}$
Sextans.	$\frac{2}{12} = \frac{1}{6}$	*Bex.*	$\frac{8}{12} = \frac{2}{3}$
Quadrans.	$\frac{3}{12} = \frac{1}{4}$	*Dodrans.*	$\frac{9}{12} = \frac{3}{4}$
Triens.	$\frac{4}{12} = \frac{1}{3}$	*Dextans.*	$\frac{10}{12} = \frac{5}{6}$
Quincunx.	$\frac{5}{12}$	*Deunx.*	$\frac{11}{12}$

L'unité totale dont toutes ces fractions étoient des parties, et même toute unité, entière sans rapport à aucune division, étoit nommée *as*, selon Columelle, qui dit,* quand il veut multiplier l'un par l'autre deux nombres qui doivent d'abord s'accroître jusqu'a former une unité : *his utrisque summis semper singulos asses adjicio.*

Pour les fractions au-dessous des douzièmes, on avoit les dénominations *semuncia*, *sicilicus*, *sextula*, *scripulum* ou *scrupulum*, qui étoient les portions suivantes de l'once et de l'*as* :

	De l'Once.	De l'as.
Semuncia.	$\frac{1}{2}$	$= \frac{1}{24}$
*Sicilicus***.	$\frac{1}{4}$	$\frac{1}{48}$
Sextula.	$\frac{1}{6}$	$\frac{1}{72}$
Scripulum.	$\frac{1}{24}$	$\frac{1}{288}$

*** Ces termes étoient d'un usage presqu'absolument reçu partout chez les Romains, pour exprimer une partie d'un tout. Il suffit, pour la plupart des cas, de jetter un coup d'œil sur cette table, pour entendre ces expressions, par

* R. R. v. 3. *as* vient sans doute du grec εις.

** *Sicilicus* ou *siciliquus*, vient de *secare*, anciennement *sicilire*, faucher *scripulum* ou *scriplum*, ou moins exactement *scrupulum* ou *scruplum*, est un abrégé de *scriptulum*, traduit de γραμμα, petit poids d'une pesanteur égale à celle du *scripulum*.

Gramma vocant, scriplum nostri dixere priores.

PRISCIAN (Rhemnius Fannius) *de mensur. et ponder.*

*** On les trouve dans Varron, dans Columelle, et dans le Digeste XXVIII, 5; dans l'excellent opuscule de *Volusius Marcianus*, *de distributione Assis*, inséré par *Grævius* avec d'autres écrits sur le même sujet, dans le volume XI de son Thesaurus. Vitruve, a. a. o., parle de mathématiciens (grecs sans doute) qui regardoient le nombre 6 comme parfait, et qui en ont dû désigner les portions par les mots *sextans*, *triens*, *semissis*, *bes et quintarius*, termes qui jusqu'au dernier, traduit du grec πενταμοιρος, sont empruntés de la division duodécimale romaine exemple, quand on lit : *socius ex triente, heres ex besse.* Mais il y faut quelquefois une petite réduction, comme lorsque Pline * dit que la Lune, le Jour qui suit la conjonction, demeure au-dessus de l'horison *horæ unius dextante sicilico* après le coucher du soleil, il faut ajouter ensemble $\frac{5}{6}$ et $\frac{1}{48}$ d'heure, qui font un peu plus de 51 de nos minutes. (51′ $\frac{1}{4}$).

Mais c'est principalement pour exprimer les six unités suivantes ou *asses*, que nous trouvons qu'on employoit la division duodécimale :

1°. L'unité de la haute monnoie courante étoit principalement nommée *as.* On avoit pour la petite monnoie des *semissis*, *triens*, *quadrans*, *sextans*, l'*uncia* et la *sextula.* Cette dernière étoit selon Varron, la plus petite monnoie romaine (*æris minima pars sextula, quæ sexta pars unciæ*); mais elle n'a probablement existé que dans les plus anciens temps où l'*as* monnoie pesoit une livre. Alors la *sextula* pesoit $\frac{1}{6}$ once, au lieu que par les réductions successives qui avoient abaissé l'*as* à la *semuncia* **, la *sextula* ne dut plus peser que $\frac{1}{144}$ de l'once, poids trop petit pour une monnoie qu'on ne faisoit plus que concevoir. L'once même monnoyée ne paroît pas avoir été d'usage à cette époque. Les autres dénominations des douzièmes de l'unité *as* monétaire, ne désignèrent plus aussi que des monnoies de compte. C'est ainsi que d'un *sextans* et d'un *quadrans* on aura formé le nom de *quincunx*, quoiqu'il n'y eût pas de monnoie courante de cette valeur ; cette sorte de compositions étoit fort pratiquée chez les Romains.

* H. N. XV. III. 32.

** On en voit un passage classique dans Pline H. N. XXX.

Quand Horace dit (Art Poét. v. 325) :

> *Romani pueri longis rationibus assem*
> *Discunt in partes centum diducere.*

il ne parle pas d'une division de l'*as* différente de la division ordinaire, il parle seulement de son emploi dans le calcul des rentes. Les Romains comme les Grecs retiroient par mois le paiement des rentes des capitaux prêtés. Si donc on payoit un *quincunx* par mois pour 100 *as* prêtés à l'année, on payoit ainsi pour l'année entière 12 *quincunces*, qui faisoient 5 *as.* On appeloit cela *quincunces usuræ*, qui répondent à nos cinq pour cent. C'est ainsi, et dans leur proportion propre, qu'il faut entendre les autres constitutions de rentes, telles que les *trientes usuræ*.

2°. Pour les partages d'héritages, les expressions *heres ex asse, ex semesse, ex triente,* sont bien connues. Un seul témoignage prouvera que j'y ai bien appliqué la terminologie de la division duodécimale dans toute son étendue ; *testamento facto,* dit Cicéron dans son discours pour Cæcina), *mulier moritur. Facit heredem ex deunce et semuncia Cæcinam : ex duabus sextulis M. Fulcinium, libertum superioris viri : arbutio sextulam adspergit.* C.-à-d., Cæcina eût pour sa part des 12 parties de l'*as*, c'est-à-dire, de la succession, 11 $\frac{1}{2}$, *Fulcinius* $\frac{2}{3}$ du reste, et *Arbutius* l'autre tiers.

3°. La livre, *libra.* Les noms et les proportions des moindres poids, étoient les mêmes que ceux des parties de l'as en général, avec cette seule exception, que pour la huitième partie de l'*uncia*, ou la moitié du *sicilicus*, on employoit la dénomination *drachma* empruntée des Grecs, et pour la troisième partie de l'*uncia*, ou pour deux *sextulæ* le mot *duella.* *

La livre étoit donc de douze onces, l'once de huit dragmes, la dragme de trois scrupules. C'est encore la division en usage dans la pratique de la médecine, et et elle s'est ainsi perpétuée depuis les Romains jusqu'à nous.

4°. Le *sextarius*, l'une des plus usuelles mesures pour les grains et les liquides, qui équivaut à près d'un cartel de Berlin. On le divisoit en 12 *cyathos*, et cette division duodécimale étoit si usitée chez les Romains, qu'ils disoient *potare unciam*, *sextantem* jusqu'à *deuncem*, pour dire deux jusqu'à onze *cyathos*, comme étant les quantités que le buveur avaloit d'un trait. C'est ainsi que dans ses épigrammes, Martial ** dit d'un homme sobre : *Raram diluti bibis unciam falerni ;* et d'un yvrogne : *Septunce multo perditus stertit ;* et de l'un et l'autre par antithèse :

Poto ego sextantes, tu potas, Cinna, deunces,
Et quereris quod non, Cinna, bibamus idem.

C'étoit un usage, dans les festins où la joie régnoit, de boire *ad nomen*, c'est-à-dire, d'avaler en une fois autant de *cyathos*, qu'il y avoit de lettres dans le nom de l'Ami ou de l'Amie, au nom de qui on buvoit. Le même poète dit ainsi :

Quincunces et sex Cyathos, bessemque bibamus,
Caius ut fiat, Julius et Proculus.

Il y avoit probablement autant de proportions dans les différents vases à boire,

* Priscien dit : *Drachmam si gemines, aderit quem dicier audis*
Siciliquus : drachmæ scriplum si adjecero, fiet
Sextula quæ fertur : nam sex his uncia constat.
Sextula quum dupla est, veteres dixere duellam.

** Epigr. I. III. XII. XI.

qu'il y avoit de degrés de divisions depuis le *sextarius* jusqu'au cyathus. Suétone * dit d'Auguste : *quoties largissime se invitaret, senos sextantes non excessit.* Et Celse ** ordonne à un malade, *vini quadrantem*, parce que vraisemblablement pour le sextier, le quarteron, et peut-être pour les autres parties du *sextarius*, on faisoit usage d'autant de sortes de vases particuliers.

5°. Le *jugerum* étoit l'unité des mesures agraires. J'en parlerai plus bas.

6°. Enfin, le *pied*, unité des mesures de longueur ***. Plusieurs passages prouvent évidemment que les dénominations duodécimales étoient aussi celles de ses parties. Je n'en rapporterai qu'un seul. Pline ****, parlant du luxe excessif qui régnoit à Rome, dit qu'il étoit poussé au point que les tables y étoient faites de bois du *citrus*, qui croissoit sur le mont Atlas. Il nomme plusieurs tables célèbres de son temps, fort chères et fort grandes, et deux particulièrement de forme ronde, dont il détermine ainsi les dimensions : l'une est large *tribus sicilicis infra quatuor pedes*, et épaisse d'autant *infra semipedem.* L'autre est *sextante sicilico* plus large que quatre pieds bout-à-bout n'ont de longueur, et épaisse d'une *sescuncia.* Cela donne, en rendant à notre manière par pouce le douzième du pied, pour le diamètre de la première table, 4 pieds moins $\frac{1}{4}$ de pouce; et pour celui de la seconde, 4 pieds 2 $\frac{1}{2}$ pouces; pour l'épaisseur de la première 5 $\frac{1}{4}$ pouces; et pour celle de la seconde 1 $\frac{1}{2}$ pouce. Nous trouvons fréquemment, dans Pline et dans Vitruve, des dimensions exprimées par les adjectifs *semuncialis*, *uncialis*, *sescuncialis*, *sextantalis*, *quadrantalis*, *trientalis*, *quincuncialis*, *bessalis* et *dodrantalis;* et nous pouvons les rendre par les termes de *demi-pouce*, *un pouce*, etc. *Septuncialis*, *dextantalis*, et *deuncialis* ne se voient

* Octav. ** III.

*** Quand Frontin dans son ouvrage *de aquæductibus*, applique aussi la dénomination duodécimale à l'unité *digitus*, pour déterminer les dimensions des conduits de plomb, c'est pour la facilité du calcul. Cette manière de diviser le doigt si minutieuse dans ses subdivisions ne pouvoit guères servir dans la vie commune.

**** H. N. XIII. La division de *l'uncia* en quatre *sicilicos* fournissoit un moyen de réduire commodément la division sédécimale en fractions duodécimales. Car on avoit :

1 doigt	=				3	Siciliques.
2 . .	=	1 once	. . .	+	2	
3 . .	=	2	. . .	+	1	
4 . .	=	3	. . .			

Et inversement

1 Once . . .	=	1 $\frac{1}{3}$	Doigt.
2	=	2 $\frac{2}{3}$	
3	=	4	

nulle part; ils n'étoient pourtant pas moins usités que les autres. Mais au lieu de *quadrans* et de *quadrantalis*, on disoit plus communément *palmus* et *palmaris*.

Ces deux manières de diviser le pied en seize et en douze portions, subsistèrent dans les même temps, mais la première étoit plus usitée que l'autre chez les artisans et les arpenteurs. Columelle, dans un passage excellent sur les mesures, parlant des mesures géodésiques, dit : *Modus omnis areæ pedali mensura comprehenditur, quæ digitorum est XVI*, sans faire mention de l'*uncia**. Isidore, dans ses Origines, s'exprime dans le même sens : *Digitus est minima pars agrestium mensurarum*. L'arpenteur Frontin (c'est la qualité que je donne à l'auteur des deux estimables fragmens qui se trouvent sous le nom de *Julius Frontinus* dans la Collection des *Scriptores rei agrariæ***) met à la vérité ensemble le *digitus* et l'*uncia*. Mais quand il dit : *Si quid infra digitum metiamur, partibus respondemus, ut dimidia et tertia*, on voit par là même que le *digitus* a dû être plus en usage parmi les géomètres-pratiques, que ne l'étoit l'*uncia*, sinon ils se seroient plutôt servi pour les petites parties du pied, des mots *semuncia*, *sicilicus* et *sextula*. Ils semblent avoir réservé les dénominations duodécimales pour le *jugerum* seulement ***. Chez les autres écrivains qui emploient souvent des termes de mesures, tels que Pline et Vitruve ****, se lisent les deux sortes de divisions aussi fréquemment l'une que l'autre. On trouve sur les anciennes perches ou toises, dont il nous est parvenu un bon nombre, la division sédécimale, seule ou accompagnée de la division duodécimale, mais celle-ci ne s'y voit jamais seule. Cette dernière cependant a survécu à la première, et s'est perpétuée jusqu'à nous.

* R. R. V. 1. Passage classique concernant les mesures.

** Ils sont intitulés en commun *de agrorum qualitate*. L'un commence par le titre particulier *expositio formarum*, édit. Goës. il contient un endroit important sur la mesure, et j'y ai eu souvent recours. Celui qui le suit immédiatement, est le traité *de limitibus*. Il y a aussi un *libellus de coloniis*, sous le nom également supposé *de Julius Frontinus ;* mais à en juger par plusieurs marques certaines, ce ne peut être le *Sextus Julius Frontinus* auteur des ouvrages *de aquæductibus urbis Romæ et de Strategematis*. Car celui-ci vivoit auparavant.

*** S. J. *Frontinus* ne donne les dimensions des tuyaux ou conduits d'eau, qu'en doigts seulement. Il dit, p. 24 de son ouvr. *de aq. duct. aquarum moduli aut ad digitorum aut ad unciarum mensuram instituti sunt. Digiti in Campania et in plerisque Italiæ locis... Unciæ observantur.*

**** M. Rode, dernier traducteur de cet auteur, rend le mot *digitus* par le mot allemand *zoll*, *pouce*. Cependant le *dextans* ne doit pas être rendu par *dix pouces*, ni *bessalis* par *huit;* notre pouce ne doit être toujours qu'une division duodécimale. On pourroit dire *pouce* pour *uncia*, et *doigt* pour *digitus*. Le *pollex* ne servoit pas encore chez les anciens, comme mesure déterminée de longueur. Pline (XIII) emploie à la vérité le mot *pollicaris* en parlant de *latitudo*. Mais il ne veut exprimer qu'une largeur d'environ un pouce. Ce fut seulement lorsque les dénominations commencèrent à tomber en désuétude, que *pollex* fut pris pour *uncia*, mais dans les poids uniquement.

Le *palmus* répondoit, comme on l'a déjà remarqué, au *quadrans* ou quatrième partie du pied romain. Les lexicographes et les métrologes distinguent entre *palmus minor* et *major*, mais sans raison suffisante. Les Grecs avoient pour *palmus* le mot παλαιστη, et ils nommoient σπιθαμη le triple de cette longueur, qui étoit ainsi la moitié du πηχυς ; les Romains, dans les premiers temps, n'eurent pas pour le désigner d'autre mot que *dodrans*, pris de la dénomination duodécimale ; Pline * du moins, n'en emploie pas d'autre, quand il dit : *Trispithami pygmæique ternas spithamas longitudine, hoc est, ternos dodrantes, non excedentes.* On ne commença que fort tard à dire *palmus* ou *palma* pour *dodrans*. La première trace de cette manière de parler se trouve dans le passage suivant du Père de l'Église, saint Jérôme** sur Ezéchiel : *Palmus, qui rectiùs græcè dicitur* παλαιστη, *est sexta pars cubiti. Alioqùin palmus* σπιθαμην *sonat quam nonnulli pro distinctione palmam, porro* παλαιστην *palmum appellare consueverunt.* C'est ce qui a fait distinguer, par les modernes, le *palmus major* du *palmus minor*, en rendant celui-là par *quadrans*, et celui-ci par *dodrans*. Mais dans les temps de la bonne latinité, il étoit très-rare que l'on ne prît pas le *palmus* pour la quatrième partie du pied. On croit, à la vérité, que Varron, dans le passage suivant de son ouvrage sur l'agriculture, a parlé du *palmus major*, quand il y a dit (L. III.) : *Columbaria singula* (les loges rondes de chaque couple dans un colombier) *esse oportet intùs ternorum palmorum ex omnibus partibus.* Mais il n'est pas nécessaire, ni même convenable, de prendre ici le mot *palmus* dans un autre sens que celui dans lequel on l'entend ordinairement. C'est ce qu'a dit *Grosse*, dernier traducteur allemand, mais il fait en même temps une remarque tout-à-fait insoutenable, quand il dit : *Ternarum palmarum* doit vraisemblablement signifier trois travers de main ; car le *palmus* est à-peu-près de la longueur d'un empan, ce qui rendroit les proportions trop grandes. Le *palmus* ne fut pris fixément pour le σπιθαμη que dans les derniers temps de la langue latine, et de là est venu le *palmo* des Romains de nos jours.

Voilà ce qui concerne le pied et ses parties. Je passe maintenant aux plus grandes mesures de longueur. Nous trouvons d'abord le *palmipes*, mesure qui, suivant son nom composé contenoit cinq quarts du pied. Elle se rencontre une couple de fois dans Pline et Vitruve. Le premier, dit (H. N. XVII)* : *Populus alba*

* H. N. VII. Et Aulugelle parlant de ce peuple fabuleux (N. A. IX) explique très-bien la dimension que donne Pline, par *duo pedes et quadrantem*, les expressions de l'arpenteur Frontin : *sextans quæ eadem dodrans appellatur, habet uncias* IX, *dig.* XII, sont évidemment corrompues. Telle n'a jamais pu être la manière de parler, chez les Romains. Il a probablement écrit *spithama* pour *sextans*.

** C. 40 Opp. T. III, p. 900. édit. Paris. 1704.

seritur bipedaneo pastinatu, talea sesquipedali, palmipede intervallo, terra superinjecta duorum cubitorum crassitudine. « Pour planter le peuplier blanc, il faut creuser la terre de deux pieds, prendre un rejetton d'un pied et demi, garder un intervalle de cinq quarts de pied, en jetant trois pieds de terre par-dessus. »

On avoit aussi pour un pied et demi, outre *sesquipes* les termes propres *cubitus* ou *cubitum* et *ulna*, qui, avec la même signification que πηχος, viennent du grec. Car, selon *Pollux*, dans son *Onomasticon*, Κυϐιτον, dans le dialecte des Doriens de Sicile, étoit ce qu'on appelle ὠλεκρανον, l'os pointu du coude, et ὠλενη, synonyme de πηχυς, coude. Les deux mots Κυϐιτον et ωλενη passèrent, comme noms de mesures de longueur, des Grecs aux Romains, chez qui néanmoins ils étoient moins employés que le mot πηχυς chez les grecs. On trouve souvent à la vérité *cubitus* dans Pline et Vitruve, mais presque toujours seulement quand ils copient des écrivains grecs. Ainsi, Pline, dans le 27ᵉ livre de son Histoire Naturelle, tout entier consacré à la description des plantes, rend ordinairement par les mots *cubitus* et *cubitalis*, ce que Théophraste et Dioscoride expriment par πηχυς et πηχυαιος. Le géomètre semble n'avoir jamais employé le *cubitus*. Du moins, Columelle ne comprend pas cette mesure parmi celles de la géodésie. La signification de l'*ulna* a été longtemps très-peu fixe. On lit dans Servius : (*Virgil. ecl.* III.) *Ulna propriè est spatium in quantum utraque extenditur manus. Dicta ulna* απο τῶν ὠλενων, *I. E. a brachiis, licet Suetonius cubitum velit esse tantummodo.* Et dans un autre endroit : (Georg. III.) *Ulna ut diximus, secundum alios utriusque manus extensio est, secundum alios cubitus : quod magis verum est, quia græce* ωλενη *dicitur cubitus.* Ce mot signifia donc, dans les derniers temps, tantôt le πηχυς, et tantôt l'οργυια des Grecs. On le rencontre une fois avec cette signification dans Pline, qui d'ailleurs n'emploie pas davantage cette mesure. *Arboris ejus crassitudo*, dit-il d'un grand mât de vaisseau, *quatuor hominum ulnas complectentium implebat*, d'où il est évident que l'*ulna* étoit d'un peu moins d'une toise.

* Proprement *pes et semis*, par exemple dans *Palladius* : *ager in pedem semis effodiatur* : ce qui auroit pu se dire également par *in sesquipedem*, ou par *in cubitum*. On trouve de même *duo semis pedes* pour deux pieds et demi. Il ne faut pas prendre *pes semis* pour *semipes*.

** Les libertés que Pline prend de s'écarter du vrai sens des auteurs dans sa manière de rendre les dimensions qu'il en emprunte, sont frappantes. C'est ainsi, que dans le 27ᵉ livre, il rend tantôt par *palmus* (c. IV, XII), tantôt par *semipes* (VIII, IX, XI), tantôt par *cubitus* (X), ce que son contemporain Dioscoride (mat. med. III et IV) appele σπιθαμη, quoique d'ailleurs il le copie mot à mot, ou plutôt, qu'il puise dans la même source, car il ne le nomme pas parmi les garants qu'il a suivis dans ce livre. Ces irrégularités ne peuvent s'expliquer que par la rapidité que lui ou son copiste a mise à extraire. Ils ont donné lieu à mille chimères, sur les anciennes mesures.

Nous trouvons, pour la première fois, dans Solin, son abbréviateur, le mot *ulna* employé pour signifier une mesure déterminée de longueur, dans le même sens que *cubitus* : car il exprime généralement par le mot *ulna*, ce que Pline appelle *cubitus*. Par exemple XII. 9, quand celui-ci dit du géroflier (*cinnamomum*): *ipse frutex duum cubitorum altitudine amplissimus*, Solin écrit ** : *numquam ultra duas ulnas altitudinis* *. Le mot *ulna*, qui a dû commencer alors à être plus en usage, a fini par remplacer totalement le *cubitus*. Aujourd'hui encore il est usité dans notre mot *aune* (aulne), que nous pouvons prendre pour *cubitus* (coudée), pourvu que nous n'oublions pas que, chez nous, l'aune n'a pas, avec le pied, la même proportion qu'avoit le *cubitus* chez les Romains.

Columelle exprime souvent *deux* pieds par le mot *dupondius*; par exemple, dans l'endroit où il parle de la gelée à laquelle les racines de la vigne sont exposées : *sed non est*, dit-il, *dupondii et dodrantis altitudo*, (c'est-à-dire une profondeur de $2\frac{3}{4}$ pieds) *quæ istud efficere possit*. Cette expression date du temps ancien où la monnoie de bronze, nommée *as*, pesoit une livre. On disoit alors proprement *dupondius*, *scilicet numus*, du double *as*; et ce nom se conserva depuis même que le poids fut diminué d'une petite partie de la livre. Mais le mot *as* fut toujours employé pour signifier toute unité quelconque, surtout celle que l'on feignoit ou s'imaginoit divisée en douze parties; et dès-lors le mot *dupondius* fut aussi pris pour signifier deux pieds.

On trouve dans la loi des douze tables *sestertius pes*, pour deux pieds et demi. *Ambitus parietis*, qui se dit d'une allée entre deux maisons voisines, *sestertius pes esto***. On sait que le *sestertius*, formé par analogie du grec ἥμισυ τριτον, étoit le nom d'une petite monnoie romaine d'argent, équivalant à la quatrième partie du *denarius*. Originairement le *denarius* valoit dix as, ainsi le sesterce en valoit deux et demi; et c'est de là que lui vint son nom. Ce nom lui resta, quoiqu'il ne fût plus en même proportion avec l'*as*, et il devint tellement fixé à cette monnoie, que les expressions comme *sestertius pes* tombèrent totalement en désuétude. On prit au contraire, plus tard, le mot *gradus*, pour signifier la mesure de deux pieds et demi. *Gradus habet* II. S. (*pedes duo et semissem*), disent l'arpenteur Frontin et Boëce (*expos. form. et geometria*), au commencement où il est parlé *de mensuris*, les seuls que je sache qui fassent mention de cette mesure. Peut-être, comme notre pas militaire, ne fut-il employé que dans les cas où il s'agissoit de déterminer à-

* Peut-être, d'après cela, Saumaise a-t-il raison, quand il lit dans ces mots de la description que Solin fait du Crocodile : *plerumque ad viginti ulnas magnitudinis evalescit* : *duodeviginti*, parce que Pline dit : *magnitudine excedit plerumque duodeviginti cubita*. Mais l'abbréviateur peut bien aussi s'être trompé en copiant.

** Funccii Leg. XII Tabul.

peu-près une longueur sans l'application d'une mesure graduée : car le pas ordinaire d'un adulte est à peu près de la longueur que l'on donnoit au *gradus*.

Mais on rencontre d'autant plus souvent le *passus*, que, selon Columelle et d'autres auteurs qui ont défini les mesures romaines, il signifie 5 pieds, et ainsi le double *gradus*. Il tint chez les Romains la place de l'*οργυια* et de notre perche de 5 pieds, pour laquelle ils le prirent au lieu du mot *ulna* variable. C'est ce que montre son nom même, *ab eo quod est pando*, dit Aulugelle, *passum veteres dixerunt. Passis manibus et velis passis dicimus, quod significat diductis et distentis. Passus* étoit donc originairement employé pour les mains ainsi que pour les pieds, et signifioit le plus grand et le plus fort écartement de ceux-ci. Ainsi se forma le nom *passus* pour une mesure de cinq pieds. Avec le temps, le sens de ce mot se modifia jusqu'à signifier dans la vie commune le pas ordinaire avec lequel il ne faut pas confondre la mesure qui porte le même nom.

Le *decempeda**, ainsi que ce nom le montre, étoit une longueur de dix pieds, le double pas et proprement la perche qui servoit aux arpenteurs romains à mesurer, pour laquelle on se servit du mot *pertica*, comme le dit l'arpenteur *Frontinus* : *Decempeda, quæ eadem pertica dicitur, habet pedes* X. Ces deux dénominations sont pourtant différentes, en ce que le mot *pertica* n'exprime que l'instrument qui sert à mesurer, et que le *decempeda*** est aussi la grandeur conforme à la longueur légale de l'instrument. Nous le voyons par un passage de *Palladius*, où 32 400 pieds carrés sont exprimés par *trecentas viginti quatuor decempedas quadratas*, comme nous mettons 324 toises carrées pour 32400 pieds décimaux carrés. Au reste, comme on le verra plus bas, le *decempeda* étoit une partie aliquote des dimensions de toutes les mesures agraires; et son carré, le *scripulum* ou la plus petite partie du *jugerum*.

On nommoit *actus* une longueur de douze *decempedæ* ou 120 pieds. Ce mot étoit aussi le nom d'une mesure de surface, très-usitée. Comme mesure de longueur, cette expression ne se présente guères que deux ou trois fois, d'abord dans Vitruve qui dit en parlant des aqueducs : *puteique ita sint facti uti inter duos sit actus.* Pline de son côté, dit : *in binos actus lumina esse debebunt.* Ensuite, l'arpenteur Frontin définit ainsi *l'actus* entr'autres mesures de longueur : *actus habet in longitudinem pedes CXX.* Enfin, nous pouvons citer aussi le grammai-

* De là vient le mot *decempedator* pour signifier un arpenteur. On disoit aussi *finitor*, *mensor*, *agrimensor*, *metator*, *limitator*. *Goes.-ant. aqu.*

** Les champs se mesurent avec la perche, on appelloit aussi *pertua*, tout territoire assigné à une colonie, comme on le voit par Frontin *de limit. const.*

rien Hygin qui, en parlant de certains piliers à établir *inter centenos vicenos pedes*, les nomme *actuarios palos.* *

Il me reste à parler maintenant des mesures itinéraires pour compléter les mesures romaines de longueur.

La mesure itinéraire légale étoit de *mille passus*, comme son nom l'indique, ou 5000 pieds. Au pluriel on disoit *millia passuum* ou plus brièvement *millia* (milles), et ce mot est entré, avec quelques modifications, dans les langues de la plupart des nations modernes de l'Europe, et même dans quelques-unes des langues Orientales.

On sait que dans les temps de la domination romaine sur le monde connu alors, les routes militaires traversoient toutes les parties de l'Italie, et hors de l'Italie, toutes les provinces du nord-est, du nord et de l'ouest de l'empire : on y avoit planté de mille en mille pas des pierres ** milliaires, nommées *milliaria* ou simplement *lapides*. Le premier de ces mots se trouve souvent placé de manière qu'on peut le rendre par le mot mille. Mais on ne le rencontre comme synonyme de *mille passus*, que dans les écrivains des derniers temps, comme dans Isidore. *Mensuras Viarum*, dit-il, *nos milliaria dicimus*, *Græci stadia*, (*Galli leucas*, *Ægyptii schœnos* ***, *Persæ parasangas*. *Milliarium mille passibus terminatur.* Orig. XV.

On a trouvé en plusieurs lieux de l'Italie et ailleurs, de ces pierres milliaires, les unes enterrées, les autres encore debout. Gruter **** a publié la forme et les inscriptions de plusieurs d'entr'elles, et entr'autres de celle de la voie Appienne, trouvée près de la porte Capéne, et qui porte le chiffre I. Il résulte de cette marque, ainsi que de la manière dont les anciens marquoient les distances des lieux comptées depuis Rome, par *lapides* ou *milliaria*, que la pierre milliaire I

* ed. Goës *de limit.* Nous avons encore outre cet écrit, un fragment *de conditionibus agrorum* sous le même nom *Hyginus*, qui est sans doute celui d'un autre auteur que *C. Jul. Hyginus*, affranchi d'Auguste et président de la bibliothèque du mont Palatin, et duquel Suétone fait mention dans son opuscule *de illustr. grammat.* Ses huit ouvrages, nommés par les anciens, sont tous perdus. Le grammairien Hygin ne peut pas avoir vécu avant le deuxième siècle de notre Ère.

** Il paroît, par Plutarque, que *Caïus Gracchus* a eu le premier la pensée de les faire poser. v. Plut. v. Gr.

*** Et non *signas*, mot corrompu ici.

**** *Inscript.*

étoit juste à la porte de Rome. L'empereur Auguste fit ériger à Rome, en qualité de magistrat chargé du soin des routes militaires, l'*aureum milliarium*, comme *terminus à quo*, de toutes les routes de l'empire. Il étoit dans le Forum, près du Temple de Saturne, et il portoit, selon toute apparence, des tables de bronze doré, pour toutes les directions, avec les noms des routes et les distances en pas comptées de la porte par laquelle elles passoient. Par ce moyen on n'avoit pas besoin d'une autre explication, ni d'une autre manière de compter ou de numéroter les pierres milliaires : car la pierre marquée du nombre 1, de laquelle partoient toutes les routes, désignoit aussi la fin du premier mille, qui, à la vérité, n'avoit pas été mesuré avec toute la précision possible *.

De même que les Romains déterminoient les distances des lieux terrestres par *millia passuum*, ils employoient aussi pour désigner les distances en mer la mesure grecque itinéraire nommée *stadium ;* car Cicéron, par exemple, écrivant à Atticus : *Quum à Leucopetra profectus stadia circiter trecenta processissem, rejectus sum austro vehementi ad eamdem Leucopetram*, n'a pas pris le mot *stadium* par hasard ou par caprice, comme on pourroit le croire; c'étoit pour se conformer à l'usage ordinaire, qu'il employoit ce mot. Nous le voyons par *Sidonius Appollinaris*, qui dit (ep. II.) d'un lac : *ipse secundum mensuras, quas ferunt nauticas, in decem et septem stadia procedit.* Et des deux itinéraires qui portent le nom d'Antonin, l'un avec le titre *itinerarium provinciarum omnium*, rend partout *mille passus* par le mot *stades*, de même que l'autre intitulé : *itinerarium maritimum.*

Le mot *stade*, doit aussi avoir été employé dans la mesure des terrains, au moins en quelques contrées de l'Italie; car on le rencontre parmi les mesures géodésiques de Columelle et de l'arpenteur Frontinus ; et l'expression *Stadialis ager* d'Isidore semble l'indiquer (Origg. 15).

Le rapport de cette mesure itinéraire, à celle de *mille passus* nous est très-exactement connu par ce passage de Pline (11): *Stadium centum viginti quinque nostros efficit passus, hoc est pedes sexcentos viginti quinque.* Et Columelle dit : *Stadium habet passus* CXXV, *id est pedes* DCXXV, *quæ* (*mensura*) *octies multipli-*

* Pline n'avoit qu'à ajouter les nombres particuliers, quand il a pris la somme des distances de toutes les portes de la ville, comptées *à milliario in capite romani fori statuto*, suivant ses expressions, cette somme étant de 30765 pas, ou près de 30 ¾ milles romains. (L. III). Ici au reste je parle d'après Lanauze. Voy. Ses remarques sur quelques points de l'anc. géogr. Mém. de l'Ac. d. Inscr. 28ᵉ v.

* Freret 14ᵉ v. M. de l'Acad. d. Inscript.

cata efficit mille passus, sic veniunt quinque millia pedum. Cela s'accorde avec plusieurs réductions du stade en mille pas, et réciproquement, contenues dans les ouvrages des anciens. C'est ainsi que Pline compare les 250000 stades, qu'Eratosthène donnoit à la circonférnce de la terre, à 31500 milles romains. (H. N. XV.).

Outre le stade, nous trouvons dans quelques provinces du vaste empire romain, la parasange, usitée comme mesure itinéraire, ainsi que le *Schœnus* et la *leuga* ou *leuca*. C'est ici le lieu de ne parler que de cette dernière.

Ammien Marcellin dit de la contrée où la Saône tombe dans le Rhône: *Exindè non millenis passibus sed leugis, itinera metiuntur*(Hist. XV.). C'est ce que confirme la Table de Peutinger, sur laquelle, près de *Lugdunum*, qui, comme chacun sait, étoit situé en ce lieu, se lisent les mots : *Usque hic legas.* On trouve dans l'*Itinerarium hierosolymitanum*, publié par Wesseling, dans les *Vetera Romanorum itineraria*, et qui donne la route d'un pélérinage de Bordeaux à Jérusalem; les intervalles des lieux déterminés depuis Bordeaux jusqu'à Toulouse, en *leugas*, et les autres, plus éloignés, en *millia passuum.* Nous voyons par là que la *Leuga* étoit particulière à la Gaule, mais seulement dans la partie au nord de *Lugdunum* et à l'ouest des Cévennes, dans la *Gallia Comata*, conquise par Jules-César.

On trouve encore assez de pierres milliaires avec l'inscription *Leugæ*, dans la partie de la France, qui appartenoit autrefois à la *Gallia Comata*, selon Freret, dans ses Remarques sur les colonnes itinéraires de la France, où les distances sont marquées par le mot *Leugæ* (1). Isidore dit *leuca finitur passibus quingentis.* Mais il n'y aucun doute que cette mesure itinéraire n'ait été de 1500 pas ou un mille et demi romain; car d'abord Ammien Marcellin, qui a demeuré longtemps comme militaire en Gaule, assimile 11000 pas à 14 *leugis.* De plus on voit dans l'itinéraire d'Antonin, sur la route de *Mediolanum* à *Gessoriacum*, aujourd'hui Boulogne-sur-mer, une couple d'intervalles marqués en milles romains, et en *leugæ* dans la même proportion. (Wesseling, Sammlung).

Enfin dans Jornandés, aussi croyable au moins, en cette matière, qu'Isidore, nous lisons** : *Leuga gallica mille et quingentorum passuum quantitate metitur.* Le mot *leuga* s'est au reste conservé dans le mot français *lieue*, si ce n'est que les

** De Rebget.

* *Quarta leuca et decima, id est unum et viginti millia passuum. Amm. Marc. XVI.*
$21^{m} = 14^{l}$, $3^{m} = 2^{l}$, $1\frac{1}{2}^{m} = 1^{l}$.

H.

Francs, lors de leur invasion en Gaule, ont introduit dans ce mot l'idée de leur mille. Car il existoit anciennement dans la Germanie, une mesure itinéraire nommée Rast, dont la plus ancienne mention est dans le commentaire de S. Jérome sur Joël : *nec mirum si unaquæque gens certa viarum spatia suis appellet nominibus, cum et Latini mille passus vocent, Galli leucas, Persæ parasangas, et rastas universa Germania.* Cette Rast, d'après divers témoignages rassemblés par Ducange, contenoit trois milles romains ou deux *leugas* valeur de la lieue française actuelle.

Voici quel est l'ensemble des mesures romaines de longueur, extrait des auteurs latins. On peut les diviser suivant leur usage le plus commun, en architectoniques, géodésiques, et itinéraires. Je vais donner sous ces trois titres, trois tables qui en feront plus commodément saisir les rapports. Les nombres des colonnes verticales expriment des mesures de même espèce sous leur différente dénomination générique.

MESURES ROMAINES DE LONGUEUR.

Mesures Architectoniques.

Cubitus. =	1 Coudée.						
Palmipes.	1 1/5.	1.					
Pes, pied.	1 1/2.	1 1/4.	1.				
Dodrans.	2.	1 2/3.	1 1/3.	1.			
Semipes.	3.	2 1/2.	2.	1 1/2.	1.		
Palmus.	6.	5.	4.	3.	2.	1.	
Uncia.	18.	15.	12.	9.	6.	3.	1.
Digitus.	24.	20.	16.	12.	8.	4.	1 1/3.

Mesures Géodésiques.

Actus.	1.			
Decempeda.	12.	1.		
Passus.	24.	2.	1.	
Gradus.	48.	4.	2.	1.
Pes.	120.	10.	5.	2 1/2.

Mesures Itinéraires.

Leuca.	1.			
Mille passus.	1 1/2.	1.		
Stadium.	12.	8.	1.	
Passus.	1500.	1000.	125.	1.
Pes.	7500.	5000.	625.	5.

Passons maintenant aux mesures agraires ou de superficie. La verge, dont les Romains se servoient pour mesurer les terrains, avoit, comme il a été déjà remarqué, une longueur de dix pieds. Ils calculoient donc naturellement, comme nous le faisons, les surfaces carrées des champs, par *decempedæ* carrées ou par pieds carrés. Columelle nous porte à le croire, dans le cinquième livre de son livre sur l'agriculture : *Omnis ager aut quadratus, aut longus, aut cuneatus, aut triquetrus, aut rotundus, aut etiam semicirculi vel arcus, non nunquam etiam plurium angulorum formam exhibet.* Il parcourt ces figures chacune à part, et il fait voir, sans s'engager dans le long détail d'une démonstration géométrique, mais par un exemple pour chacune, comment le calcul doit être établi. C'est ainsi que, pour un *ager cuneatus*, il fait de 100 pieds la longueur prise dans l'intervalle des côtés, la largeur inférieure de 20, et la supérieure de 10. La demi-somme des deux largeurs, dit-il, est de 15 pieds, et celle-ci, multipliée par la longueur, donne pour l'aire du champ, 1500 pieds * carrés ou *semunciam et scripula tria.*

L'unité sur laquelle sont fondées ces fractions est le *jugerum* le plus commun et le plus usité, égal à-peu-près à notre arpent de 180 verges carrées du Rhin, mesure agraire des Romains, dont le nom s'est conservé dans le haut allemand *Juchart*. C'étoit un rectangle de 240 pieds de longueur et de 120 de largeur, et par conséquent de 28800 pieds carrés de surface, comme le dit très-expressément Columelle dans le passage suivant : *Jugerum... longitudine pedum* CXXI, *latitudine pedum* CCX, *quæ utræque summæ inter se multiplicatæ quadratorum faciunt pedum* XXVII *millia et octingentos.* Ce qui est d'accord avec ce qu'en disent Varron, Quintilien, Isidore et Boëce. Ici, le *jugerum* est déterminé par l'*actus quadratus* de moitié aussi grand.

Palladius ne mérite pas d'être cru, quand, malgré tant de témoignages qui lui sont contraires, il donne à une *tabula quadrata jugeralis*, c'est-à-dire à une aire de champ, de forme carrée, et d'un arpent d'étendue, 180 pieds de côté, et 324 *decempedas quadratas*, ou 32400 pieds carrés de superficie. Faute de connoissances géométriques, il a cru, selon toute apparence, qu'un rectangle de 120 et de 240 pieds de côtés est aussi grand qu'un carré de 180 pieds de côté, moyen proportionel arithmétique entre les deux autres nombres.

* Pour *pes quadratus*, comme dit toujours Columelle, on trouve dans l'arpenteur *Frontinus*, *pes constratus*, et dans Boëce *pes contractus.* Il est dit dans le premier : *in pede porrecta semi-pedes* II, *palmi* IV, *unciæ* XII, *digiti* XVI ; *in constrato semi-pedes* IV, *palmi* VIII. (I. XVI), *unciæ* CXLIV, *digiti* CCLVI ; *in pede quadrato semi-pedes* VIII, *palmi* LXIV, *unciæ* ∞DCCXXVIII, *digiti* IV ∞ XCVI. On voit par ces nombres qu'ici le *pes porrectus* signifie le pied de longueur, le *pes constratus* pour lequel on trouve plus loin *pes prostratus*, signifie le pied carré, et le *pes quadratus*, dit aussi *pes solidus*, est le pied cubique. *Porrectus* a la même signification que *rectus.* Vitruve (X. 8) nomme le mouvement en ligne droite *motus porrectus. Pes quadratus*, pour pied cubique, se trouve dans Boëce et Festus, voy. *quadrantal.*

Varron dit expressément que la 288e partie du *jugerum*, comme de tout autre *as*, se nommoit *scripulum : jugerum habet scripula* CCLXXXVIII, *quantum as antiquus noster ante bellum punicum pendebat*. Comme alors le *jugerum* contenoit 28800 pieds carrés, son *scripulum* en contenoit 100, aire du *decempeda quadrata*. Cette surface étoit regardée comme la plus petite partie du *jugerum*; *jugeri pars minima*, est-il dit dans le même endroit, *dicitur scripulum, id est decem pedes in longitudinem et latitudinem quadratum*. Ainsi il paroît que la longueur légale de la verge qui servoit à mesurer, étoit le *scripulum jugeri*; et déterminoit le rapport du *scripulum* à l'*as*. On distribue naturellement les 28800 pieds carrés qui ne peuvent pas faire un carré de côté rationel, sur un rectangle dont les côtés étoient dans le rapport de 1 à 2, et commensurables aussi avec le *decempeda*.

Il étoit alors d'usage d'employer aussi pour la mesure des champs les dénominations de la division duodécimale, c'est-à-dire d'évaluer leur aire en *jugera* et parties duodécimales.

Columelle, à cet effet, commence par nous donner l'instruction suivante sur la teneur de toutes les parties du *jugerum*, pour lesquelles il avoit un mot dans sa langue. La table qui suit expose ce qu'il en dit, comme la voici, pour plus de facilité voyez *Gesner script. rei rusticæ*.

Parties du Jugerum.		Scripula.	Pieds carrés.
$\frac{1}{576}$		$\frac{1}{2}$.	50.
$\frac{1}{288}$	*Scripulum.*	1.	100.
$\frac{1}{144}$		2.	200.
$\frac{1}{72}$	*Sextula.*	4.	400.
$\frac{1}{48}$	*Sicilicus.*	6.	600.
$\frac{1}{24}$	*Semuncia.*	12.	1200.
$\frac{1}{12}$	*Uncia.*	24.	2400.
$\frac{1}{6}$	*Sextans.*	48.	4800.
$\frac{1}{4}$	*Quadrans.*	72.	7200.
$\frac{1}{3}$	*Triens.*	96.	9600.
$\frac{5}{12}$	*Quincunx.*	120.	12000.
$\frac{1}{2}$	*Semis.*	144.	14400.
$\frac{7}{12}$	*Septunx.*	168.	16800.
$\frac{2}{3}$	*Bes.*	192.	19200.
$\frac{3}{4}$	*Dodrans.*	216.	21600.
$\frac{5}{6}$	*Dextans.*	240.	24000.
$\frac{11}{12}$	*Deunx.*	264.	26400.
1	*As.*	288.	28800.

Cette détermination de l'aire des champs en fractions duodécimales du *jugerum* et en pieds carrés, n'avoit cependant lieu que dans le calcul de leur superficie. Dans la vie commune, leur grandeur étoit exprimée par *climata*, *actus*, *jugera*, *herediæ*, *centuriæ*, *saltus*, de même que chez nous, en pareil cas, on ne s'exprime pas en pieds carrés et verges carrées, mais en *journaux* de terre. J'ai nommé ici les mesures agraires usitées chez les Romains. Elles ont cela de particulier, que non-seulement elles sont, dans leur ensemble, d'une grandeur déterminée, mais encore, ce qui n'est pas propre aux nôtres, elles sont d'une forme bien déterminée. Pour en faire mieux comprendre le fondement, j'ajouterai ici quelques mots sur l'historique du partage des terres chez les Romains : * *Causam dividendorum agrorum bella fecerunt*, dit Siculus-Flaccus, l'un des *scriptores rei agrariæ : captus enim ager ex hoste militi veteranoque est assignatus.*

Romulus, selon une vieille tradition, a posé le fondement du partage des terres conquises, aux guerriers dont chaque centaine avoit une centurie ou 100 *heredia*, et chacun deux *jugera*. Quand Rome augmenta son territoire, elle jugea nécessaire d'envoyer des colonies militaires dans les provinces conquises, et de leur donner les terres des vaincus ; et souvent aussi de vendre ces terres au profit du fisc. *Quæstorii dicuntur agri quos ex hoste captos populus romanus per quæstores vendidit. Sic. Flaccus. Centuriatus ager.*

Un *actus* contenoit, comme mesure de longueur, ainsi qu'on l'a déjà remarqué, 120 pieds, et par conséquent 10 *actus* faisoient 1200 pieds, dont le carré est égal à 50 *jugera*. Dans cette multiplication et cette division se trouvoit, depuis les premiers temps, comprise la *tristis pertica* de Properce, qui la nomme ainsi dans son élégie sur une personne privée de son bien : (*Eleg.* IV. 1, 129.)

Nam tua cum multi versarent rura juvenci ;
Abstulit excultas pertica tristis opes.

Il est très-vraisemblable qu'un pied légal, une perche légale, un *jugerum* légal, ainsi qu'une méthode légale pour procéder légalement dans la mesure des champs, sont des premiers temps du peuple romain. On devinera sans peine que ces institutions n'ont pas dû être d'abord bien parfaites, puisque la géométrie ne parvint jamais, dans la suite, à un développement utile aux sciences chez les Romains. On se contentoit de tracer des angles droits sur le terrein à partager, avec un instrument simple nommé *groma*, et de mesurer les lignes droites avec la perche, *pertica*. Les lignes droites qui, en se coupant à angles droits, limitoient les pièces de terrain, étoient orientées selon les formes de l'art des

* Voyez l'histoire Romaine de Niebuhr, que je n'ai pu que lire, après avoir fini mon travail sur cette matière.

aruspices, relativement aux quatre parties du monde, et se nommoient *cardines* ou *decumani*, selon qu'elles couroient du nord au sud, ou de l'est à l'ouest. On assignoit ainsi à chacun son lot en rectangles, que l'on enfermoit entre des bornes : de là vient la même figure géométrique à toutes les mesures agraires chez les Romains. Ce qui restoit de terrein irrégulièrement figuré aux bords, et surtout du surplus des terres allouées, étoit compris sous le mot *subcesiva*.

Parlons maintenant de chacune de ces mesures agraires en particulier.

Par le mot *clima* on entendoit, selon Columelle et Isidore, qui seuls l'emploient, un carré qui avoit 60 pieds de côté.

L'*actus* étoit de deux sortes, le *minimus* et le *quadratus*, *actus minimus* *, dit Columelle, *latitudinis pedes quatuor, longitudinis habet* CXX, *actus quadratus undique finitur pedibus* CXX, ce qui s'accorde avec Boëce. On lit dans Isidore que c'est une longueur de 160 pieds, ou, suivant une autre leçon, de 140, mais c'est vraisemblablement une faute de copiste. On voit que la mesure de longueur, qui étoit nommée *actus*, étoit la base de la mesure carrée qui avoit le même nom, tandis que l'*actus minimus*, petit rectangle de 120 pieds de longueur, n'avoit que quatre pieds de largeur; et que l'on entendoit par *actus quadratus* un carré qui avoit 120 pieds de côté. Ce dernier contenoit quatre *climata*. Il est nommé dans Pline (L. XVIII. H. N.) *actus in quo boves agerentur cum aratro uno impetu justo*. Il est difficile de croire que ce soit là une étymologie véritable de ce terme. Il ne signifioit originairement que le chemin qu'un propriétaire étoit obligé par la loi d'accorder à un autre pour le charroi et le passage du bétail. C'est ce que nous voyons par le fragment suivant de Modestinus, dans le Digeste (L. VIII, tit. 3. 12.). *Inter actus et iter nonnulla est differentia; iter enim est quo quis pedes vel commeare potest : actus vero, ubi et armenta trahere et vehiculum ducere liceat.* A ce fragment il est bon d'en joindre un autre, *Iter est jus eundi, non etiam jumentum agendi vel vehiculum. Actus est jus agendi vel jumentum vel vehiculum.* La longueur ordinaire d'un pareil sentier, au travers d'un fond étranger, étoit la largeur même du *jugerum* fixée à 120 pieds, le terme *actus* devint ainsi synonyme de la mesure de longueur. Et la plus petite largeur fut de quatre pieds, comme le montre l'expression *actus minimus*.

* Il s'appuie pour cela sur Varron. Le passage qu'il a en vue se trouve au livre premier, ainsi conçu : *ejus (actûs) finis minimus constitutus in latitudinem pedes quatuor, in longitudinem pedes centum et viginti. In quadratum actus et in latum et longum, ut esset centum et viginti.* Ces derniers mots sont corrompus. Mais on voit qu'ils doivent signifier ce que Columelle exprime. Varron, dans son ouvrage souvent cité, sur l'agriculture, ne parle que de l'*actus quadratus*.

Suivant Boëce, il y avoit encore une troisième mesure de longueur nommée *actus*, qui étoit l'*actus duplicatus*. Mais ce n'étoit que le *jugerum*, qui suivant les dimensions rapportées ci-dessus, étoit égal au double *actus quadratus*. C'est ce que remarque expressément Columelle en ces termes : *actus quadratus duplicatus facit jugerum, et ab eo quod erat junctum nomen jugeri usurpavit*. La justesse de cette étymologie est incontestable d'après cela ; et suivant mon opinion bien fondée sur l'origine du *jugerum*, il existoit avant l'*actus quadratus*.

Les plus grandes mesures agraires, *heredium*, *centuria*, *saltus*, se déterminent avec précision par le passage suivant de Varron : *Bina * jugera quæ a Romulo primum divisa dicebantur viritim, quod heredem sequerentur, heredium appellarunt. Heredia centum centuria dicta. Centuria est quadrata in omnes quatuor partes, ut habeat latera longa pedum* ∞ ∞ CD. *Hæ porro quatuor centuriæ conjunctæ, ut sint in utramque partem binæ ; appellantur in agris divisis viritim publicè saltus*. Ainsi donc l'*heredium* contenoit deux *jugera*, la centurie cent *heredia*, et le *saltus* 4 centuries. Toutes ces mesures étoient carrées, la première de 240 pieds, la seconde de 2400, et la troisième de 4800. Varron dit dans un autre endroit : *Centuria primum a centum jugeribus dicta, post duplicata retinuit nomen, ut tribus duplicatæ idem retinent nomen*. C'est aussi ce que disent Columelle et Isidore. Mais ce que peut avoir aussi signifié originairement le mot *centuria*, cent *actus quadrati*, *jugera*, ou *heredia*, il le signifioit encore dans les derniers temps, 200 *jugera*, non cependant par toute l'Italie ; car en quelques lieux, selon la remarque de *Siculus Flaccus*, on comptoit 210 *jugera* pour la *centuria*, et en d'autres 240.

Vient maintenant une couple d'autres mesures agraires, dont l'usage n'étoit établi que dans quelques provinces de l'empire Romain. Je vais aussi en rendre compte.

Dans la Campanie, à ce que nous apprend Varron, chez les Etrusques et dans l'Ombrie, suivant ce que dit l'auteur du fragment *de limitibus*, parmi les *scriptores rei agrariæ*, on comptoit par *versus*, ainsi se nommoit un carré qui répondoit au πλεθρον des grecs, et qui étoit de 100 pieds de côté, et ainsi de 10000 pieds carrés de superficie **.

Chez les paysans de la Bétique, selon ce qu'assure Columelle, l'*actus quadratus* étoit usité sous le nom d'*acnua*. Varron emploie aussi les expressions *actus quadratus* et *acnua* comme synonymes ; mais il est assez étrange qu'il dise que

* Suivant les corrections de *Ciacconius* et les notes de *Mercerius*. Selon le *fragmentum agrarium de limitibus* des *scriptores rei agraria*, on disoit aussi pour *heredium ager et sors*.

** Hygin, qui met aussi cette mesure dans la Campanie, dit qu'elle contenoit 8640 pieds carrés. Si ce nombre est juste, le *versus* ne peut pas avoir été un carré. (*de cond. agr.*)

cette mesure agraire étoit nommée en latin *acnua.* Ses expressions sont peut-être corrompues, d'autant qu'en pareils cas, il a coutume de dire non pas *latine*, mais *à nostris*.

On trouve *acna* dans quelques manuscrits. On a demandé si ce mot répondoit au grec ακαινα ou ακενα? Je ne peux rien décider là-dessus. Je rappellerai seulement qu'ακαινα étoit quelqu'autre chose, savoir une mesure de 10 pieds de longueur. Suivant Columelle, ces gens de campagne doivent avoir eu une mesureagraire de 180 pieds de longueur et de 30 pieds largeur, nommée *porca*, mais il ne me semble pas probable que la plus petite mesure n'ait pas dû être commensurable avec la plus grande *acnua.* Je crois donc qu'Isidore marque plus exactement cette longueur, en la faisant de 80 pieds, la *porca* étoit ainsi la 6ᵉ partie de l'*acnua.*

Varron assure que, dans l'*Hispania ulterior*, on mesurait par *juga.* Mais il ne donne pas exactement la grandeur de cette mesure. Il se contente de dire : *jugum vocant quod juncti boves uno die exarare possint.* Pline le dit aussi.

Dans la Gaule se trouvoit également en usage, selon Columelle, l'*actus quadratus* ou le *semi jugerum.* Il y portoit le nom *de arepennis*, * ou *aripennis*, qui s'est perpétué dans le français *arpent*, quoique ce dernier mot ne signifie pas tout-à-fait la même chose que l'ancien. Isidore écrit *arapennis*, et dérive ce mot d'*arando*, mais il est vraisemblablement d'origine celtique. Au reste il semble n'avoir pas bien lu Columelle, qu'il copie d'ailleurs mot pour mot dans le chapitre des mesures, quand il attribue l'*arapennis* à la Bétique.

La mesure *candetum*, que Columelle donne aussi comme gauloise, paroît avoir été linéaire. On la prenoit, à ce qu'il dit, selon sa double signification, pour 100 ou 150 pieds de longueur. Je termine par cette table des mesures agraires Romaines. :

Saltus.	1.					
Centuria.	4.	1.				
Heredium.	400.	100.	1.			
Jugerum.	800.	200.	2.	1.		
Actus quadratus.	1600.	400.	4.	2.	1.	
Clima.	6400.	1600.	16.	8.	4.	1.
Scripulum.	230400.	57600.	576.	288.	144.	36.

* Ducange Glossar : l'*Arepennis* n'étoit probablement pas originairement déterminée d'après l'*actus quadratus*, et ne répondoit qu'accidentellement, et à-peu-près à la mesure romaine.

SECONDE SECTION.

DÊTERMINATION DU PIED ROMAIN.

Jusqu'a présent j'ai examiné les rapports des mesures romaines de longueur et de superficie au pied romain. Pour pouvoir donner maintenant leurs valeurs absolues, il importe d'exprimer par quelque mesure connue la longueur du pied qui les détermine. Je prends, pour cette comparaison, le pied de Paris, qui pour son exacte précision, et la facilité de se le procurer, est depuis long-temps en possession de servir a cet usage. Il est la sixième partie de la toise, dont l'étalon exposé au Chatelet de Paris, a été renouvellé en 1668.* Comme je ferai souvent mention du pied de Londres, je vais donner ici son rapport au pied de Paris. En 1742, la société royale de Londres et l'académie des sciences de Paris, s'envoyèrent réciproquement des copies exactes de l'étalon, de l'Yard, conservé dans la tour de Londres, et de la demi-toise du Châtelet, et les firent soigneusement comparer par Graham et Lemonnier. Il en est résulté que le rapport de l'Yard à la demi-toise, ou du pied de Londres à celui de Paris, est le même que celui de 10000 à 10654. Une autre comparaison faite ensuite par Bird, de deux copies de la toise employée au Pérou par Bouguer et la Condamine, avec la mesure normale déposée dans les archives de la Société royale de Londres, a donné ce rapport égal à celui de 10000 à 10657, ou en moins de chiffres, comme celui de 137 à 146 **.

L'évaluation du pied romain est devenue depuis trois siècles l'objet de plusieurs recherches. On y a employé diverses méthodes que je dois développer ici avec quelque détail, pour mettre chacun de mes lecteurs en état de juger avec quel degré de confiance nous pouvons recevoir cet élément important de l'ancienne métrologie.

Dans les premières dixaines *** du seizième siècle, les fouilles firent découvrir dans la maison du Romain Angelo Colozzi, un marbre qui, à en juger par son inscription, étoit dédié à un *Cn. Cossutius,* ce grand architecte peut-être, dont Vitruve fait mention dans la préface de son septième livre. Il présente entr'autres instrumens d'architecture, une échelle du pied, que l'on étoit autorisé à regarder comme un modèle du pied romain d'autant plus qu'il paroissoit naturel que l'artiste qui l'a sculpté, lui eût donné la longueur de son pied de mesure. Le premier qui donna pour être le véritable pied romain, ce *pes colo-*

* Voy. La comparaison du pied antique Romain à celui de Paris, par Lahire, dans les mémoires de l'Académie royale des Sciences, an. 1714. 8°.

** Philosophial transactions. 1742.

*** *Leonardus de Portis Vicentinus de sestertio, pecuniis, ponderibus et mensuris antiquis libri duo.* 1526. 4°, se trouve aussi dans le *thesaurus Granovii.*

tianus ainsi nommé du romain chez qui il avoit été trouvé, fut *Leonardus de Portis* qui le publia gravé. Il fut suivi de Philander, interprête de Vitruve, et dans le temps de qui, (la première édition de son commentaire étant de 1544) fut publié un second marbre pareil au premier, et portant l'inscription *T. Statilio vol. apro mensori ædificiorum.* Le pied qu'on voit représenté sur ce second monument est, à ce qu'il assure, parfaitement égal à celui du monument de *Cossutius*, et, en conséquence il les prend sans difficulté pour les véritables modèles du pied romain. Plus tard, on découvrit encore deux monumens avec de pareilles représentations, l'un consacré à la mémoire d'un *M. Æbutius*, (*Fabricii de aquis et aq. duct. Romæ*) et l'autre sans inscription. Ce dernier a été tiré des fouilles de la *Via Aurelia* faites près de la villa *Corsini*, dans la première moitié du dernier siècle, et donné par le marquis Capponi au musée *Capitolino*, où les trois autres sont encore exposés.

Il est clair que ces quatre modèles doivent signifier la profession des personnes auxquelles avoient été érigés les monumens dont ils faisoient partie, et ils serviroient encore à cela, quand ils auroient été empruntés d'un autre pied comme romain. Toutefois, il n'est pas sans vraisemblance, en les rapprochant de ce qu'on sait d'ailleurs sur la véritable longueur du pied romain, que le but des artistes a été de le représenter; mais y ont-ils réussi ? la grossièreté du travail donne lieu d'en douter. Quoi qu'il en soit, ces modèles, dans l'état de délabrement où ils sont, ne peuvent pas, d'après l'examen que Lacondamine en a fait, être les images fidèles du pied romain. Voy. la dissertation de l'abbé Revillas, et le fragment d'un voyage d'Italie. Mém. de l'Ac. des Sc. 1757.

Ils ont été fréquemment mesurés, mais plus exactement par l'abbé Barthelemi * et par le P. Jacquier habile géomètre. Etant représentés en relief, et leurs extrémités ayant beaucoup souffert, il a fallu juger du tout par une partie. Le pied de Capponi, et celui du monument d'Æbutius, ont été partagés en palmes : dans le premier, on mesura les deux mitoyennes, et dans l'autre, une seule, parce que les autres se montroient fort irrégulièrement terminées. Il se trouva par ce moyen que ces deux pieds étoient de la même longueur, et contenoient 116 des 120 parties d'un pied de Londres très-exactement travaillé, qui servoit avec d'autres instrumens à mesurer, ce qui équivaut à 130,62 lignes de Paris.

Le pied qui est sur le monument de Statilius s'est le mieux conservé; mais il est extrêmement grossier et sans régularité. Enfin, celui du monument de Cossutius ne sembloit pas divisé; mais au moyen d'un flambeau allumé qu'on

* Voyage en Italie, et monumens anciens de Rome. Acad. des inscriptions 28e v.

en approcha, on y découvrit un trait fin qui séparoit trois doigts. Ces deux derniers pieds furent aussi trouvés d'accord, mais presque de deux lignes plus courts que les deux premiers, puisqu'ils ne conténoient que 128,08 lignes de Paris.

Il n'est pas besoin d'avertir les personnes qui entendent cette matière de l'incertitude et de la variabilité du procédé qui a donné ces résultats. C'est pourquoi on ne doit pas être surpris de voir d'autres résultats, des autres mesures prises par d'autres personnes. Ainsi l'abbé dom Diégo Revillas * a trouvé avec les mêmes instrumens dont Barthélemi et Jacquier s'étoient servis ** ;

Pour le pied de *Capponi*.	1309 $\frac{5}{12}$.	Parties décimales de la ligne.
Pour celui d'*Æbutius*.	1314 $\frac{1}{8}$.	
Pour celui de *Statilius*.	1310 $\frac{5}{8}$.	
Pour celui de *Cossutius*.	1307 $\frac{1}{2}$.	

Avec toutes ces épreuves, ces modèles en marbre ne peuvent guère donner rien de positif à qui veut avoir une détermination exacte et incontestable du pied romain.

Les mesures de ce pied en bronze et en fer dont on a trouvé un grand nombre dans les ruines de Rome, semblent promettre plus de certitude ***. Du moins, l'intention qu'ont eue leurs auteurs, de représenter par leur moyen le pied légal romain, y paroît plus clairement que dans les modèles de marbre. Lucas Pætus, le premier qui ait recherché avec quelque critique les mesures des anciens, jugeant d'après cinq de ces barres qu'il avoit entre les mains, trouva que les trois qui étoient le mieux conservées, étoient d'une longueur parfaitement égale. Il ne se fit en conséquence aucune difficulté, en rejetant les autres, de les donner comme les copies fidèles du pied romain, et au lieu de se contenter, comme ses prédécesseurs, d'une méthode très-peu propre à donner, par une gravure dans son ouvrage ****, une image de ce qu'il regardoit comme un pied romain, il fit porter sur une table de marbre la longueur de chacun de ces trois étalons, avec les nouvelles mesures romaines, et les fit ainsi exposer au Capitole, à la vue du public. Telle est l'origine du fameux *pes Capitolinus*, qui, dans plusieurs écrits, est cité comme le vrai pied romain. C'est ainsi qu'on lit dans l'ouvrage de Fabretti sur les aqueducs de Rome, qu'il est mille fois con-

* Sopra l'antico piede romano, et Diss. acad. di cortona. rom. 1741.

** Mém. de l'ac. des inscr. t. 28.

*** *Eo usque, omnium litteratorum qui Romæ sunt assensu comprobatos pro vera et legitima antiqui pedis mensura, proque veris et antiquis pedibus mensuralibus habui et palam facere non dubitavi.*

**** On trouve de pareilles représentations grossières dans les vieux livres d'antiquités. Il y a

firmé par les mesures que l'on prend tous les jours sur les anciens édifices, attendu qu'il le trouve commensurable avec leurs principales dimensions. Cependant il est difficile de l'avoir encore aujourd'hui dans sa forme originelle; comme il est gravé en creux, il paroît avoir été peu-à-peu alongé par le grand nombre des mesures qu'on y a insérées pour le mesurer, comme par la même raison, les modèles en marbre, sculptés en relief, sont devenus plus courts. Au commencement, il étoit plus court d'une *uncia*, à ce qu'assure Pætus*, d'après les pieds des monumens de Cossutius et de Statilius. Grævius qui l'a mesuré en 1659 **, le trouva de la même longueur que ces deux-ci; et un siècle après, Barthélemi lui donna 130,5 lignes parisiennes, mais aux deux modèles en marbre, près de deux lignes de moins que les modèles. La dernière mesure que je connoisse du pied capitolin, est celle du capitaine Sulzer de Winterthur, selon laquelle il est = 0,90759 du pied de Paris = 130,7 lignes parisiennes.

Après que ce modèle eut été pris long-temps pour une copie fidèle du pied romain, on recommença à croire que de nouvelles recherches sur ce pied ne seroient pas superflues. On crut devoir s'écarter en cela surtout des étalons donnés pour le vrai pied, y ayant remarqué des différences de trois à quatre lignes de Paris. La plupart de ces modèles sont pourtant renfermés dans les limites de 130 à 131 lignes. Barthélemy et Jacquier obtinrent, lorsqu'ils s'occupoient de la vérification de ces mesures, de Bottari, président de la bibliothèque du Vatican, un modèle en bronze régulièrement divisé d'un côté en *uncias*, et de l'autre en *digitos*, dont ils trouvèrent la longueur égale à celle du modèle Capponi. Un modèle trouvé dans les ruines d'une ancienne ville sur la montagne du Châtelet entre Joinville et Saint-Dizier en Champagne, est la principale autorité que

long-temps qu'on s'est aperçu que le papier mouillé se rétrécit en se séchant, et raccourcit les figures gravées sur les feuillets des différens exemplaires et dans un même livre. *Willebrod Snellius* croit que ce rétrécissement est de $\frac{1}{20}$, *Erat batavus.* Il applique cette règle à la représentation du pied romain donnée par Philander dans son commentaire sur Vitruve; il trouve ainsi qu'il s'accorde parfaitement avec le pied du Rhin, et il ne balance pas à décider qu'ils sont égaux. Budée n'a pas mis plus de critique à prononcer dans son livre *de asse*, que le pied romain est égal au pied de Paris. S'il est un pays où l'ancien pied romain ait été d'un usage constant sans interruption depuis qu'il y aura été introduit, c'est la Suisse; car les pieds de Berne, de Zurich et de Bâle, comme M. Tralles le remarque, approchent très-près d'être égaux entre eux.

* *Luc. Pæti de mensur. et ponder. rom. et gr. cum his quæ hodie Romæ sunt coll. l.* V. *ven. et in thesaur. Græv.*

** Voy. L'excellent petit écrit très-rare de Græves, intitulé : A discourse on the roman foot and denarius, London. 1647. Pour pouvoir comparer les mesures qui s'y trouvent, à celles qui ont été prises plus tard, il faut se souvenir que le pied de Londres de ce temps étoit plus court de $\frac{1}{800}$ que celui d'aujourd'hui. Voy. Raper traité du pied romain.

Schaubachs Geschihte der Griech. Astron. bis auf Eratosth.

Romé de l'Isle a suivie dans ses tables métrologiques, où il fait le pied romain de 130,6 lignes de Paris.*

** Fréret explique la différence des modèles métalliques, et surtout des résultats de toutes les recherches faites sur le pied romain, en disant qu'il y avoit différents pieds romains pour les divers usages de la vie civile. Mais on ne trouve chez les anciens aucune trace de cette hypothèse si peu vraisemblable. Nous serions bien plus autorisés, comme on le verra plus bas, à penser que, par la suite des temps, il s'est fait quelque petit changement dans la mesure normale du pied romain. Mais on n'a pas besoin de cette supposition pour donner une raison satisfaisante de cette différence. Qu'on se figure seulement combien un nombre de pieds-de-roi ordinaires de nos maçons et de nos charpentiers, surtout après être restés plusieurs années couverts d'ordure, de rouille, ou d'oxide de cuivre (verd-de-gris), et dans des débris, causeroit d'embarras au géomètre qui voudroit s'en servir pour déterminer la longueur du pied.

Il reste encore un troisième moyen de déterminer la longueur du pied romain, dans les pierres milliaires qui se trouvent çà et là encore existantes, ou qu'on déterre des ruines des anciens chemins des Romains. En effet, comme elles devoient avoir été dressées dans les espaces mesurés de mille en mille pas, elles donneroient une valeur approchée du pied, quand elles n'auroient pas été exactement placées, ou quand nous serions incertains du lieu précis où elles étoient originairement dressées. Maufrédi ***, dans la préface des observations de Bianchini, dit que cet astronome a mesuré avec des cordes l'intervalle de plusieurs pierres milliaires, qui, de son temps, étoient encore sur pied dans la voie Appienne, entre Rome et Albano, et qu'il les a trouvées généralement de 5000 pieds capitolins de longueur: détermination, qui, si elle étoit bien parfaite (mais nous n'en connoissons pas les détails), deviendroit une preuve d'autant plus sûre de la justesse de ce module, que Pætus n'a pas employé les pierres milliaires pour l'établir.

Je ne connois encore que deux autres pareilles mesures, mais qui ont peu d'autorité, parce qu'elles ont été faites loin de Rome. Astruc dit, dans l'histoire naturelle de Languedoc, qu'il a trouvé 754 toises pour la distance de la neuvième à la dixième pierre milliaire sur le chemin de Nîmes à Beaucaire. Il en résulte que le

* Métrologie ou tables... des poids, mesures et monnoies des anciens.
** Essai sur les mes. long. des anc. M. de l'Ac. des inscr. 24e V.
*** Observations astron. Ver. 1737.

pied romain auroit 130,3 lignes de Paris. La mesure de l'intervalle de deux autres pierres milliaires sur la même route, a donné au Marquis Maffei 756 toises, et par conséquent 130,6 lignes de Paris pour le pied romain. Voyez les *Antiquitates Galliæ selectæ*.

Il y a incomparablement bien moins de certitude à se promettre de la comparaison des mesures de distances de lieux, faites par les anciens, et renouvelées par les modernes ; car les anciens Géographes et les Itinéraires, ne donnant que des nombres ronds, et vu qu'on n'y trouve ni le point de départ, ni le terme de la distance, (indépendamment des courbures et détours inévitables des chemins), les résultats ne peuvent être que très-incertains. Ainsi, D. Cassini comparant la distance de Bologne à Modène qu'il estime avec Riccioli et Grimaldi, être de 19147 toises, aux 25 milles romains que leur donne l'*Itinerarium Antonini*, et l'intervalle de Narbonne et de Nîmes qu'il a calculé de 67500 toises par les mesures de la chaîne de triangles entre ces deux villes, aux 88 milles de Strabon, évalue le mille romain à 766 toises ; et Danville au contraire à 756, par les parallèles qu'il établit entre les anciennes mesures des espaces qui séparent les villes de Rimini, Faenza, Bologna, Modena, Parma, Piacenza et Milan : mais on ne doit donner la préférence à ce dernier résultat, qu'en faveur de sa plus grande conformité avec la valeur du pied romain, déduite d'autres circonstances *.

On a maintenant une nouvelle méthode fondée sur l'exacte relation entre la mesure du pied romain et la livre romaine. Voici en quoi elle consiste :

La mesure fondamentale des liquides chez les Romains étoit un vase de la grandeur de leur pied cubique, qu'ils nommoient *amphora*, et aussi *quadrantal* ; à cause de sa forme cubique : *quæ* Κύβους *Græci, nos quadrantalia dicimus.* Κύβος *enim est figura ex omni latere quadrata*, dit Aulugelle**. *Quadrantal vocabant antiqui quam ex græco amphoram dicunt, quod vas pedis quadrati octo et quadraginta capit sextarios*, ajoute Festus. Voyez aussi Priscus, *de ponderibus et mensuris*. Le tiers de ce vase étoit le *modius*, et la huitième partie le *congius*. Le premier étoit le bichet, l'autre la principale mesure des fluides ; le *sextarius* qui servoit pour les grains comme pour les fluides étoit la sixième partie du *congius*.

Comme les mesures des corps se déterminoient par le moyen du pied, de même aussi les poids dépendoient de la capacité des mesures des corps. Car

* Hist. de l'acad. des Sc. de Paris. 1702, mém. sur le mille Rom. *ibid. vol.* 28. de l'Ac. des inscript.

** Noct. Attic. I, 20

suivant un ancien Plébiscite, que Festus nous a conservé en ces mots : *quadrantal vini octoginta pondo sint. Congius vini decem pondo siet* (*publ. pond.*), le poids du vin contenu dans le *quadrantal* devoit être de 80 livres juste *.

Il est donc évident, que chez les Romains les unités des poids et des mesures étoient comprises dans une série de rapports aussi exacte, que dans le nouveau système métrique Français, avec cette exception, que les auteurs du système Romain ne purent pas procéder, et ne procédèrent pas dans l'application d'un principe entièrement le même, comme l'ont fait les auteurs du système Français, aidés de l'expérience et des découvertes des derniers temps. On peut se convaincre des difficultés que les anciens avoient à vaincre, et des précautions qu'ils avoient à prendre pour la comparaison d'une mesure cubique avec le poids du fluide contenu, par la lecture de l'ouvrage de M. Eytelwein, intitulé : Comparaison des mesures et des poids introduits dans les états Prussiens **. Je n'en donnerai que deux exemples, dont le sujet est assez important pour être cité ici. Les Romains en comparant le poids du vin à l'unité de mesure des solides, n'avoient égard ni à la différence spécifique des poids des diverses sortes de vins, ni au degré de température. Ils n'avoient même aucune idée de la première de ces deux conditions, ou ils la regardoient comme insignifiante, comme on le voit par le poëme *de ponderibus et mensuris* de Priscien, qui dit, au 93e vers :

Nam libræ, ut memorant, bessem sextarius addit,
Seu puros pendas latices, seu dona lyæi,

C'est-à-dire, que le *sextarius* pèse toujours 1 $\frac{2}{3}$ livre, de quelque liqueur qu'il soit rempli, eau pure ou vin. Quant à la température, il n'est guère besoin d'en donner quelque preuve, puisqu'alors on ne connoissoit aucun motif d'y prendre garde, et qu'on n'avoit d'ailleurs aucun moyen de l'estimer. C'est donc une entreprise bien vaine, que celle de vouloir représenter le pied romain par la livre romaine, si l'on doit pousser l'exactitude jusqu'à une rigueur que l'on peut obtenir par d'autres moyens, quoiqu'Eisenschmid l'ait estimé *** par le moyen de la livre.

* On embrasse aisément d'un coup d'œil les proportions des mesures usuelles des Romains, dans le passage suivant de l'écrit cité ci-dessus de *distributionibus æris*, de *Volusius Marcianus* : *quadrantal, quod nunc plerique amphoram vocant, habet urnas duas, modios tres, semodios sex, congios octo, sextarios quadraginta octo, heminas nonaginta sex, quartarios centum nonaginta duos, cyathos quingentos septuaginta sex.*

** Eytelweins vergleichung der in den preussischen Staaten eingeführten masse und Gewichte. Berlin, 1810.

*** Voyez son écrit toujours utile sous plusieurs rapports, intitulé : *de ponderibus et mensuris veterum Romanorum, Græcor. et Hebræor. nec non de valore pecuniæ veteris disquisitio nova. Argentorati.* 1708.

Suivant sa détermination, l'ancienne livre romaine contient 6240 grains de Paris : ainsi, le *congius* rempli d'eau doit peser 62400 grains. Or, dit-il, 171,5 pouces cubiques d'eau de la source d'Arcueil, pèsent selon Picard, 63650 grains de Paris. Par conséquent, 62400 grains donnent pour contenu du *congius*, 168,132 pouces cubiques de Paris. Ce nombre étant multiplié par 8, et la racine cubique étant extraite du produit, le résultat est 132, 4 lignes de Paris, pour la valeur du pied de Paris. La différence considérable de ce résultat, d'avec la valeur communément reconnue au pied romain, provient de l'incertitude de la méthode, et surtout de la détermination peu exacte de la livre romaine.

Suivant Romé de l'Isle, qui l'a déterminée bien plus sûrement par la comparaison des poids de plusieurs anciennes monnoies, elle ne pèse que 10 ½ onces ou 6048 grains, poids de Paris (poids de marc). Et en prenant ce nombre pour base, on trouve par le reste du procédé d'Eisenschmid, pour le pied romain, 131, 0 lignes de Paris.

Le jésuite Villalpando a suivi une pareille voie, mais bien moins sûre encore, dans le seizième siècle. L'un des restes les plus précieux et les plus remarquables de l'antiquité est le conge normal, exposé au capitole sous le règne de Vespasien, et qui est aujourd'hui dans le palais Farnèse; il a la forme de deux cônes tronqués, dont les bases sont appliquées l'une à l'autre, et on y lit l'inscription suivante :

IMP. CÆSARE
VESPAS. VI
T. CÆS. AUG. F. III COS.
MENSURÆ
EXACTÆ. IN
CAPITOLIO
P. X.

Le génitif *mensuræ exactæ* se rapporte au mot *congius* sous-entendu, mais assez signifié par *Pondo X* *.

Ce vase déjà fort (oxidé), rongé par la rouille, a servi à Villalpando de moyen pour déterminer la livre romaine et le pied romain. Il annonce son résultat en termes bien emphatiques : *unus farnesianus congius potest omnes antiquas Romanorum atque aliarum gentium mensuras omniaque pondera pristinæ integritati restituere.*

* On trouve une représentation de ce *congius*, entre autres dans *Pœtus* et *Grævius*, mais particulièrement dans le troisième volume de l'ouvrage intitulé : *Hier. Pradi et J. Bapt. Villalpandi e soc. Jesu in Ezechiel. Explanation, et Appar. urb. ac templi hieros comm. et imag. illustr. Rom.* 1596. *fol.*

Il regarde le *mensuræ exactæ* comme un nominatif, et il en conclut : *hoc uno vase omnes mensuræ et omnia pondera ita continentur, ut eo uno ad colonias a populo romano transmisso omnes illius regionis mensuræ omniaque pondera ad normam exigerentur Romanorum.* Il s'imagine assez singulièrement que la hauteur du *congius* et que différentes autres dimensions, qui sont déterminées par les stries ou raies dont ce vase est entouré, désignent le pied entier, le demi-pied, et les côtés du demi-*congius*, le *modius*, le *sextarius* et l'*hemina*, tous ces vases étant supposés des mesures cubiques. Après avoir procédé avec si peu de justesse dans la détermination de son pied, il a mis autant de légèreté à le faire connoître au public, en le faisant graver sur cuivre avec le *congius*. M. Van-Swinden trouve par une mesure exacte de cette gravure, pour la longueur moyenne, (car, comme on s'y attend bien, elle n'est pas la même dans tous les exemplaires), 300, 14 millimètres, ou un peu plus de 133 lignes de Paris. C'est la plus grande valeur à moi connue, que l'on ait trouvée pour la grandeur du pied romain *.

L'anglais Raper rejette toutes ces méthodes comme insuffisantes, dans une dissertation sur le pied romain, lue en présence de la Société de Londres. Il y substitue la méthode suivante comme la seule capable de conduire à un résultat vrai **.

« Tous les édifices, dit-il, sont projetés et exécutés suivant la mesure usitée dans le lieu où ils sont élevés. Cette mesure à Rome étoit le pied. L'architecte des bâtimens publics, n'étant sans doute que très-rarement restreint à quelques pouces dans la largeur du fronton, dans la profondeur et les autres dimensions principales, on peut supposer qu'elles consistent dans des pieds entiers, et le plus souvent en nombres ronds. Si donc on pouvoit trouver un pied, qui, peu différent de la valeur moyenne connue d'ailleurs, fût passablement commensurable avec les dimensions d'un édifice ancien, nous devrions le regarder comme le pied employé par l'architecte. Une conformité parfaite n'est possible que dans le cas d'une correction parfaite, et comme on ne peut jamais supposer celle-ci, nous serons obligés de nous contenter d'un à-peu-près qui nous promet néanmoins un résultat plus satisfaisant qu'on ne pourroit l'attendre d'ailleurs. »

Picard et de La Hire *** ont déjà employé ce principe pour la détermination du pied romain, mais seulement sur des dimensions isolées, prises de différens

* Correspondance de M. le baron de Zach en allemand. Riccioli a conformé toutes ses mesures astronomiques et géographiques à cette évaluation de Villalpand.

** An enquiry into the measure of the roman foot 1760. Transact. philos.

*** Mém. de l'Ac. des Sc. 1666. 1699.

édifices *. La Condamine en a dressé une table entière, de laquelle il conclut que le pied contient 130,9 lignes de Paris. A la vérité il n'espère pas que cela soit bien rigoureusement exact, « car les dimensions, dit-il, se prennent toujours par l'application réitérée d'une mesure; si donc le pied de cette mesure est un peu trop long ou trop court, l'erreur se multiplie autant de fois que l'application de la mesure a été répétée. » Cette remarque est juste, mais la grande précision à laquelle les anciens architectes tendoient, et la correction qui règne véritablement dans les monumens de l'ancienne architecture, doivent nous faire supposer que l'architecte qui travailloit sous les yeux et par les ordres de l'autorité publique, se servoit d'une mesure conforme à l'étalon normal, et si c'étoit un *decempeda*, il n'y avoit aucune faute considérable à craindre ni aucune qui pût résulter de l'application successive de cette mesure sur une étendue de cent pieds ou plus **.

Mais ce n'est pas de quelques dimensions isolées d'anciens bâtimens mesurés çà et là, que l'on doit attendre un résultat satisfaisant pour le pied romain. La seule comparaison des mesures des parties principales de chaque édifice pris à part, donnera le pied d'après lequel il est construit. Pour l'obtenir, Raper emprunte de l'ouvrage de Desgodets, ouvrage bien connu et exécuté avec soin et exactitude, sur les édifices antiques de Rome, les principales dimensions des monumens les mieux conservés de l'ancienne architecture romaine, tels que les temples de la Fortune virile, de Vesta et de la Paix, le Panthéon, les bains de Dioclétien, l'amphithéâtre de Vespasien, l'arc-de-triomphe de Titus et celui de Septimius-Sévère et autres. Il les divise par la valeur moyenne du pied romain, tirée des modèles en marbre et des étalons en fer, estimée de 130, 8 lignes de Paris, pour juger par les quotients si c'est en nombre rond ou du moins entier qu'a été le pied romain, qui répond à chaque dimension à part. Ensuite il divise encore, par ces diviseurs simples, pour obtenir en dernier résultat la grandeur du pied romain qui a servi de base. Un exemple suffira pour faire entendre ce procédé. La forme elliptique donnée à l'aire de l'amphithéâtre de Vespasien a son grand axe de 263 pieds 11 pouces de Paris; et le petit de 165 pieds 1 pouce : nombres qui approchent si fort du rapport 8 : 5, que l'on doit croire que c'est celui que l'architecte a pris pour son plan : divisant maintenant la plus grande dimension, par 130, 8 lignes de Paris, on obtient au quotient 290 et une fraction. Si l'on prend cette dimension pour 290, et la plus petite pour ses $\frac{5}{8}$, et ainsi pour 181 $\frac{1}{4}$ pieds romains , on aura, par l'une 131,05 et par l'autre 131, 15 lignes Paris, pour le pied romain.

* Voy. son traité déjà cité, du pied romain.

** Fragmens d'un Voyage d'Italie.

Le résultat des recherches faites au moyen d'un grand nombre de semblables comparaisons, est que, avant le règne de Tite, le pied romain étoit plus grand que 0, 970 pied anglais, ou que 131,1 lignes de Paris; et qu'au contraire, sous Sévère et Dioclétien, il fut plus petit que 0,965 pied anglais, ou que 130,4 lignes de Paris.

D'où vient, demande Raper, une telle différence du pied moderne au pied ancien, qui étant si constante, ne peut pas être l'effet du hasard? Voici en substance ce qu'il répond :

Pour le mesurement des terres à donner au vétéran-légionnaire, l'établissement des voies militaires, et l'érection des bâtimens publics, Rome avoit eu, sans aucun doute, dès les temps anciens, un pied fixé par la loi. Quand donc Julius Capitolinus, dans la vie des deux Maximins, raconte que le premier buvoit souvent, en un jour, une amphore capitoline, et quand on lit sur le conge légal de Vespasien : *mensuræ exactæ in capitolio*, il est évident que la mesure normale devoit être exposée publiquement au Capitole, et c'est ce que dit expressément Priscien dans les vers suivants de son Poème sur les mesures :

Amphora fit cubus quam ne violare liceret
Sacravere Jovi Tarpeio in monte quirites.

Le lieu où reposoit l'étalon normal du pied romain est plus strictement encore désigné par l'expression *pes monetalis*, du grammairien *Higinus*, dans son fragment *de limitibus agrorum*, pour signifier le pied romain. Quelques-uns ont voulu l'expliquer par l'analogie qui avoit lieu entre la division de l'unité monétaire en *as*, et celle du pied en *uncias*. Mais, s'il en eût été ainsi, on auroit pu dire également *pes ponderalis* et *pes jugeralis*. * Rigaltius a bien raison de faire la remarque suivante dans l'explication qu'il donne de cette expression : *pedis modulus in æde Junonis monetæ adservatus, ad quem mensurarum publicarum fides exigebatur.* Ce temple étoit situé sur le Capitole, à côté de celui de Jupiter, suivant Tite Live **, et la preuve que la mesure normale y étoit gardée, c'est que cet édifice étoit en même temps l'hôtel des monnoies des Romains, comme Tite-Live le dit, en ajoutant *ubi nunc ædes atque officina monetæ est;* et Suidas le confirme par le mot μονήτα.

Mais le Capitole fut incendié plus d'une fois. D'abord dans les guerres civiles de Sylla; ensuite, lorsque Sabinus y fut assiégé par les troupes de Vitellius,

* Gœsii edit. script. rei agrariæ.
** Hist. l. VI. c. 20.

Avant le dernier incendie, il se trouvoit sans doute dans le temple de Junon une amphore normale de métal qui, dans sa forme cubique, donnoit aussi par un de ses côtés le pied normal. Or, de même que Vespasien *, qui fit reconstruire le temple Capitolin, chercha à réintégrer le mieux qu'il fut possible, les archives de l'empire, qui consistoient en 3000 plateaux de bronze, mais consumés par le feu, d'après la transcription des Sénatus-consultes, des Plébiscites et d'autres pièces diplomatiques, qui se trouvoient encore existants dans le public; il aura cherché aussi à réparer les mesures normales, d'après les copies qui en couroient dans l'usage commun. Comme c'étoit une tâche très-difficile pour les mécaniciens de Rome, que celle de faire une amphore qui répondît exactement au pied légal, et tout ensemble à la mesure et au poids des corps, on prit le parti, ainsi que le prouve le conge normal qui existe encore, de rétablir à part les modèles du pied et de la mesure des corps, ce qui a pu causer des méprises dans leurs proportions, à ce qu'on voit en comparant le conge normal de Villalpando et d'autres avec le pied. Pour ce qui est du dernier, il paroît qu'on a rencontré juste l'ancienne mesure normale; du moins, les dimensions de l'amphithéâtre construit vers ce temps-là ne donnent aucun lieu d'y soupçonner quelque changement. Mais, sous le règne de Tite, un troisième incendie embrasa le Capitole, et, selon Xiphilin **, le même feu consuma le temple de Jupiter et les bâtimens voisins. Il fut presque impossible de sauver les mesures normales; il fallut donc les renouveler encore : c'est ce qui se fit sous l'empereur Domitien, le troisième des princes qui construisirent le Capitole selon Suétone ***, et il paroît que ce fut ce qui causa dans la mesure du pied le changement que les édifices postérieurs font reconnoître. Ce qui doit d'autant moins nous étonner, que même lorsqu'on a sous les yeux des modèles formés d'après la loi, une fausse mesure peut se glisser peu-à-peu dans la pratique usuelle, comme cela est arrivé en 1668 à Paris, où, suivant ce que Picard **** assure dans son supplément sur les mesures, le pied des maçons étoit de $\frac{5}{72}$ différent de celui qui étoit exposé au Châtelet.

Ainsi parle Raper. Il faut avouer que cette exposition historique contient bien des considérations très-importantes, et qu'il est difficile de se refuser à la conviction qui résulte de tant de calculs, quand on devroit en retrancher, comme à mon avis on le devroit, toutes les conséquences qu'on a tirées des épaisseurs, hauteurs et intervalles des colonnes des temples, ces dimensions dépendant moins de mesures absolues, comme on sait, que de certaines proportions architectoniques plus ou moins suivies.

* Suet. *in Vespasiano.*
** *In Tito.* *** *in Domit.* **** *De mensuris.*

Il paroît donc décidé, d'après les recherches de Raper, que le pied romain, jusqu'aux temps de Titus, contenoit près de 131 lignes de Paris; ce qui se confirme par une circonstance décisive dont il me reste à parler.

Auguste, après la conquête d'Égypte, fit transporter deux obélisques d'Héliopolis à Rome, et il fit ériger l'une sur la *Spina* du *Circus-Maximus*, et l'autre au *Campus-Martius*. Le premier est celui que le pape Sixte V a fait dresser devant la *Porta del Popolo*, et le second, celui que Pie VI a fait placer sur le *Monte Citorio*. Ce dernier, ordinairement appelé *Obeliscus Campensis*, étoit déjà tiré de terre vers le milieu du siècle précédent, et pendant qu'il y étoit encore couché, il fut mesuré avec soin par l'architecte anglais Stuart, auteur de l'ouvrage sur les monumens d'Athènes. Les résultats de ces mesures, et de plusieurs autres recherches relatives au même objet, sont consignés dans sa lettre au lord Wentworth, insérée dans l'ouvrage de Bandini : *De Obelisco Cæsaris Augusti e campi Martii ruderibus nuper eruto commentarius, auctore Angelo Maria Bandinio. Rom.* 1750. *Fol.* Il a compté pour la hauteur de l'obélisque, depuis la pointe de la petite pyramide, dont il est surmonté, jusqu'au piedestal, 71 pieds $5\frac{1}{2}$ pouces de Londres, c'est-à-dire 67 pieds 10 $\frac{565}{720}$ lignes de Paris, ou 67,075 pieds de Paris*. Or nous avons la mesure des deux obélisques dans le passage suivant de Pline ** : *is autem obeliscus quem divus Augustus in Circo-Maximo statuit, excisus est a rege Senneserteo, quo regnante Pythagoras in Ægypto fuit, CXXV pedum et dodrantis, præter basim ejusdem lapidis ; is autem qui est in Campo-Martio novem pedibus minor, a Sesostride.* Si ces nombres étoient justes, l'obélisque du *Campus-Martius* auroit eu 116 $\frac{3}{4}$ pieds romains, qui, comparés aux 67,075 pieds de Paris, donneroient seulement 82,7 lignes de Paris, pour le pied romain, c'est-à-dire près de la moitié trop peu. Il est donc évident que le nombre CXXV, de Pline, est faux. Il est impossible d'admettre que cet écrivain ait pu commettre une faute aussi grossière, il faut par conséquent l'attribuer à quelque copiste; cette faute est aisée à faire, dans une transcription de chiffres. Pour découvrir maintenant le vrai nombre, Stuart divise les 67, 075 pieds de Paris par la valeur moyenne du pied romain, d'ailleurs connue, et qu'il estime de 131 lignes de Paris, et il trouve pour quotient 73, 72, ou très-près de 72 $\frac{3}{4}$. Tel, dit-il, doit être le nombre donné par Pline, pour la hauteur du second obélisque, par conséquent la hauteur du premier comportoit 82 $\frac{3}{4}$ pieds, de sorte qu'il faut lire XXCII au lieu de CXXV.

En effet, cela se trouve, à ce qu'il dit, dans quelques manuscrits florentins **

* Le pied de Londres, de Graham, et la raison donnée par Graham 10000 : 10654, ou, comme il s'exprime, 811 : 864, est la base de la réduction faite par Stuart même.

** H. N. L. XXXVI. 9.

de Pline, comme type de la vraie leçon. On a pu, des deux II, en rapprochant leurs pieds, faire un V, et on voit par là combien il a été facile que le texte fût corrompu en cet endroit. Mais pour que cette correction ne soit plus sujette à aucun doute, voyons si le nombre 82 pieds $\frac{1}{4}$ s'accorde avec la hauteur de l'autre obélisque. Mercatus et Kircher, qui ont écrit sur cet *obeliscus flaminius*, ainsi surnommé, font sa hauteur de 120 palmes romaines. La palme romaine moderne, suivant le modèle que L. Pætus en a exposé au Capitole, et que Revillas a mesuré exactement, contient 99, 03 lignes de Paris. Si l'on réduit 82 $\frac{3}{4}$ pieds romains en lignes de Paris, en comptant 131 lignes au pied, on trouve 10840, 25 lignes de Paris, qui, divisées par 99, 03, donnent 109 $\frac{1}{2}$ palmes, pour lesquelles Mercatus et Kircher ont mis le nombre rond 110, peut-être en se servant d'une palme qui différoit très-peu de la palme du Capitole.

Supposons donc 73 $\frac{3}{4}$ pieds pour la hauteur juste de l'obélisque du Champ-de-Mars, il s'ensuit un pied de 130, 97 lignes de Paris, de sorte que nous pouvons ici regarder la grandeur du pied romain, comme le résultat de la comparaison immédiate d'une ancienne et d'une nouvelle mesure de même dimension *. On ne peut pas douter que l'ancienne mesure n'ait été prise exactement, puisqu'Auguste a fait ériger cet obélisque pour servir de Gnomon **. Ainsi le géomètre ou mathématicien qui fut chargé de ce soin, doit avoir commencé par en déterminer exactement la hauteur.

Je ne me fais donc, en conséquence des recherches de Raper, et de la mesure de Stuart, aucun scrupule de donner 131 lignes de Paris au pied romain, comme valeur très-approchée de sa grandeur.

Pour terminer, il faut encore agiter ici, en peu de mots, la question de savoir s'il y avoit d'autres pieds que le pied légal, en usage dans l'empire romain. Le passage suivant d'Hygin ***, contient tout ce qu'on peut dire à ce sujet :

* Avec cette mesure, s'accorde très-bien celle dont le nº DCXXV du Mercure de France de l'an 1813 fait mention. On voit, dans le voisinage de Terracine, sur la face d'un rocher coupé perpendiculairement à cause du chemin qui passe devant, les marques des nombres romains, taillés à égales distances les uns des autres, depuis 10 jusqu'à 120. M. Scaccia a mesuré les intervalles avec le plus grand soin, et il a trouvé qu'ils doivent désigner des pieds romains dont la longueur seroit égale à 130 lignes de Paris et quelque peu plus. Cependant les divisions ne sont pas toutes parfaitement égales entre elles.

** Zuega, *de orig. obelisc.* *** *De limitib. agror.*

Neque hoc prætermittam, quod in provincia Cyrenensi comperi, in qua agri sunt regii, id est illi quos Ptolæmeus rex populo Romano reliquit... Pes eorum qui Ptolemaicus dicitur, habet monetalem pedem et semunciam... Item dicitur in Germania in tungris pes drusianus qui habet monetalem pedem et semunciam. Ita ut ubicumque extra fines legesque Romanorum, id est, ut sollicitius proferam, ubicumque extra italiam aliquid agitatur in quirendum. Ces derniers mots paroissent corrompus, ou au moins imparfaits; mais on voit qu'ils contiennent une invitation adressée à l'arpenteur, de s'informer partout des mesures locales, on nomme ici comme essentiellement différents, 1° le *pes monetalis*, qui doit avoir été généralement en usage dans toute l'Italie, et comme peut être le pied romain déterminé ci-dessus, 2° le *pes Ptolemaïcus*, d'après lequel furent mesurées les terres léguées au peuple romain par Ptolémée-Apion, dernier roi de Cyrène, 96 ans avant notre ère. En admettant qu'il contenoit 12 ½ *unciæ* du pied romain, on voit que c'étoit le pied grec : car celui-ci étoit, comme disent les anciens, au pied romain, dans la raison de 25 à 24. La province de Cyrène fut anciennement habitée par des Grecs. 3°. Le *pes Drusianus*, qui paroît avoir été en usage pour le partage des terres de la basse Germanie aux soldats romains. Il doit avoir contenu 13 ½ *uncias* du pied romain, et par conséquent près de cinq lignes de plus que le pied de Paris.

TROISIÈME SECTION.

MESURES ROMAINES DE LONGUEUR COMPARÉES A CELLES DES MODERNES.

Il a été démontré dans la précédente section, que le pied romain doit avoir contenu tout près de 131 lignes de Paris. Par suite de cette valeur et des rapports qui ont été évalués dans la première section, nous avons à comparer les mesures romaines de longueur et de surface avec quelques unes des modernes les plus connues et les plus usuelles. Je choisis pour cela le pied de Paris, le mètre, et le pied du Rhin, et je remarque que le mètre a été fixé définitivement par les Géomètres Français, à 443,295936 lignes de Paris; et que le pied du Rhin fixé par Eisenschmid * et assez généralement adopté, surtout dans les états Prussiens, contient 139,13 lignes de Paris. C'est d'après ces données, que la table suivante a été calculée.

* Voyez son ouvrage cité ci-dessus.

TABLE DES MESURES ROMAINES DE LONGUEUR.

Mesures Romaines.	Pied de Paris.	Mètre.	Pied du Rhin.
Sicilicus.	0,0190.	0,0062.	0,0196.
Semuncia.	0,0379.	0,0123.	0,0392.
Digitus.	0,0569.	0,0185.	0,0588.
Uncia.	0,0758.	0,0246.	0,0785.
Sescuncia.	0,1137.	0,0369.	0,1177.
Sextans.	0,1516.	0,0493.	0,1569.
Quadrans, palmus.	0,2274.	0,0739.	0,2354.
Triens.	0,3032.	0,0985.	0,3139.
Quincunx.	0,3791.	0,1231.	0,3923.
Semis, semipes.	0,4549.	0,1478.	0,4708.
Septunx.	0,5307.	0,1724.	0,5492.
Bes.	0,6065.	0,1970.	0,6277.
Dodrans.	0,6823.	0,2216.	0,7062.
Dextans.	0,7581.	0,2463.	0,7846.
Deunx.	0,8339.	0,2709.	0,8631.
Pes.	0,9097.	0,2955.	0,9416.
Palmipes.	1,1372.	0,3694.	1,1770.
Cubitus, ulna.	1,3646.	0,4433.	1,4123.
Gradus.	2,2743.	0,7388.	2,3539.
Passus.	4,5486.	1,4776.	4,7078.
Decempeda.	9,0972.	2,9551.	9,4157.
Actus.	109,1667.	35,4616.	112,9879.
Stadium.	568,58.	184,70.	588,48.
Mille passus.	4548,61.	1477,57.	4707,83.
Leuca.	6822,92.	2216,35.	7061,74.

Le pied de Paris, ainsi que le pied du Rhin, est divisé en 12 pouces, et le pouce en 12 lignes. D'après cela on réduira aisément les parties décimales de ces deux sortes de pieds, en pouces et en lignes. Ainsi, le pied romain est = 10 pouces de Paris et 11 lignes, = 11 pouces du Rhin et 3,6 lignes. Quant aux parties décimales du mètre, la première est le premier décimètre; la seconde est le centimètre; la troisième, le millimètre. Le pied romain contient donc 2 décimètres + 9 centimètres + 5 ½ millimètres, (= 0,2955 mètre).

La table suivante offre plus commodément la réduction de chaque nombre de pieds romains en pieds de Paris, en mètres, et en pieds du Rhin.

TABLE DES MULTIPLES DU PIED ROMAIN.

Pieds romains.	Pieds de Paris.	Mètres.	Pieds du Rhin.
1.	0,9097.	0,2955.	0,9416.
2.	1,8194.	0,5910.	1,8831.
3.	2,7292.	0,8865.	2,8247.
4.	3,6389.	1,1821.	3,7663.
5.	4,5486.	1,4776.	4,7078.
6.	5,4583.	1,7731.	5,6494.
7.	6,3681.	2,0686.	6,5910.
8.	7,2778.	2,3641.	7,5325.
9.	8,1875.	2,6596.	8,4741.

Quand on veut réduire un nombre de pieds romains, on prend pour chaque chiffre sa valeur dans la table, on place la virgule suivant leur valeur décimale; on prend ensuite la somme de tous les chiffres; si, par exemple, on avoit 7583 pieds à réduire en pieds du Rhin, on diroit:

7 = 6591,0.
5 = 470,8.
8 = 75,3.
3 = 2,8.
7583 pieds romains = 7139,9 pieds du Rhin.

Six pieds de Paris font une toise, et douze pieds du Rhin une verge. Par conséquent,

Le stade. . . . =	94,76 toises, —	49,04 verges.
Le mille romain. =	75,810. . .	392,32.
La lieue, *leuca*. . =	1137,15. . .	388,48.

Pour pouvoir comparer ces trois anciennes mesures itinéraires, avec la lieue et le mille géographique, remarquons que la lieue est la vingt-cinquième partie d'un degré moyen de latitude, et que le mille en est la quinzième partie. Or, le mètre définitif est la dix millionième partie du quart du méridien terrestre, ainsi qu'il résulte de la comparaison de la nouvelle mesure du degré, exécutée en France, avec celle qui a été faite auparavant au Pérou. (Voyez la notice de M. Tralles sur le nouveau système décimal (à Berne 1801). Le quart de cercle est par conséquent de 443295936o lignes de Paris, ou 513074o toises; ce qui fait pour la lieue 2280, 33 toises, et pour le mille géographique 3800, 55 toises, = 1966, 8 verges du Rhin = 23601 $\frac{1}{2}$ pieds du Rhin.

Donc à très-peu près : 1 lieue = 24 stades = 5 milles romains = 2 milles galliques.

1 mille géographique = 40 stades = 5 milles romains = 3 $\frac{1}{3}$ milles galliques.

1 degré terrestre moyen de 57008 $\frac{2}{9}$ toises contient en nombres ronds 602 stades, 75 milles romains, et 50 milles galliques.

TABLE DES MESURES ROMAINES DE SURFACE.

MESURES ROMAINES DE SURFACE.	PIEDS CARRÉS DE PARIS.	MÈTRES CARRÉS.	PIEDS CARRÉS DU RHIN.
Pes quadratus.	0,8276.	0,0873.	0,8865.
Scripulum.	82,76.	8,73.	88,65.
Uncia.	1986,23.	209,59.	2127,71.
Clima.	2979,34.	314,38.	3191,56.
Actus quadratus.	11917,36.	1257,53.	12766,25.
Jugerum.	23834,72.	2515,06.	25532,51.
Heredium.	47669,44.	5030,11.	51065,02.
Centuria.	4766944.	503011.	5106502.
Saltus.	19067778.	2012044.	20426008.

En France, les champs se mesuroient par arpents de 48400 pieds carrés de Paris. La mesure agraire actuelle, nommée hectare, contient 10000 mètres carrés. Dans les états prussiens, c'est le *journal* de Magdebourg, de 180 verges rhénanes carrées, ou de 25920 pieds carrés du Rhin, qui est en usage. Ainsi pour convertir les mesures agraires romaines en arpents, en hectares, en *journaux* de Magdebourg, il faut, dans le premier cas, diviser les pieds de Paris carrés, donnés dans la table précédente, par 48400; dans le second, les mètres carrés par 10000; et dans le troisième, les pieds carrés du Rhin par 25920. Il se trouve ainsi qu'un *jugerum* est presque de même grandeur qu'un demi-arpent, qu'un quart d'hectare, et qu'un *journal* de Magdebourg.

SECONDE PARTIE.

MESURES GRECQUES DE LONGUEUR.

PREMIÈRE SECTION.

DE LEURS PROPORTIONS RÉCIPROQUES.

Les mesures fondamentales des Romains, dont les noms sont empruntés des parties du corps humain *, avec lesquelles elles avoient quelque rapport, *cubitus pes, palmus, digitus*, se trouvent aussi dans les mêmes proportions chez les Grecs, qui les nomment πηχυς, πους, παλαιςη, δακτυλος; cette dernière mesure qui est la largeur du doigt, est la plus petite qui ait reçu un nom chez les Grecs, c'est l'unité dont les autres mesures sont des multiples ou des fractions. C'est pourquoi, dit Héron, on la nomma dans la suite μονὰς, unité.

Au temps de cet écrivain on prenoit pour deux travers de doigts, le mot κονδυλος. C'est ainsi qu'on appelle la phalange moyenne des doigts, et en effet sa longueur est assez égale à la double largeur du doigt *.

Le παλαιςης, ou la παλαιςη, (car les deux se disoient également) a la même signification et la même origine, que le mot latin *palmus*, puisqu'on y trouve παλάμη la paume de la main dont la largeur est cette mesure même, et encore la racine παλλειν, frapper, jeter, secouer; on verroit toujours bien que la παλαιςη contient quatre δακτυλους, c'est-à-dire que la largeur de la main contient quatre largeurs de doigt, quand on ne le sauroit pas expressément par Héron**, Hésychius etc. quelques uns nommoient aussi d'après le premier de ces deux auteurs, cette mesure, τεταρτον, parceque c'est la quatrième partie du pied; et d'autres τριτον

* *Rufus Ephesius, de corporis humani partium appellationibus. Lond.* 1726.

** Ce Héron ne doit pas être confondu avec le mécanicien célèbre qui vivoit avant celui-ci, dont il existe une géométrie inédite, de laquelle les bénédictins ont extrait deux fragmens περι ευθυμετρικων, *sur les mesures de longueur*, dans le premier volume de la collection intitulée *analecta græca sive varia opuscula hactenus non edita* (Paris 1688. 4). Le premier de ces fragmens traite des mesures usitées au temps de Héron, et qui diffèrent en partie dans les dénominations, en partie dans les valeurs, des plus anciennes qui sont l'objet du second fragment. Les nombreux manuscrits de cette géométrie diffèrent beaucoup les uns des autres, comme Lambecius le remarque dans le catal. bibl. vind. t. VII. Peut-être est-ce parce qu'elle a servi long-temps de texte pour les leçons publiques, que chacun l'altéroit suivant ses vues et ses besoins. On expliquera aisément par-là comment un petit fragment du *Discourse of the roman foot and denarius de* Greaves, donné sous le nom de Héron, peut se trouver si différent des deux cités plus haut. Je reviendrai souvent à ces fragmens, et ce seront toujours ceux des analectes, quand je ne nommerai que le nom de Héron.

parce que c'est le tiers de la σπιθαμη. Le mot δωρον a la même signification que παλαιςη, selon ce qu'assurent Hésychius, Suidas et Eustathe*. Déjà paroît dans Homère δωρον comme mesure. On le tenoit pour le plus anciennement usité, *Græci antiqui doron palmum vocabant, et ideò dora munera, quia manu darentur*, dit Pline**, et Vitruve*** presque de même; tous deux remarquent que les deux sortes de pierres de maçonnerie employées chez les Grecs, se nommoient tetradoron et pentadoron, ayant 4 ou 5 palmes en carré.

Les mots δοχμη et δακτυλοδοχμη présentent encore la même idée, mais leur signification a beaucoup varié, δοχμη, σπιθαμη, παλαιςη se trouvent dans Hésichius qui ainsi ne décide rien. *Pollux* et l'*Etimologus magnus* se déclarent pour παλαιςη, *Photius et Suidas* pour σπιθαμη. L'étymologie du mot permet les deux significations, car il vient de δεχεσθαι. Mais on reçoit non-seulement avec les doigts étendus et écartés, de la spithame qui tire son nom de là, σπιζειν, εκτεινειν, mais encore avec les doigts rapprochés ensemble qui font le δωρον. Ces deux dénominations δωρον et δοχμη, paroissent au reste avoir été peu usitées; la première est surannée, et la seconde indéterminée.

Διχας, la moitié du pied, est donnée par Héron, comme une mesure particulière, qui, à ce qu'il dit, contenoit deux παλαιςας: quelques-uns, ajoute-t-il, la nomment encore κοινοςομον, expression qui d'ailleurs se rencontre difficilement. Διχας même ne paroît se trouver que là, elle répond à la mesure Romaine *semis*. Ημιποδιον, qui se trouve dans Théophraste, doit avoir été peu en usage.

Λιχας vient immediatement après, c'est suivant Pollux, l'étendue du plus grand écart des extrémités du pouce et du doigt indicateur, λιχανος; c'étoit, selon un fragment de Héron, dans Greaves, dix δακτυλοι.

Ορθοδωρον qui, selon le même fragment, contient onze doigts, est d'après Pollux et Hesychius, la longueur de l'avant-main depuis le carpe, jusqu'au bout de l'index; ce dernier dit que quelques-uns l'égaloient à la Spithame, σπιθαμη, empan. Cette mesure, l'une des plus usitées chez les Grecs, avoit la valeur de 12 doigts, ou trois travers de main, comme l'assurent entre autres l'Etymologus Magnus et Héron. Suivant Pollux et Hesychius, c'est l'intervalle du pouce au petit doigt lorsqu'ils sont le plus ouverts. Les Romains pour l'exprimer se servoient du mot *dodrans* emprunté de leur *nomenclature*; et les modernes le rendent à tort par le mot *palmus*. Quand par exemple, Hérodote raconte qu'on trouve sur le chemin d'Éphèse à Phocée, et sur celui de Sardes à Smyrne, deux figures d'hommes que Sésostris, dans ses expéditions a fait graver sur des rochers μεγεθος πεμπτης σπιθαμης, ces mots sont mal rendus par *magnitudo quinum palmorum*. Ces

* Ad. II. Δ. 109. ** H. n. XXXV. *** Archit. II.

figures n'avoient pas $\frac{5}{4}$, mais 3 $\frac{3}{4}$ pieds de hauteur. Pline étoit déjà tombé dans cette faute, il a traduit les mots πολυγαλον θαμνίον ετι σπιθαμιαιον de Dioscoride, par *polygala palmi altitudinem petit**, et il dit de l'ambrosia, qu'elle est *trium fere palmorum*, tandis qu'au contraire Dioscoride parle d'un θαμνισκος τρισπιθαμος, (III. 129.). On pourroit vouloir employer ces passages comme preuve que le *palmus* se montre dans Pline pour la signification de σπιθαμη, vu qu'il s'en trouve des exemples, mais seulement dans les écrivains des bas siècles, comme on l'a déjà remarqué dans l'explication des mesures romaines. Mais il y a ici dans ce Romain quelqu'erreur comme il s'en rencontre assez fréquemment dans sa description des plantes, qu'il a tirée en très-grande partie de Dioscoride, ou avec celui-ci, de quelque source commune; c'est ainsi qu'il lui arrive plus d'une fois de donner le σπιθαμη pour le *semipes*, et qu'une autre fois encore, il rend καυλος διςπιθαμαιος par *caulos duûm cubitorum*. On a voulu établir sur ces fausses réductions, qui pouvoient aisément se glisser dans le rassemblement des matériaux pour l'immense composition de l'histoire naturelle, toutes sortes d'hipothèses sur les proportions des mesures tant grecques que romaines, mais qui s'évanouissent quand on les soumet à une épreuve plus rigoureuse.

Le rapport du pied, πους, aux plus grandes et moindres mesures, se trouve amplement détaillé dans le passage suivant d'Hérodote (Eut. II.) : « Cent orgyies sont précisément un stade de six plethres ; l'orgyie est égale à six pieds ou quatre aunes, le pied a quatre palæstes ou largeurs de main. Si l'on ajoute encore à cela, que la παλαιςη contenoit quatre doigts, on aura les rapports des principales mesures grecques de longueur.

Entre le pied et l'aune (πηχυς), étoient les mesures πυγμη et πυγων. Pollux les définit ainsi: L'étendue comprise de l'extrémité du coude, jusqu'à celle du doigt du milieu, se nomme πηχυς; et jusqu'aux doigts fermés, πυγων; et jusqu'au poing, πυγμη**. Avec ces définitions s'accordent les valeurs données à ces mêmes mesures dans le fragment de Héron conservé par Greaves. La πυγμη, y est-il dit, contient dix-huit doigts, le πυγων vingt, et le πηχυς vingt-quatre. C'est là, à ma connoissance, le seul endroit où l'on trouve les mesures dites πυγμη et πυγων, données dans leur rapport avec le δακτυλος. Le πυγων répondoit, comme on voit, au *palmipes* des Romains. La πυγμη tenoit le milieu entre le *pes* et le *palmipes*, ces deux mesures se rencontrent rarement, et seulement dans les plus anciens écrivains. Homère a l'adjectif πυγουσιος, pour lequel on disoit aussi πυγονιαιος; de πυγμη vient l'adjectif πυγμαιος. On désignoit par ces noms, certains êtres fabuleux dont le même poète fait mention. A la même catégorie appartiennent les τρισπιθαμοι qu'Aulugelle prend pour les pygmées quand il dit : *pygmæos*

* Hist. N. XXVII. ** V. Photius Lex. et Eustath. Ad. Il. γ. K. Odys. K.

quorum, qui longissimi sint, non longiores erant quàm pedes duos et quadrantem. On trouve dans Suidas la glose πυγωνος αντι του πηχεος. Mais on voit par ce qui précède, que le πυγων est plus petit que le πηχυς. Hérodote distingue et détermine avec précision ces deux mesures, lorsqu'il dit d'une certaine dimension, qu'elle est οκτω και δεκα πηχεων και πυγονος, pour signifier qu'elle tenoit près de dix-neuf πηχεις *.

Le πηχυς que les Grecs ont employé aussi souvent que le pied, contient, suivant le rapport unanime de tous les écrivains qui l'expliquent, un pied et demi ou vingt-quatre δακτυλους. Ce ne fut que long-temps après, qu'il fut pris pour deux pieds, comme notre aune avec laquelle on le compare ordinairement. Héron, qui ne peut pas avoir vécu avant le dixième siècle de notre ère, dit en traitant des mesures usitées de son temps, que le πηχυς contient deux pieds ou 2 $\frac{2}{3}$ empans, ou huit largeurs de la main, ou trente-deux largeurs de doigt. Seulement dans la stéréométrie, on suivait l'ancienne manière de le déterminer; car le πηχυς λιθικος, et celui du bois scié, του πριςικου ξυλου, valoit, à ce qu'il ajoute, un pied et demi. On trouve dans Xénophon ** τριημιποδιον comme synonyme de πηχυς, en latin *sesquipes.* On a déjà remarqué, à l'occasion des mesures romaines, que le *cubitus* s'accorde étymologiquement avec le πηχυς des Grecs, et que même dans son origine l'*ulna* ne signifioit rien autre chose.

Vient ensuite le βημα ou *pas*, qui contient selon Héron dix παλαιςας ou quarante δακτυλους, et ainsi, 2 $\frac{1}{2}$ pieds. Dans les derniers temps, on distinguoit, comme dit cet écrivain, entre το βημα το απλουν et το βημα το διπλουν, simple et double pas l'un de 2 $\frac{1}{2}$, l'autre de 5 pieds. Le *gradus* et le passus avoient les mêmes valeurs chez les Romains: *Julianus Ascalonita* donne trois pieds au pas ***. Quand ailleurs il compte pour un stade ou 600 pieds, 240 pas, il met ainsi le pas dans son rapport précédent au pied, proportion dont il s'écarte néanmoins dans l'explication de l'οργυια et du μιλιον. C'est pourquoi je suis porté à croire qu'il faut lire au lieu de σμ ou 240, σ ou 200 avec l'interprète latin, et attribuer dans cet auteur une autre valeur au βημα. Au reste, cette mesure paroît n'avoir servi chez les Grecs que pour évaluer les distances des lieux, auxquelles on n'est pas obligé d'apporter une grande rigueur. A la suite d'Alexandre marchoient des βηματιςαι, ainsi nommés, parcequ'ils devoient déterminer par les pas qu'ils faisoient, les espaces parcourus par l'armée. Athenée cite du βηματιςης

* Ent. Son. II. ** OEcon. c. 19.

*** Harménopule, écrivain du XIVe siècle donne dans son προχειρον νομον L. II. T. IV, une notice abrégée de mesures grecques de longueur εκ των νομων ητοι εθων των εν παλαιςινῃ, d'un *Julianus Ascalonita*, qui probablement est le même que celui à qui *Minutius* Félix écrivain du IIIe siècle, donne des noms *d'Antonius Julianus, scripta Flavii Josephi et Antonii Juliani* de *Judæis require*.

Bæton, que Pline appelle *itinerum Alexandri mensorem*, un écrit intitulé: σταθμοι της Αλεξανδρου πορειας* suivant Hesychius, βηματιζειν étoit un mot d'origine macédonienne. Polybe et Strabon l'emploient, quand ils parlent de la manière de mesurer les routes militaires**.

Une longueur de trois πηχεις, ou de quatre pieds et demi, étoit nommée ξυλον, du temps de Héron; ce mot, dans cette acception, ne se présente nulle part, du moins que je sache, si ce n'est peut être qu'il étoit employé dans la vente du bois d'une mesure usitée alors.

L'οργυιά étoit au nombre des plus communes mesures de longueur, chez les Grecs. Elle fut toujours évaluée de six pieds ou quatre aunes. Suivant Héron, on doit avoir employé dans les derniers temps, une οργυια pour la mesure des champs, et celle-ci qu'il nomme royale, avoit cinq quarts d'une σπιθαμη de plus que six de ces pieds. Mais il est évident qu'ici la base devoit être quelqu'autre pied plus grand, dont cette mesure étoit sans doute un sextuple***. Quant à ce qu'étoit l'οργυια, comme dimension des corps, l'*Etymologus magnus* dit que c'étoit toute la longueur des bras étendus, avec la largeur de la poitrine comprise, et qu'elle étoit ainsi nommée d'ορεγειν τα γυια, étendre les bras. On voit que cela revient à notre brasse, ou toise que nous faisons aussi de six pieds.

Toutes les mesures jusqu'à présent dénommées, si nous en exceptons les noms de proportions μονας, τεταρτον, τριτον, διχας et le ξυλον de Héron, sont prises du corps humain, premier étalon des mesures de l'homme, remarque qui a déjà été faite par plusieurs anciens. On se servoit depuis long-temps de ces dimensions pour mesures, lorsqu'on forma différentes échelles de mesures auxquelles on donna des proportions déterminées. A celles-ci furent annexées par les Grecs, seulement le δακτυλος, la σπιθαμη, le πους, le πηχυς et l'οργυια. Les autres mesures prises du corps, savoir: le κονδυλος, le λιχας, l'ορθοδωρον, la πυγμη, le πυγων, le βημα, ne furent employés comme parmi nous la largeur du doigt, l'empan, et autres semblables, que dans les cas où l'on n'a pas besoin de déterminations rigoureusement exactes, mais seulement de donner une idée de certaines grandeurs.

Pour les plus grandes mesures de longueur, nous trouvons dans les auteurs grecs καλαμος ou ακαινα, άμμα, πλεθρον, σταδιον, διαυλος, ιππικον, δολιχὸς, μιλιον, σχοινος et παρασαγγης. Mais ces trois dernières n'appartiennent pas à la Grèce; car le μιλιον est le *mille passus* des Romains; le σχοινος étoit la mesure itinéraire d'Égypte, et la παρασαγγης celle de Perse.

Le καλαμος, dit Héron, qui paroît être le seul qui en fasse mention, a 6 $\frac{2}{3}$ πηχεις

* H. N. VII. ** L'un, L. III, l'autre VII.

*** De son temps, la spithame dite aussi γροντος, étoit le poing fermé des lutteurs au pugilat et le quart αντιχεις.

ou 10 pieds. Le nom et la signification montrent que c'étoit une échelle de 10 pieds, peut-être la *pertica* ou *decempeda* transportée de Rome en Grèce avec le siége de l'empire. Mais auparavant, les Grecs avoient une pareille mesure nommée ακαίνα. Selon Hésychius, l'*Etymologus magnus* et le Scholiaste d'Apollonius Rhodius, c'étoit un bâton qui servoit aux paysans à chasser leurs bêtes et à mesurer leurs champs, le dernier l'appelle une houlette. Dans Héron, et dans un fragment publié par Le Moyne *, sur les mesures, il est parlé aussi de 10 pieds, on trouve une autre détermination dans le fragment de *Julianus ascalonita*. L'ακαινα, y est-il dit, contient une perche et demie ou 6 aunes, ou 9 pieds, ou 36 largeurs de main, mais peut-être est-ce une faute; car aussitôt après, il est dit que le *Stadium* a la valeur de 60 ακαιναι, ou 100 orgyies, ce qui rend à l'ακαινα sa valeur précédente de 10 pieds.

L'αμμα doit avoir servi pour le même objet, la mesure des champs, suivant Héron, seul auteur qui en fasse mention; il contient 40 aunes ou 60 pieds: nos chainettes à mesurer ont ordinairement la même longueur; et le nom indique le même usage, auquel le σχοινος étoit aussi employé, comme l'indiquent les mots qui en sont dérivés σχοινιζω et σχοινισμος, quoique nous ne le trouvions nulle part appliqué à la mesure des champs. Hérodote s'en sert pour exprimer une mesure itinéraire égyptienne, en quoi les écrivains venus après lui l'ont imité.

Πλεθρον, mesure souvent mentionnée par les Grecs, est la sixième partie du stade, et contient par conséquent cent pieds, outre les paroles citées ci-dessus d'Hérodote, nous avons tant d'autres témoignages qui déterminent de même la signification de ce mot, qu'il n'est besoin que de rapporter les deux passages qui semblent la combattre. Nous lisons dans Suidas: Πλεθρον τὸ τοῦ ςαδιου ἕκτον μέρος ὅπερ ἐςι πηχεων ξη, ὅλον γὰρ το ςαδιον εςι τετρακοσιων, ἤ πανταχοθεν εχον ποδας λη̅. Καὶ πλεθραιον διαςημα, εχει δὲ τὸ πλεθρον ποδας ρ. Kuster prétend corriger la faute évidente qu'on trouve dans ce passage, en lisant τετρακοσιων η̅, quatre cent-huit, comme si la proportion de la coudée au stade eût jamais varié. Le stade n'a jamais été défini ou déterminé autrement que l'équivalent de six cents pieds ou quatre cents aunes. Suidas nommant avec raison le πλεθρον, sixième partie du stade, et l'évaluant ici, et dans l'article ςαδιον, égal à cent pieds, il faut, comme le remarque Perizonius, lire 66 $\frac{2}{3}$ au lieu de 68, ainsi qu'on le trouve dans Eustathe. Le lexicographe trouve un autre usage du πλεθρον, par la lettre ἤ devant παντα-

* Le Moyne donne dans un des livres de sa collection *varia sacra*, un fragment précieux sous le titre περὶ πολικοτητος μετρων, qu'il semble joindre au titre d'un fragment précédent du Père de l'Église *Epiphanius*. On a sur ce fragment un écrit très-étendu des poids et mesures, dans la seconde partie de l'édition de Pétau, mais où on ne trouve rien de ce fragment. Il ne traite que des poids et mesures mentionnés dans l'Ancien Testament.

χοθεν. On lit dans le fragment de *Julianus Ascalonita* : Le plethrum contient dix ακαινας ou quinze orgyies, ou trente pas, ou 60 aunes ou nonante pieds. Cette explication est dérivée de la précédente qui donne à l'ακαινα neuf pieds au lieu de dix. Elle est certainement peu juste, comme on le verra par ce qui suit, où conformément aux témoignages de tous les autres écrivains, six plèthres ou 100 orgyies ou 400 aunes ou 600 pieds, égalent un ςαδιον.

Le mot Σταδιον ou Σταδιος, car les deux se disoient, paroît avoir exprimé dans sa signification primitive, la ligne de chemin qu'un homme vigoureux et dispos, peut parcourir en courant rapidement d'une seule haleine, sans s'arrêter et sans reprendre son haleine, ni de nouvelles forces; c'est ce que dit une ancienne tradition grecque. *Stadium*, dit Isidore, *octava pars milliarii est, constans passibus* CXXV. *Hoc primum herculem statuisse dicunt, eumque eo spatio determinasse, quod ipse sub uno spiritu confecisset : ac proinde stadium appellasse, quod in fine respirasset, simulque stetisset.* On nommoit en conséquence, Σταδιον, tout lieu destiné à des courses d'après des paris, et en particulier les lices. Et comme on trouvoit que six cents pieds en faisoient généralement la longueur, on donna cette dimension à la lice, et on nomma Σταδιον toute longueur de 600 pieds : expression qui devint si commune, qu'on ne pensa plus aux lices, mais seulement au rapport de toutes les autres longueurs à celle-ci.

Cette signification une fois tombée en désuétude, les plus grossières erreurs resultèrent de son oubli. Ainsi, par exemple, Delabarre, dans son essai sur les mesures géographiques des anciens, soutient que les Grecs comptoient originairement 600 pieds pour un stade, et qu'ils comptèrent ensuite mille pieds, mais que ces pieds n'étoient que les deux tiers du pied romain, ou environ sept pouces du pied de Paris. (XIX M. d. l'ac. des inscr.)

Il est clair qu'il n'a pas considéré que le πους des Grecs comme l'οργυια, le πηχυς, et les autres mesures de longueur plus courtes, sont empruntées du corps humain. Ou bien a-t-il cru que l'on a pris le pied d'un enfant pour type de mesure? il semble bien étrange qu'il nomme olympique le stade égal à 600 de ses pieds courts. C'est donc à son avis, de ces pieds-là, que parle Aulugelle, lorsqu'il dit : *constat curriculum stadii, quod est Pisæ ad Jovis olympii, Herculem pedibus suis metatum, idque fecisse longum pedes sexcentos*!*

Non seulement le *stadium* simple, mais encore le double, le quadruple et le dodecuple sont employés sous les noms διαυλος; ιππικον et δολιχος comme mesures par les Grecs. Le διαυλὸς étoit proprement la *duorum stadiorum ambulationis*

* Et suivant Athénée, liv. V, on nommoit αυλος παν το διατεταμενον εις ευθυτητα σχημα, ὡς περ το ςαδιον. Voyez sur διαυλος, *Spanheim*, dans callimachi *hymn. in pallad.* Αυλος étoit toute étendue en droite ligne, comme le stade.

circuitio, comme s'exprime Vitruve, c'est-à-dire la double longueur de la lice, dans laquelle on avoit le διαυλοδρομος à parcourir jusqu'au but, puis à revenir au premier point du départ. Le Scholiaste d'Aristophane qui donne cette explication, ajoute ἡ μετρον πηχεων σ̄ il est évident, comme plusieurs savans l'ont déjà remarqué, qu'ici il faut lire οργυιων au lieu de πηχεων, ou ω̄ au lieu de σ'; car le διαυλος devoit, comme longueur double du stade, avoir 800 aunes, comme Héron le dit aussi expressément.

L'ιππικον étoit, selon Plutarque, une mesure de quatre stades; selon lui encore, elle fut nommée dans une loi de Solon, plus tard elle tomba en désuétude. On trouve dans Hésychius : ιππειος δρομος τετραςαδιος τις. Meursius lit dans le même lexicographe ιππικον, τετραςαδιον pour ιππικον το ςαδιον, et il a raison.

Δολιχος étoit emprunté aussi de la lice ou carrière que l'on parcouroit. On nommoit ainsi la ligne que le δολιχοδρομος devoit parcourir en allant au but et le retour, elle est très-variablement déterminée, de six, de sept, de huit, de douze et même de vingt-quatre stades; comme mesure, ce doit avoir été douze stades, selon le fragment de Le Moyne. On voit aussi par la glose d'Hesychius, δολιχος μετρον γης, que cette mesure a été usuelle; mais à dire le vrai, il s'en trouve aussi peu de notions dans les écrivains que nous avons encore, que du διαυλος employé au même usage.

Voici quelles sont les mesures grecques de longueur, venues à notre connoissance, avec les proportions des principales.

ςαδιον. . .	1						
πλεθρον. .	6	1					
οργυια. . .	100	16 $\frac{2}{3}$	1				
πηχυς. . .	400	66 $\frac{2}{3}$	4	1			
πους. . . .	600	100	6	1 $\frac{1}{2}$	1		
σπιθαμη. .	800	133 $\frac{1}{3}$	8	2	1 $\frac{1}{3}$	1	
παλαιςη. .	2400	400	24	6	4	3	1
δακτυλος. .	9600	1600	96	24	16	12	4

Nous ne trouvons pour les mesures de surface, chez les Grecs, que le πλεθρον bien déterminé.

Il est dit, dans Euripide, d'un homme qui dresse une tente magnifique, « qu'il a employé la longueur d'un *plethrum* à une figure carrée de 10000 pieds de contenu. » Ce qui est ajouté ensuite, ὡς λεγουσιν οἱ σοφοι, comme disent les experts, montre assez que l'intention du poète étoit de donner exactement l'aire carrée du plan de la tente, et non d'employer l'expression dix-mille pour signifier une grandeur indéterminée, telle que le *sexcenti* du traducteur latin. Les camps romains, remarque Polybe, ont la figure d'un carré. Au milieu est le prétoire à cent pieds loin de chaque côté de l'enceinte, en sorte que l'aire est de quatre plèthres. L'auteur inconnu d'un fragment *de limitibus* dans le recueil des *script. rei agrariæ* dit : *primum agri modulum fecerunt quatuor limitibus clausum, figuræ quadratæ similem, plerum que centum pedum inutraque parte, quod Græci* πλεθρον *appellant.* Enfin on lit dans Hesychius : πλεθρονμετρον γης ὁ φασι μυριους ποδας εχειν.

Les anciens confondent communément la mesure de surface πλεθρον avec le *jugerum*, quoique le dernier fût presque trois fois plus grand que le premier, comme on le voit par la grandeur absolue des deux mesures, et par le rapport qui sera déterminé plus bas, entre le pied grec et le pied romain. Sans faire mention ici des *novem jugera* par lesquels Lucrèce, Virgile, Ovide et autres poètes latins rendent les εννεα πλεθρα que couvre le corps de Titye aux enfers, dans Homère, Plutarque rend la loi *licinia ne quis plus quingenta jugera agri possideret*, par μηδενα πλεθρων πενταkοσιων πλειονα χωραν κεκτησθαι. Et Pline par XX *jugera*, ce que Théophraste qu'il copie, exprime par εικοσι πλεθρα. Les modernes emploient ordinairement cette locution impropre, qui est surtout peu convenable dans les cas où le mot grec ne doit signifier qu'une simple longueur; car chez les Romains le mot *jugerum* n'exprime que des surfaces, et quand Suidas a dit, dans le passage cité de lui, que le πλεθρον contenoit 38 pieds, ou il parloit d'une toute autre mesure de surface, que celle qui portoit ce nom chez les Grecs, ou bien il faut substituer ρ̄ à λη̄.

La quatrième partie du πλεθρον se nommoit αρουρα, si la notice isolée ἡ αρουρα ποδας εχει ν, dans le même lexicographe, est juste, car le mot αρουρα, terrain, ne laisse aucun lieu de douter que ce n'est pas une mesure de longueur, mais un carré de 50 pieds de côté. Hérodote entend tout autrement ce même mot, quand il dit que la caste des guerriers en Égypte avoient le privilège de posséder chacun douze aroures franches de tout impôt, l'aroure contenant de tous les côtés cent aunes égyptiennes, cette aune étant égale à celle de Samos. Si cette αρουρα étoit égale à celle qui est mentionnée par Suidas, il faudroit qu'il y eût deux aunes égyptiennes ou samiennes au pied; ce qui supposeroit un emploi tout-à-fait impropre du mot πηχυς. Il n'est pas douteux qu'ici Hérodote signifie par le mot αρουρα quelque mesure agraire égyptienne, comme il désigne deux mesures itinéraires propres à l'Égypte, par les mots grecs ςαδιον et σχοινος.

Nous ne savons pas bien certainement si les Grecs se sont contentés des deux seules mesures de surface πλεθρον et αρουρα. Peut-être employoient-ils aussi le carré de l'ακαινα, de la mesure de dix pieds, dont nous avons parlé plus haut, comme le carré de la *decempeda* servoit aux romains sous le nom de *scripulum* pour la mesure des champs. L'*actus quadratus*, comme il a été dit ci-dessus dans le chapitre des mesures romaines, ou le *jugerum* doublé, étoit nommé dans la Bétique *acnua* ou *acna.* Si ce nom, comme les annotateurs de Columelle sont

18

portés à le croire, est d'origine grecque, (et des colons grecs peuvent l'avoir transporté avec eux dans le midi de l'Espagne), il est certain du moins qu'*acna* dans la Bétique signifioit toute autre chose que l'ακαινα de la Grèce.

On rencontre dans Homère et dans quelques poëtes postérieurs qui ont imité ses expressions, des mots composés tels que τετραγυος, πεντηκοντογυος, αγχιγυος, etc, qui montrent que, γυα a dû signifier le sol en général, et particulièrement un terrain d'une grandeur déterminée. Cependant la véritable signification de ce mot nous est absolument inconnue; ce que l'on en sait de plus certain, c'est que ce ne peut pas avoir été un synonyme de πλεθρον, comme le disent Hésychius et *l'Etymologus magnus*, parce qu'autrement le magnifique jardin d'Alcinoüs que le poète appelle μεγας et τετραγυος, n'auroit guère eu qu'un arpent et demi. Il y a bien plus de vraisemblance dans l'explication qu'Eustathe donne de ce mot, dont il dit qu'il signifie la surface de terrain qu'un cultivateur habile avec de forts bœufs peut enfermer dans un circuit tracé par sa charrue pendant toute une journée : peut-être aussi les Grecs des derniers temps ne savoient-ils déjà plus ce qu'on entendoit originairement par le mot γυα.

Si l'αρουρα de Suidas et l'ακαινα carrée du géomètre grec ont été réellement employées par les arpenteurs grecs, ces mesures avoient les proportions suivantes avec le πλεθρον et le pied carré.

Πλεθρον	1.		
Αρουρα	4.	1.	
Ακαινα	100	25	1.
Πους	10000	2500	100.

DEUXIÈME SECTION.

DÉTERMINATION DU PIED GREC.

L'ancienne Grèce étoit l'ensemble de plusieurs peuplades, indépendantes les unes des autres, et de lois et d'institutions très-différentes entre elles. On sera donc au premier coup d'œil très-disposé à penser que chacun de ces peuples a eu sa mesure et son poids propre. Il n'y a aucun doute non plus, qu'il s'y trouvoit beaucoup de différences; mais la mesure du pied étoit le seul point sur lequel toute la Grèce fût d'accord.

Il en résulte évidemment, d'abord, que ni dans les auteurs indigènes, ni dans ceux qui étoient Romains et qui comparent souvent les mesures grecques avec les leurs, il n'est jamais fait mention d'une mesure attique ou lacédémonienne, mais toujours d'un pied seulement et en général, ou du pied grec. Une preuve convaincante de cette vérité se tire d'Hérodote, qui a écrit dans les meilleurs temps de la Grèce, et pour tous les Grecs.

Il parle dans le second livre de son histoire, de deux pyramides qui doivent avoir été bâties dans le lac Mœris. Elles étoient, dit-il, hautes de 100 orgyies, et élevées de 50 au-dessus de l'eau. Pour ne laisser aucun doute sur une hauteur aussi extraordinaire, il juge à propos de remarquer qu'il ne désigne pas une mesure égyptienne par un nom grec, comme il se l'est permis en quelques cas, mais qu'il l'exprime en orgyies grecques. Il le déclare en ces termes : « Les cent orgyies font juste un stade de six plèthres, l'orgyie étant de six pieds ou quatre aunes, et le pied étant de quatre palæstes, et l'aune de six palæstes ou largeurs de main. Il se seroit certainement exprimé tout autrement, si ce n'eût pas été une mesure commune de longueur de cette division pour tous, ou au moins pour les principaux peuples de la Grèce.

Il parle, dans le premier livre, des murs de Babylone, dont il détermine la hauteur et la largeur en aunes royales, c'est-à-dire persiques; car les rois de Perse étoient particulièrement désignés par le titre Βασιλεις, chez les Grecs, comme chacun sait. Pour faire connoître à ses compatriotes la valeur de ces aunes, il dit que l'aune royale est plus longue de trois doigts que le πηχυς μετριος. On ne peut entendre par cette dénomination, que l'aune grecque commune; c'est l'acception de cette expression dans un glose sur Lucien (Καταπλ. ιϛ.), où le πηχυς βασιλικος est expliqué relativement à notre passage, par les mots : εχει πρωτον κοινον τρεις δακτυλους. Si les aunes des peuples de la Grèce eussent été différentes, Hérodote auroit probablement parlé ici de l'aune attique, comme ailleurs il compare le boisseau persique αρταβη au μεδιμνος attique.

Il ne nomme que dans un seul endroit, l'aune d'un lieu grec particulier, de Samos, et il la fait égale à celle d'Égypte; mais je n'étendrai mon opinion qu'aux principaux peuples du continent de la Grèce.

On peut, ce me semble, expliquer d'une manière assez satisfaisante, comment les Grecs, au milieu de la grande variété de leurs institutions légales, sont parvenus à se conserver un pied et une aune uniformes pour tous. Le stade étoit chez eux une longueur de six cents pieds, ou de quatre cents aunes. Cette expression étoit prise des lices, où l'on couroit dans la carrière, et auxquelles on donnoit généralement cette longueur; mais le principal de tous étoit le stade olympique, que, suivant une ancienne tradition, le plus grand héros de la nation avoit mesuré avec son pied. Presque toute la Grèce s'assembloit, pour assister aux jeux qui se célébroient tous les quatre ans à Olympie. Il étoit donc bien naturel que cette carrière devint l'étalon sur lequel on régloit le pied, la connoissance de cette longueur étant de toute nécessité à ceux qui, voulant remporter le prix de la course, étoient obligés de s'exercer de bonne heure à mesurer leur respiration sur cette longueur.

Avec ce rapport du pied grec commun au stade olympique, on arriveroit plus certainement à la connoissance du premier, si on avoit assez de monumens restants du dernier, pour pouvoir mesurer leur longueur avec une exacte détermination. M. Barbié du Bocage dit, dans son explication critique des cartes, qu'il a dessinées pour les voyages d'Anacharsis de l'ancienne Grèce, que M. Fauvel, dans un voyage, entrepris en 1787 par ordre du comte de Choiseul-Gouffier, a retrouvé l'hippodrome, le stade, le théâtre et le temple de Jupiter à Olympie, en sorte que l'on aura dans peu une mesure exacte de tous ces monumens. J'ignore si M. Fauvel a fait connoître quelque chose de ses mesures; mais je n'en attends pas un grand avantage pour la recherche qui m'occupe ici; car, à ce que je vois par le voyage de Fouqueville dans la Morée et l'Albanie, le stade olympique qu'il a découvert, est dans un tel état de délabrement, qu'on ne peut que difficilement en obtenir une mesure exacte.

A mon avis, il n'existe nulle part aucune échelle divisée en pieds grecs, ni aucune forme pareille sur quelque monument grec que ce soit. Au défaut de ce moyen ou de tout autre semblable qui nous a servi à connoître le pied romain, nous nous en tiendrons à ce que nous disent les anciens sur le rapport des mesures grecques de longueur aux romaines, pour déduire de cette comparaison, la valeur du pied grec d'après celle du pied romain. On voit qu'ici Polybe, l'un des Grecs qui les premiers écrivirent sur ce qui concerne les Romains, calcule par intervalles dans le troisième livre de son histoire, que la distance du chemin d'Hercule jusqu'au Rhône, le long de la côte de la mer Méditerranée, est de 8800 stades; et il ajoute, pour mieux faire croire ce qu'il dit: « Ces intervalles sont maintenant soigneusement mesurés par les Romains, et marqués de huit en huit stades, par des pierres milliaires. » Il fait donc le mille romain de huit stades, et c'est l'usage constant de tous les écrivains postérieurs, tant grecs, que romains, Strabon, Denys d'Halicarnasse, Tite-Live, Pline, etc.; jusqu'aux temps de Dion Cassius, où l'on commence à trouver un autre principe de réduction *.

Il est bien étrange, que Strabon, à l'occasiou de la *via egnatia*, qui menoit

* Philander parle dans son commentaire sur Vitruve, Liv. III, d'une colonne de porphyre, qui existoit de son temps à Rome avec l'inscription ποδ. θ, neuf pieds. Il dit que le pied qui y étoit donné, étoit d'un neuvième d'*uncia* plus grand que celui de Cossutius, qui donne le pied romain avec assez de justesse. Comme le pied grec étoit d'une demi-*uncia* plus long que le pied romain, cet autre pied n'est pas celui des Grecs; mais une fausse copie du pied romain servant peut-être aux artistes ou ouvriers grecs, qui travailloient à Rome, pour régler leur échelle de mesures. Quand Lucas Pætus écrivoit son ouvrage sur les mesures, cette colonne n'étoit déjà plus sur pied.

d'Apollonie en Illyrie, par la Macédoine jusqu'à l'Hèbre, fasse la remarque suivante : « Ce chemin a 535 milles romains de longueur, qui font 4280 stades, tandis que nous, comme c'est de l'ordinaire, nous faisons le mille de huit stades ; mais si nous suivons Polybe, qui compte deux plèthres, ou un tiers de stade de plus à chaque mille, il faut donc que nous ajoutions 178 stades, à ce nombre de mille. »

On voit qu'ici Polybe est taxé de s'être écarté de la règle générale qu'il suit pourtant si clairement, dans les termes même qu'on cite de lui. Strabon avoit sans doute sous les yeux un passage du 34ᵉ livre de cet historien, qui est perdu et qui étoit entièrement géographique ; mais ce passage ne peut pas avoir contenu ce que Strabon dit y avoir trouvé ; car si Polybe eût égalé le mille romain à huit stades et deux plèthres, et ainsi cinq mille pieds romains à un pareil nombre de pieds grecs, il auroit regardé ces deux sortes de pieds, comme étant de la même grandeur ; or c'est ce qu'il est imposible de penser de l'un des Grecs les plus instruits, et qui a passé une grande partie de sa vie à Rome et avec les Romains. Il est probable que, pour donner à ses concitoyens qui ne connoissoient pas l'usage de compter par *passus et mille passus*, une idée des milles romains, il a dit dans ce livre, qu'ils contenoient cinq mille pieds romains ; (car c'est ainsi que tout Grec s'expliquoit) huit stades et deux plèthres, en ajoutant peut-être, que le pied romain étoit un peu plus court, que le pied grec. Il est bien possible que Strabon se soit trompé, s'il a écrit de mémoire ce qu'il croyoit avoir lu dans Polybe ; car, * suivant la remarque de M. Gossellin, il n'est pas vraisemblable que Polybe ait d'abord estimé le mille romain de huit stades, ainsi que d'autres ; et qu'ensuite après une plus exacte recherche, il y ait ajouté un tiers de stade, parceque la recherche plus exacte aura pu difficilement le conduire à la moindre précision.

Si l'on prend mille *passus* pour huit stades, ou 5000 pieds romains pour 4800 pieds grecs, on obtient pour le stade 625 pieds ou 125 *passus* ; c'est ainsi que Columelle entre autres le définit, et son témoignage ici est de poids ; il développe dans son ouvrage sur l'agriculture, les principes de l'arpentage, et il juge nécessaire, entre les mesures qui s'y rapportent, de fixer le stade à mille *passus*, tandis qu'il existoit nombre d'écrits grecs sur l'agriculture, qui intéressoient les Romains, et dans lesquels on comptoit par stades et plèthres, plusieurs terres en Italie même pouvant être évaluées en stades. Ses paroles là-dessus sont claires et formelles : *Stadium habet passus* CXXV, *id est pedes* DCXXV, *quæ (mensura) octies multiplicata efficit mille passus, sic veniunt quinque millia pedum.*

* Recherch. s. l. Géogr. d. anc.

Mais si le stade grec vaut 125 *passus*, la raison du pied romain au pied grec, est comme celle de 24 à 25. Le seul ancien qui donne expressément ce rapport, est Hygin; suivant cet auteur, le pied de Ptolémée (il nomme ainsi le pied grec,) contenoit *monetalem pedem et semuncium*, ou 12 ½ *uncias* du pied romain, (voyez Pline et Frontin*). Or comme la valeur approchée du pied romain est de 131 lignes de Paris, nous avons par-là 136,5 lignes de Paris pour la valeur du pied grec.

Il faut pourtant ne pas oublier que le rapport de 24 à 25 venant, comparaison primitive, entre le mille romain et huit stades, ne doit être regardé que comme une approximation, si peut-être le mille n'a pas dû être tout-à-fait la huitième partie du stade. Ce qui en effet n'est pas vraisemblable, puisque les deux mesures itinéraires ont été sans doute déterminées indépendamment l'une de l'autre. En effet Plutarque, au temps de qui, depuis un grand nombre d'années, on avoit déjà établi des comparaisons exactes de ces deux mesures, dit au sujet des routes milliaires que Caïus Gracchus fit ouvrir, et pour la première fois garnir de pierres milliaires, το μιλιον οκτω ϛαδιων ολιγον αποδει, le mille romain contient un peu moins de huit stades.

Cette assertion s'accorde parfaitement avec la valeur du pied conclu par Leroy et Stuart, d'après leur mesure du temple de Minerve à Athènes : chose qui confirme aussi pour cette ville ce qui a été dit ci-dessus de l'usage général du pied olympique dans toute la Grèce.

A la place du Parthenon brûlé par les Perses lorsqu'ils s'emparèrent de l'Acropolis, Périclès fit construire sous la direction de Phidias, par les architectes Ictinus et Callicrates un temple magnifique d'ordre dorique, dont il reste toujours de belles ruines, parmi lesquelles on voit encore les colonnes des deux petits côtés avec leurs chapiteaux et corniches. Les Athéniens le nommoient ordinairement ἑκατομπεδον, *de cent pieds*, ce qu'Harpocration et Suidas prenoient comme l'expression de la haute idée qu'on vouloit donner de cet édifice, ainsi qu'Homère dit que le bûcher sur lequel le corps de Patrocle fut brûlé, étoit *de cent pieds*, et qu'il nomme ainsi Thèbes, la ville aux cent portes. Mais il est trop naturel de supposer que les architectes, qui sans doute ne furent astreints par aucun égard dans la détermination des proportions de l'édifice, aient voulu réellement donner cent pieds à sa principale dimension, pour le faire imaginer d'autant plus merveilleux par cette dénomination, soit une raison qui nous empêche de donner à cette dimension la préférence sur l'opinion de ces lexicographes.

Mais quel étoit cette principale dimension? Ce n'étoit certes pas la longueur,

* Et les origines d'Isidore.

mais la largeur de la figure oblongue du plan de ce temple, comme de la plupart des autres temples grecs; car le côté antérieur étoit toujours, comme chacun sait, l'un des deux côtés les plus étroits.

Si donc le nom d'hécatompédon exprime le petit côté, on peut demander encore, d'où on lui a prêté ses cents pieds? Leroy dit, dans ses ruines des monumens de la Grèce, que c'est de l'architrave ou frise; car c'est la partie principale de la corniche et surtout de toute la façade, et sur laquelle la vue étoit d'abord attirée par les bas-reliefs et les inscriptions.

Suivant les mesures qu'il en a prises, la longueur de la frise est de 94 pieds 10 pouces de Paris, lesquels divisés par 100, donnent un pied de 136,6 lignes.

Stuart a tenu une autre marche *, mais qui l'a fait arriver presqu'au même terme. Le temple est entouré de trois degrés, dont le plus élevé lui sert de base. Les deux côtés du rectangle que forme le degré le plus bas, sont incommensurables, de même que les côtés du degré moyen. Mais le degré supérieur, suivant la mesure que l'Anglais en a prise avec soin, et pour laquelle il s'est servi d'une belle échelle, divisée par *John Bird*, a pour son côté le plus court, 101 pieds 1,7 pouces anglais; et pour le plus long, 227 pieds 705 pouces. Ces nombres sont si proches de la raison de 100 à 225, (de 4 à 9), qu'on est presque forcé de croire que l'architecte l'avoit adopté dans son plan. En conséquence, si l'on admet avec Stuart, que ce temple ait reçu son nom de la première de ces dimensions, on admet aussi pour la longueur du pied, employé par l'architecte, 12,137 pouces anglais, ou 136,7 lignes de Paris.

Si cette longueur a effectivement la valeur approchée du pied olympique, en usage à Athènes, il s'ensuit que 8 stades valent 4556 pieds 8 pouces de Paris. Mais un mille romain, en comptant le pied de 131 lignes, contient 4548 pieds 7 pouces de Paris, et l'on voit par-là, que le mille romain n'a qu'environ 8 pieds de moins que 8 stades, ce qui confirme parfaitement la remarque de Plutarque, citée ci-dessus.

Parmi les principaux passages qui nous instruisent du rapport des mesures grecques de longueur à celles des Romains, je n'en ai pas encore rapporté une qui a d'autant plus donné à penser à tous ceux qui jusqu'à présent ont écrit sur les mesures anciennes, qu'elle vient, avec les irrégularités frappantes qu'elle contient, d'un des plus pénétrants et des plus exacts écrivains de l'antiquité, je parle de l'extrait suivant de *Censorin : ut Erastothenes geometrica ratione collegit, maximum terræ circuitum esse stadiorum* CCLII *millium, ita Pythagoras, quot stadia inter terram et singulas stellas essent, indicavit. Stadium autem in hac mundi mensura id potissimum intelligendum est quod italicum vocant, pedum*

* The antiquities of Athens.

DCXXV. *Nam sunt prœterea et alia, longitudine discrepantia, ut olympicum, quod est pedum* DC, *item pythicum* *, CIↃ. Voilà donc trois sortes de stades très-différentes, l'italique, l'olympique, et le pythique, mais en nombres qui font clairement reconnoître l'erreur de l'auteur.

D'abord, il est évident, d'après tout ce qui a été dit jusqu'à présent, que les 600 pieds donnés au stade olympique doivent être les pieds vraiment grecs qui lui sont propres, que les 625 du stade italique doivent être des pieds romains réduits du pied grec, et qu'ainsi il ne sagit ici que d'un seul stade c'est-à-dire du stade grec ordinaire de 125 pas romains, nommé *olympique* pour son origine, et *italique* par suite de l'usage qu'on en a fait en italie.

On voit d'ailleurs, que les mille pieds attribués au stade pythique, ne peuvent pas lui appartenir en propre, parce qu'aucune carrière pour la course, n'étoit de plus de six cents pieds, qui en étoient la détermination originaire. Ces mille pieds appartiennent aussi peu aux stades olympique et romain; car autrement la carrière pythique auroit été plus longue que l'olympique, et nous savons le contraire par le passage suivant d'Aulugelle. *Plutarchus in libro quem de Herculis quali inter homines fuerit, animi corporisque ingenio et virtutibus conscripsit, scite subtiliterque ratiocinatum pythagoram philosophum dicit, in reperienda modulandaque status longitudinisque ejus prœstantia. Nam quum fere constaret curriculum stadii quod est Pisœ ad Jovis olympii, Herculem pedibus suis metatum, idque fecisse longum pedes sexcentos, cœtera quoque stadia in terra Grœcia, ab aliis postea instituta, pedum quidem esse numero sexcentum, sed tamen aliquantulum breviora : facile intellexit modum spatiumque plantœ Herculis ratione proportionis habita, tanto fuisse quàm aliorum procerius, quanto olympicum stadium longius esset quàm cœtera*, etc.

Or, comme la carrière pythique étoit plus courte que l'olympique, ce dont le local étoit peut-être la cause; car il pouvoit se faire qu'il y eût peu de plain pied au penchant du Parnasse où elle se trouvoit, on ne peut que supposer ou que Censorin a écrit le diaulos pythique pour la simple carrière olympique, ou qu'il a écrit IↃ pour CIↃ. Dans les deux cas, on a toujours cinq cents pieds pour le stade pythique; et comme ce ne peut pas être le nombre qui lui étoit propre, il faut que ce soit celui des pieds du stade olympique ou du stade romain. Dans le premier cas, le stade pythique est au stade olympique comme 5 est à 6; dans le dernier, comme 4 est à 5; en sorte que 9 $\frac{3}{5}$ ou 10 stades pythiques doivent avoir été équivalents au mille romain. On ne voit rien dans Censorin qui décide pour l'un ou pour l'autre. Néanmoins pour avoir un motif de choix quelqu'insignifiant qu'il puisse être, nous remarquons dans l'*iter hierosolymi-*

* De die nat.

tanum on trouve un intervalle ainsi exprimé : *Trans mare stadia mille , quod facit millia centum*, et c'est le seul témoignage qui fasse le stade égal à la dixième partie d'un mille*.

Toutefois** Danville a introduit cette valeur dans la Géographie ancienne, parce qu'à son avis, plusieurs citations de stades dans les anciens auteurs, tels qu'Hérodote, Thucydide et Xénophon ne peuvent s'expliquer, que dans la supposition de cette valeur. M. Barbié du Bocage*** l'a surnommée pythique, moins par imitation de Censorin, que parce qu'elle lui semble avoir été usitée dans la partie septentrionale de la Grèce, et parce que, suivant la remarque de Spon, le stade qui se trouve encore à Delphes, est plus court que le stade attique qui doit être égal ou à-peu-près, au stade olympique.

La question de savoir s'il est nécessaire, nonobstant le silence des anciens géographes qui ne parlent toujours que d'une sorte de stade, d'admettre, outre le stade olympique dont ils nous donnent le rapport défini au mille romain, un autre stade un peu plus court dont il n'est question que dans un passage problématique d'un écrivain romain du troisième siècle, et dans le voyage d'un pélerin gaulois du quatrième, sera le sujet d'une recherche particulière dans la troisième partie de ce mémoire qui sera consacrée à l'essai sur la théorie des stades, des savans français.

Il est très-vraisemblable que les mesures grecques de longueur et de surface empruntées de la carrière des courses à Olympie, se sont maintenues dans leur intégrité, aussi long-temps que les fêtes des jeux olympiques, qui étoient pour les Grecs une affaire nationale; mais quand cette fête cessa peu-à-peu de l'être sous une domination étrangère, il se sera établi de nouvelles formes; de nouvelles mesures, et de nouvelles proportions entre elles; en effet dans les derniers auteurs grecs, au lieu de 8 stades par mille romain, nous en trouvons deux un peu plus longs, savoir, de 7 ½ et de 7 par mille.

La première trace certaine d'un plus long stade se trouve dans Dion Cassius, historien qui florissoit au commencement du troisième siècle de notre ère. Il nous dit, l. 1, que la juridiction du préfet de la ville s'étendoit sur un rayon de 750 stades depuis Rome, μεχρι πεντηκοντα και επτακοσιων ϛαδιων. Or elle alloit suivant le Digeste, jusqu'au centième mille romain: nous voyons donc ici 7 ½ stades par mille romain. Freret dont le système ne s'accommode pas de ce rapport, s'efforce de le rendre suspect; il dit entre autres**** que Dion Cassius qui, en toute occasion, cherche par jalousie à rabaisser la gloire des Romains, a raccourci le mille romain

* Vet. Rom. Itin. Wessel. ** Traité des mes. Itinér.

*** Éclaircissement critique sur les cartes de l'ancienne Grèce, pour le Voyage d'Anacharsis.

**** Mém. de l'Ac. des insc., tom. XXIV.

pour diminuer quelque chose des conquêtes romaines, et pour donner un peu plus d'importance à la Grèce. Mais il n'est pas besoin de supposer une aussi basse intention à l'historien ; car, comme nous le verrons bientôt, il n'a ni raccourci le mille romain, ni allongé le stade olympique, mais il en a employé un autre qui avoit pour base un pied plus long que le pied olympique.

Julianus ascalonita, qui peut avoir été contemporain de Dion Cassius, nous dit dans son fragment conservé par Harmenopule : le mille romain est, suivant les géographes Eratosthène et Strabon, égal à 8 $\frac{1}{3}$ stades, ou 833 $\frac{1}{3}$ toises, mais dans l'usage actuel, il est de 7 $\frac{1}{2}$ stades, ou 750 toises, ou 1500 pas, ou 3000 aunes, (il est difficile et douteux qu'Eratosthène ait eu une connoissance exacte du mille romain, et l'on voit par ce qui précède, ce qu'on doit penser de ses 8 $\frac{1}{3}$ stades dans Strabon). Puis il ajoute : « Mais il est bon de savoir que le mille de 7 $\frac{1}{2}$ stades, contient à la vérité 750 toises géométriques, mais 840 communes; car 100 toises géométriques équivalent à 112 communes. » Nous voyons ici, que le stade de 7 $\frac{1}{2}$ se définissoit au moyen d'une valeur de perche ou canne * géométrique, οργυια γεωμετρικη, qui étoit à la simple ou commune dans le rapport de 112 à 100. Si la première valoit exactement la 750ᵉ partie d'un mille romain, chose qui n'est pas vraisemblable, son pied vaudroit 145,6 lignes de Paris. Mais ce nombre approche trop de la valeur du pied romain, dans le rapport de 112 à 100, pour que la perche commune n'ait pas été formée d'après cette raison; et si cela fut en effet, cette raison donne réciproquement pour le pied de la perche, ou canne, ou toise géométrique 146,7 lignes de Paris, et pour cette toise même 6 pieds 1,3 pouces, en sorte que le mille romain n'étoit proprement que de 744 perches géométriques.

Le stade de 7 $\frac{1}{2}$ pour un mille romain, doit ainsi avoir appartenu à des contrées, où, avec le pied romain, il y en avoit encore un plus grand qui étoit de 146,7 lignes de Paris, ou une toise usuelle de six de ces pieds. Quelles étoient ces contrées? Dion Cassius étoit né en Bithynie, il passa à la vérité la plus grande partie de sa vie dans les plus grands emplois de l'état à Rome, mais il fut revêtu aussi de plusieurs préfectures en Asie, et il termina son histoire dans sa patrie où il mourut ensuite simple particulier. Julianus Ascalonita, comme le marque son surnom, étoit natif de la Palestine. Mais il paroît que ce stade étoit originairement asiatique.

Le stade, de 7 au mille romain, commence à paroître dans un fragment cité par Le Moyne, lequel, s'il est véritablement du père de l'église, Épiphane, appar-

* Le mot Klafter, allemand, signifie *perche*, *canne*, et ici est quelquefois rendu par *toise*. Mais peu importe, car on ne connoît pas au juste le rapport de ces mesures modernes aux anciennes.

tient au quatrième siècle de notre ère. On y lit : « Le mille romain contient 7 stades, 42 plèthres, 420 ακαινας, 700 orgyes, 1680 pas, 2800 aunes, 4200 pieds. Quelques-uns disent néanmoins que le mille vaut 7 ½ stades. » Epiphane, Syrien de nation, vécut comme évêque à Salamis dans l'île de Chypre. Il paroît que le stade dont il parle appartient à l'Asie. Avant de donner mes raisons à l'appui de cette conjecture, je vais, pour ne rien omettre, rapporter les témoignages des lexicographes Hesychius, Photius et Suidas, sur les deux stades dont il s'agit, mais il n'en résultera guère plus que la vérité de leur existence.

Hesychius dit très-brièvement : « μιλιον est une mesure itinéraire de 7 stades; et selon d'autres, de 7 ½ ou 4500 pieds. » Dans Photius, ϛαδιον, le lieu des jeux gymniques, est aussi une partie de ce qu'on appelle μιλιον. Suidas parle, dans l'article μιλιον, des stades à 8 et à 7 au mille ; et dans l'article ϛαδιον, du mille de 7 ½, et tout ensemble encore du stade de 8 au mille romain. Dans le premier, il dit : μιλιον, mesure itinéraire, dix μιλια font 80 stades; autrement, le stade contient 600 pieds, mais le μιλιον 400. Dans le second, il répète les paroles de Photius ; car on y lit : « 7 ½ stades font un μιλιον, 10 μιλια donnent 80 stades, le stade contient 600 pieds, et le μιλιον 4500 ; » on voit que tout ce qui est dit ici, est tiré de différentes sources, et rassemblé sans critique.

Le fragment de Héron dans les analectes, nous en dit plus que ces notices. Le pied qui est la base de toutes les mesures déterminées, y est nommé royal et philétérique, et son rapport à un plus court appellé italique, y est ainsi donné : Le pied, dit royal ou philétérique, contient quatre mains ou 16 largeurs de doigt, mais l'italique en contient 13 ⅓. Ainsi celui-là est à celui-ci, comme 6 à 5, proportion qui est vérifiée par la définition de l'οργυια, et des autres mesures plus grandes, dont la valeur est donnée tant en pieds philétériques qu'en italiques.

Il s'agit donc seulement, pour déterminer le pied philétérique, de connoître le pied italique; mais celui-ci ne peut être que le pied en usage dans toute l'Italie, lors du transport du siège de l'empire à Constantinople, si ce n'est pas plutôt le pied romain transplanté dans l'Orient, comme il paroît surtout par l'explication suivante du *jugerum* : « Le *jugerum* contient deux *plethra*. En pieds philétériques, il en a 200 de longueur, et 100 de largeur ; mais en pieds italiques, il en a 240 de longueur, et 120 de largeur, de sorte que l'aire contient 28800 pieds carrés *. » Qu'on se rappelle seulement les dimensions du *jugerum* dans les pieds

* L'aire d'une figure est nommée εμβαδος en grec; dans Héron, ποδες εμβαδοι sont des pieds carrés suivant une manière inusitée de s'exprimer : deux plèthres philétériques ou 10000 pieds carrés, font juste 288000 pieds romains carrés, suivant le rapport déterminé par Héron entre les deux mesures de pieds.

romains, pour juger comme démontré avec moi, que le pied italique ne peut être autre ici que le pied romain. Nous avons donc pour le pied philétérique 157,2 lignes de Paris *.

Ce pied étoit très-vraisemblablement celui qui fixoit le stade au nombre de 7 pour le mille romain ; car le stade qui en étoit composé contenoit 655 pieds de Paris ou 109 toises et un pied. Le produit par 7 est donc de 765 toises, et par conséquent seulement de 8 toises de plus que le mille romain : petite différence qu'on négligeoit ordinairement dans l'usage. A la vérité, il se trouve ici une difficulté, en ce que Héron ne compte pas sept stades, mais sept et demi au mille romain. Il résulte clairement de la manière dont il s'exprime, qu'il ne peut pas ici y avoir de faute à alléguer. « Le μιλιον, dit-il, contient sept stades et demi, 45 plèthres, 750 toises, 1800 pas, 3000 aunes, 4500 pieds philétériques, et 5400 italiques, le tout suivant les proportions de mesures qu'il a données auparavant; mais je ne doute pas qu'il n'y ait quelqu'erreur dans cette détermination du mille romain : au lieu du stade olympique, deux autres, l'un au nombre de 7, l'autre de 7 $\frac{1}{2}$, ont composé le mille romain dans les derniers temps ; comme les témoignages rapportés ne laissent aucun lieu d'en douter.

* On pourroit objecter qu'Hygin (*de limitibus agrorum* p. 210 éd. gœs), évalue les domaines romains dans la Cyrénaïque mesurés en pieds grecs, en *jugera* de 28800 pieds grecs carrés, et en vouloir conclure que de tels *jugera* pourroient avoir été en usage dans des pays où l'on se servoit du pied grec, et qu'ainsi il ne suit pas nécessairement de la définition du *jugerum* dans Héron, que son pied italien ait été le pied romain. Mais Hygin n'autorise pas une pareille conclusion, car il dit de ces domaines : *sunt* πλινθοι *id est laterculi quadrati uti centuriæ, per sena millia pedum limitibus inclusi habentes singuli jugera numero* MCCL. Ils étoient donc partagés en divisions de forme carrée dont chacune avoit 6000 pieds ou 10 stades de côté, et par conséquent 36000000 de pieds carrés ou 3600 plèthres de surface. Pour donner à son lecteur romain, une idée de la grandeur de ces portions, il réduit cette surface en *jugera*. Il auroit d'abord pu convertir les pieds carrés grecs en romains, et ensuite diviser l'aire du *jugerum* par 28800, mais il exécute d'abord cette division, et il obtient ainsi 1250 *jugera* déterminés par le pied grec carré qu'il réduit ensuite, conformément au rapport du pied grec au pied romain, en *jugera* romains proprement dits. Après avoir donné ce rapport, il continue ainsi : *ita jugeribus numero* MCCL, *quæ eorum mensura inveniuntur, accedere debet pars* XXIV, *et ad effectum iterum pars* XXIV, *et pro universo effectu monetali pede jug.* MCCCLVI. Je lis cet endroit très-corrompu, avec les corrections données dans la *rigaltii nota*. Cette méthode de réduction se représente sous la forme mathématique suivante :

$$1250 + \frac{1250}{24} + \frac{1250 + \frac{1250}{24}}{24} = \frac{24^2 + 2.24 + 1}{24^2} . 1250 = \frac{25^2}{24^2} . 1250,$$

ce qui montre aussitôt sa justesse. On voit ainsi qu'il ne résulte rien de tout le calcul, que l'usage du *jugerum* établi sur le pied grec carré.

L'échange de l'un pour l'autre étoit bien naturel dans un écrivain du dixième siècle, au temps de qui les chemins militaires des Romains, garnis de pierres milliaires, pouvoient être déjà fort négligés, et où par conséquent le mille romain n'étoit plus connu que par son rapport à d'autres mesures itinéraires. Ainsi, au lieu de compter 7 stades ou 4200 pieds philétériques au mille romain, il compte par erreur 7 ½ stades ou 4500 pieds philétériques; dont conséquemment au rapport une fois fixé du pied philétérique au pied romain, il fait 5400 pieds italiens, sans penser, ou peut-être sans savoir que *μιλιον*, nom grec du mille romain, venoit de *mille passus* *.

Nous ignorons complètement dans quel pays Héron a écrit. On ne peut rien conclure de certain pour le lieu de sa naissance, de ce qu'il dit des mesures philétériques, et cela d'autant moins, qu'à la fin de son fragment, d'où nous avons tiré les citations précédentes, tout cela est dit de l'ancienne détermination. Le pied philétérique n'auroit-il pas reçu cette dénomination de *Philetœros*, fondateur du royaume de Pergame, et ainsi usité originairement dans Pergame? Je ne saurois du moins dire de quelle autre source elle peut venir, ni ce qui peut la justifier.

Les ruines du stade de Laodicée en Phrygie prouvent aussi qu'il y avoit effectivement dans l'Asie-Mineure un pied usuel plus grand que le pied olympique; sa longueur portoit, selon la mesure de Thomas Smith, 729 pieds de Londres ou 114 toises. (J'emprunte cette notice du traité des mesures itinéraires, de d'Anville, n'ayant pas vu moi-même le *voyage* de l'Anglais Smith, *aux Sept* églises d'Asie). Les lices pour les courses avoient, comme on sait, deux côtés parallèles fermés à un bout par un demi-cercle, et ouverts à l'autre, de sorte qu'aux trois côtés fermés s'élevoient des gradins pour les spectateurs.

Supposons que le but, pour que dans les courses on pût tourner commodément autour, ait été posé à plusieurs pieds loin du fond, et que la barrière ait été à quelques pieds de distance de l'entrée, il reste encore trop des 114 toises, pour que l'on puisse reconnoître le stade olympique dans le stade de Laodicée,

* D'Anville soutient dans sa description de l'Hellespont, (mém. de l'ac. des inscript. t. XXVIII), que les Grecs du moyen âge avoient réduit le mille romain de 8 stades à 7; en sorte qu'au lieu d'être de 755 toises, il n'en a plus eu que 661. Si cette opinion n'est pas fondée sur une fausse idée de 7 stades au mille romain, mais que le géographe françois ait véritablement trouvé des traces indubitables d'un mille romain raccourci, cela ne peut s'expliquer qu'en disant qu'au lieu du pied philétérique, qui originairement étoit de 7 au mille romain, on a substitué le pied romain qui sûrement étoit resté long-temps le pied légal dans l'empire d'Orient; mais cela supposeroit qu'on eût perdu avec le temps l'essence originelle du mille romain, et justifieroit ainsi l'erreur de Héron.

puisque l'espace depuis la barrière jusqu'au but, n'avoit que 96 toises de longueur.

Le stade d'Athènes magnifiquement construit en marbre pentélique par Hérode Atticus, s'accordoit très-vraisemblablement avec le stade olympique; car suivant la mesure de Leroy, sa longueur, depuis l'entrée jusqu'au degré le plus bas du fond, portoit 591 pieds de Paris ou 98 $\frac{1}{2}$ toises. *

Fréret suit, dans son mémoire sur les mesures longues des anciens, une tout autre marche que moi, dans mon développement des rapports de mesures donnés par Héron. Il dit en substance : « Héron étoit d'Alexandrie comme l'autre Héron si bien connu; il étoit naturel qu'il traitàt des mesures connues et usitées en Egypte. Son pied royal ou philétérique est donc sans aucun doute le pied alexandrin ou égyptien. Les 5400 pieds italiques qu'il donne au μιλιον, ne peuvent pas être des pieds romains qui composoient le mille, puisque son mille est différent du mille romain.

« Hygin témoigne que dans la province cyrénaïque, on se servoit du pied surnommé Ptoléméen, qui étoit au pied romain, comme 25 à 24. Ce pied Ptoléméen est le pied grec, qui dans l'Égypte, voisine de Cyrène, étoit nommé pied italique, parce qu'il y servoit à mesurer les domaines du peuple romain. Le *pes drusianus* est la base du μιλιον de Héron, et il est suivant Hygin, au pied romain, dans la proportion de 27 à 24; et par conséquent au pied grec, dans celle de 27 à 25.

« Les 5400 pieds italiques ou grecs que, suivant Héron, le μιλιον doit avoir contenus, donnent ainsi 5000 pieds drusiens, c'est-à-dire un μιλιον déterminé par le pied drusien. Il suit de la valeur du pied grec de 136,5 lignes de Paris, et de la proportion donnée par Héron entre le pied italique et le pied philétérique, que ce dernier, ou le pied égyptien, contient 163,8 lignes de Paris.

« A cette détermination revient singulièrement celle dont nous allons parler : De tous les anciens nilomètres, un seul est venu jusqu'à nous, on le trouve sur une colonne de marbre dans l'île Rauda, vis-à-vis du Caire. Ses divisions sont vraisemblablement égales à celles de l'aune ou perche avec laquelle, au temps d'Hérodote, on déterminoit la hauteur de la crue du Nil. Fréret s'efforce surtout de mettre ce point hors de doute et en évidence. Or Greaves, qui vers le milieu du 18e siècle alla en Egypte pour mesurer les pyramides, a trouvé que les divisions du mékias, nom de ce nilomètre, contiennent 1,824 pieds de Londres

* Pausan. Attic. Ruines des plus beaux monum. de la Grèce. Mém. de l'ac. des Incr. T. XXIV.

ou 245,5 lignes de Paris, d'où suit pour le pied Égyptien ou deux tiers de l'aune, une valeur de 164,3 lignes de Paris, et par conséquent une demi-ligne de plus, qu'on n'a trouvé par un autre moyen tout différent. Enfin, de ces deux aunes Hébraïques que nous trouvons mentionnées dans Ézéchiel, la plus ancienne est celle du nilomètre reçu des Hébreux d'Égypte, et la dernière est celle de Babylone, qu'Hérodote nomme la royale, et dont il détermine le rapport à celle des Grecs, nous voyons donc ici les mesures fondamentales des principaux peuples de l'antiquité, des Hébreux, des Babyloniens, des Égyptiens, des Grecs et des Romains, dans un ensemble d'où résultent leurs valeurs absolues avec la plus grande précision. »

Ainsi parle Fréret. On ne peut nier que ce système ne soit ourdi avec finesse et ne se suive bien; néanmoins je ne balance pas à dire que ce n'est qu'un rêve. Sans parler en effet du μιλιον que cet auteur suppose à Héron, et qui doit être déterminé par un autre pied que le pied romain, comme si un caractère indélébile n'avoit pas été imprimé au mille romain par les pierres milliaires érigées sur les chemins militaires des Romains; sans parler de l'invraisemblance d'un transport en Egypte, du *pes* Drusianus qui servoit à mesurer les terres partagées aux soldats légionaires dans la Basse-Germanie, pour en former ce μιλιον inoui; et loin que le pied italique de Héron, qui d'après son explication est si visiblement le pied romain, soit le pied grec, nonobstant le grand fond qu'il dit qu'on fait sur la mesure de l'anglais Greaves, tandis que suivant la mesure plus vraie des savans français qui ont suivi l'expédition en Égypte, les divisions du mékias qui est toujours demeuré le même, sans varier, sont plus courtes d'un demi pouce de Paris, que l'Anglais ne dit les avoir trouvées; sans parler, dis-je, de toutes ces objections et d'autres encore, je m'arrête au point fondamental de tout le système imaginaire de Fréret, qui est le principe qu'il avance sans preuve, que Héron écrivoit à Alexandrie.

Nous avons de cet écrivain une géodésie, qui a été publié en latin avec son traité *de machinis bellicis* par *Franciscus Barocius*; cette géodésie est tout-à-fait différente de la géométrie d'où les bénédictins ont tiré le fragment qu'ils ont publié sur les mesures; mais ce n'est qu'une production très-insignifiante; elle consiste en dix chapitres ou propositions. Le dernier montre comment, par le moyen d'un certain instrument dioptrique, dont en passant on enseigne l'usage à terre, on mesure des arcs célestes. Pour exemple, on prend la distance du cœur du Lion à l'œil du Taureau, laquelle doit être de 80 degrés : par ce moyen, dit-il, la différence de longitude des deux étoiles s'accorde bien, car la longitude de l'œil du taureau est de 20 $\frac{2}{3}$ degrés dans le second signe, et celle du cœur du Lion de 10 $\frac{1}{2}$ dans le cinqième. Fréret (*ibid.*) conclut de ces données, que notre Héron vivoit au commencement du septième siècle de notre ère; mais il ne fait aucune attention à la manière dont Héron donne ces longitudes. Il ne les a nullement déduites de ses propres observations, mais, comme il le dit expressément, il les a réduites du catalogue des étoiles de Ptolémée, *unà cum additamento motus*. On voit en les comparant, qu'il fait la précession de huit degrés, depuis Ptolémée jusqu'au temps où il vivoit. (La longitude d'Aldebaran est dans Ptolémée de 12° ♉ 40', et celle de Régulus de 2d ♌ 30'.) Mais suivant le calcul des astronomes grecs, duquel Albatani s'est le premier écarté, à la fin du 9e siècle, elle est d'un degré en cent ans. Héron se déclare donc ainsi de huit siècles postérieur à Ptolemée, et par conséquent il ne peut pas avoir vécu avant le commencement du dixième siècle, (puisque Ptolémée vivoit dans le second). Or on sait que depuis la destruction de la bibliothèque d'Alexandrie par les Arabes, la langue et la littérature grecque se sont tout-à-fait éteintes en Égypte d'où elles furent tellement expulsées par celles des Arabes, que depuis le huitième siècle nous ne trouvons plus d'écrivains grecs de quelque réputation, qui y aient vécu. C'est donc très arbitrairement que Héron, dont on ne connoît point le lieu natal, seroit transporté à Alexandrie.

TROISIÈME SECTION.

Comparaison des mesures grecques de longueur et de surface, a celles des modernes.

De la valeur du pied romain estimé de 131 lignes de Paris, et de la raison 24 : 22, qui est son rapport au pied du stade olympique en usage dans toute la Grèce, résultent pour ce dernier, 139, 45833... lignes de Paris, valeur de laquelle approche beaucoup celle du pied attique conclue de la mesure du *hecatom pedon* par Leroy et Stuart. C'est sur cette valeur et sur les rapports développés dans la première section, qu'est fondée la table suivante :

TABLE DES MESURES GRECQUES OLYMPIQUES.

MESURES GRECQUES.	PIED DE PARIS.	MÈTRE.	PIED DU RHIN.
Δακτυλος.	0,0592. .	0,0192. .	0,0613.
Παλαιςη.	0,2369. .	0,0770. .	0,2452.
Σπιθαμη.	0,7107. .	0,2309. .	0,7356.
Πους.	0,9476. .	0,3078. .	0,9808.
Πηχυς.	1,4214. .	0,4617. .	1,4712.
Βημα.	2,3691. .	0,7696. .	2,4520.
Οργυια	5,6858. .	1,8470. .	5,8848.
Ακαινα.	9,4763. .	3,0783. .	9,8080.
Πλεθρον	94,763 . .	30,783 . .	98,080.
Σταδιον	568,58 . .	184,70 . .	588,48.

TABLE DES MULTIPLES DU PIED GREC OLYMPIQUE.

PIED GREC.	PIED DE PARIS.	MÈTRE.	PIED DU RHIN.
1	0,9476	0,3078	0,9808.
2	1,8953	0,6157	1,9616.
3	2,8409	0,9235	2 9424.
4	3,7905	1,2313	3,9232.
5	4,7381	1,5391	4,9040.
6	5,6858	1,8470	5,8848.
7	6,6334	2,1548	6,8656.
8	7,5010	2,4626	7,8464.
9	8,5286	2,7704	8,8272.

Les écrivains grecs jusqu'au troisième siècle de l'ère chrétienne comptent régulièrement huit stades olympiques au mille romain (*mille passus*, μιλιον). La valeur de ces deux mesures itinéraires en toises et en verges du Rhin, ainsi que leur rapport au mille géographique ont déjà été donnés dans l'article des mesures romaines, dans les temps qui ont suivi; l'usage adopta deux stades un peu plus grands, savoir celui de 7 $\frac{1}{2}$, et celui de 7 au mille romain dans le premier, le pied est de 146,7 lignes de Paris, ce qui provient du pied romain, suivant la raison de 100 à 112.

Six de ces pieds donnent une toise géométrique de 6 pieds 1,3 pouces, et le stade qui en est composé contient 611 pieds de Paris, ou 101 toises 5 pieds.

Le pied du stade de 7 au mille romain, nommé pied royal, ou philétérique est de 157,2 lignes de Paris, calculées sur le pied romain suivant la raison de 5 à 6 le stade; contient donc 655 pieds de Paris, ou 109 toises 1 pied.

TABLE DES MESURES GRECQUES OLYMPIQUES DE SURFACE.

MESURES GRECQUES DE SUPERFICIE.	PIED CARRÉ DE PARIS.	MÈTRE CARRÉ.	PIED CARRÉ DU RHIN.
Le pied carré	0,8980	0,0948	0,9620.
Le carré de l'ακαινα	89,80	8,48	96,20.
Αρουρα	2245	237	2405.
Πλετρον	8980	948	9620.

Je renvoie, pour l'application de cette table et des deux précédentes, à la troisième section de la première partie.

NOTES.

Le P. Riccioli a prouvé, en tête de son *Almagestum novum*, que Ptolémée est l'auteur de la Géographie qui porte son nom. Quoiqu'au l. 7e de son astronomie, c. 3, il fasse Rome plus occidentale qu'Alexandrie, de 1^h 20', ou 20^d; et dans sa géographie, de 23^d, 20', en faisant la longitude d'Alexandrie, comptée des iles Fortunées, de 60^d; et celle de Rome, de 36^d, 40'. Car Ptolémée s'est corrigé dans le 8e livre de sa Géographie; quand il y a mis une distance de 1^h $\frac{1}{3}$ (et non $\frac{1}{2}$) c'est-à-dire de 20^d, entre Rome et Alexandrie; ce qui montre qu'il y a une faute de copiste dans le nombre 23^d 20'; au lieu duquel il faut lire 20^d. En effet Ptolémée dans sa Géographie, comme dans son Astronomie, fait constamment la hauteur du pôle ou latitude boréale d'Alexandrie, de 30^d, 58'; et l'obliquité de l'écliptique, de 23^d 50'.

Théon en parle deux ou trois fois dans ses commentaires, comme d'un ouvrage de Ptolémée; et son témoignage est une autorité, car il occupoit la même chaire deux siècles après dans la même académie, et dans la même ville d'Alexandrie où le nom de Ptolémée comme astronome et géographe se conservoit toujours avec ses livres qui attestoient la vérité de cette double réputation. D'ailleurs, il ne me faudroit pour me convaincre de l'identité de la main qui a composé ces deux ouvrages, que comparer le premier chapitre de l'un avec le prologue de l'autre. C'est dans chacun la même inutilité de verbiage, en sorte qu'on pourroit les supprimer tous deux, sans qu'il parût rien manquer à l'essentiel de ces deux livres. ***Préface, p.*** 1. Το γας ὁλον της γης μεγεθος κατα τον μεγιϛον αυτης κυκλον μετρουμενον, ϛαδιων μυρια εϛι ιη καθαπερ αυτος ὁ Πτολεμαιος, voilà bien Ptolémée nommé par Théon pour être l'auteur de la géographie εν τη γεωγραφια συνηγαγεν. ***Theonis comm. in Ptolémæi magn. suntax.*** l. 1.

Δεδεικται δε ὁτι ἡ καθ ἡμας οικουμενη κατα μην το μηκος απολαμβανει του ισημερινου ἡμικυκλιον κατα δε το πλατος ἡτοι εξαρμα, ὡς και ἡ τη γεωγραφιας εκθεσις περιεχει, μεχρι μοιρων ξγ ευρισκεται... id. in. l. 2.

En effet la largeur de la terre habitée depuis l'équateur, dans la géographie de Ptolémée, s'étend jusqu'au 63e degré de latitude boréale.

Αὐτη δε ἡ του εξαρματος περιφερεια δ ιέ ότι δε και δια ταπροβανης εςιν ὁ τοιουτος παραλληλος, δεδεικται εν τη γεωγραφια ... id. in. l. 2.

La géographie de Ptolémée montre effectivement le parallèle de Taprobane à 4 degrés 15′ de latitude.

Ἐν γαρ τῳ κανονιῳ των πολεων εν τῳ του μηκους σελιδιῳ παρακειται όσον ὁ μεσος ἑκαςης των πολεων απεχει του δια των μακαρων μεσου επι τοῦ ισημερινου προς ἀνατολας. id. in. l. vi.

Cette table des villes est celle qui se trouve dans la géographie de Ptolémée, où les longitudes sont comptées sur l'équateur depuis les îles Fortunées.

Pag. v.

Homère représente sur le bouclier d'Achille, l'Océan circulant comme un fleuve autour des terres :

Εν δ' ετιθει ποταμου μεγα θενος ωκεανοιο αντυγα παρ πυματην σακεος πυκα ποιητοιο.

Hérodote se moque de cette idée, quand il dit : Je ne peux pas m'empêcher de rire, quand je vois des gens qui décrivent le tour de la terre, sans en avoir de connoissance, qui font couler l'océan autour d'elle, qui la représentent comme circulaire et façonnée au tour, et qui font l'Asie égale à l'Europe, je ne sais quel ancien poète, Homère ou quelqu'autre, a le premier fait un fleuve de l'Océan, je pense qu'ayant trouvé cette idée établie, il l'aura transportée dans ses poésies.

Γελω δε ορεων γης περιοδους γραψαντας πολλους ηδη και ουδενα νοον εχοντας εξηγησαμενον· οἱ τε ωκεανον τε ῥέοντα γραφουσι περιξ, την τε γην εουσαν κυκλοτερεα ὡς απο Τορνου, και την Ασιην τη Ευρωπη ποιουντων ισην. Herodot. Melpom. IV.

Ου γαρ τινα εγωγε ποταμον Ωκεανον εοντα. Ομηρον δε, η τινα των προτερον γενομενων ποιητεων, δοκεω το ουνομα ευροντα ες την ποιησιν εσενεικασθαι. Euterpe, l. II.

Pag. vij, *l.* 5, *de bas en haut.*

Syéne voyant le soleil à son zénith, le jour du solstice d'été, se jugeoit à près de 24 degrés de latitude boréale, et voyoit l'étoile polaire élevée de la même quantité au dessus de l'horizon. Alexandrie supposée sous le même méridien, voyant cette étoile élevée de près de 31 degrés, fut jugée à cette distance boréale de l'équateur, qui, ainsi étoit censé à 31 degrés environ du zénith d'Alexandrie. La différence de 31^d à 24^d est 7 degrés pour la longueur de l'arc céleste entre les zéniths de ces deux villes ; donc en mesurant sur terre la distance de ces villes, on aura en stades, lieues ou autres mesures itinéraires quelconques, la longueur de l'arc terrestre qui répond à 7 degrés de l'arc céleste ; et si l'on multiplie les

360 degrés de la circonférence de la terre, par la septième partie de l'évaluation itinéraire de cette distance terrestre, on touve en mesures itinéraires communes, la grandeur du contour de la terre.

Voilà ce qu'a fait Eratosthène, en latitude c'est-à-dire du sud au nord, ou du nord au sud; mais il n'a pas été aussi heureux pour les longitudes. Car il supposoit Rhodes sous le même méridien qu'Alexandrie. Or Ptolémée d'Alexandrie d'après Hipparque de Rhodes, fait cette dernière ville, de 2 degrés plus occidentale qu'Alexandrie, il étoit donc chaque jour midi à Alexandrie, quand il n'étoit que 11 heures 52 minutes du matin. Il eût pu reconnoître ainsi son erreur.

La longitude ou distance d'orient en occident, ou d'occident en orient, se calcule donc ainsi par l'arc terrestre d'intervalle entre deux lieux de la terre, correspondant à l'arc céleste entre les méridiens de ces lieux. Car le soleil paroît parcourir 15 degrés de la voûte céleste en une heure, puisqu'il semble parcourir les 360 degrés de la circonférence en 24 heures. Il passe donc aussi en une heure sur un espace terrestre de 15 degrés entre deux méridiens. Si donc on évalue en mesures communes, à raison de 15 degrés par heure, cet espace marque par la différence des temps de midi sous chacun des méridiens extrêmes, on trouvera en cette sorte de mesures la valeur de cette distance en longitude.

Dans ces exemples, j'ai évité les fractions, pour faire mieux sentir l'esprit de la méthode employée par Eratosthène, Hipparque et Ptolémée.

Pag. vij, *l*18.

Artémidore d'Éphèse à qui on attribue un calcul de l'obliquité de l'écliptique, avoit composé une géographie qui fut abrégée par Marcien d'Héraclée, et cet abrégé la fit perdre. Hudson et Dodwell en ont recueilli quelques fragmens, avec les élémens d'Agathémère, ce qui nous reste de la description de la Grèce par Dicéarque, et de celle du monde par Scymnus de Chio, mais il ne nous reste aucun des tableaux géographiques que Théophraste disciple d'Aristote avoit ordonné que l'on exposât publiquement dans le portique qu'il avait fait bâtir.

De tous ces ouvrages écrits avant Ptolémée, celui de Strabon est le seul qui mérite le titre de géographie. Denys Périégète n'en est que le copiste et l'abréviateur, et c'est Strabon, que l'on consultera toujours pour les détails de toutes les parties de l'empire Romain à l'époque du règne d'Auguste.

Ptolémée venu un siècle après lui a suppléé à ce qui lui manquoit, en substituant aux mesures itinéraires souvent prises par estime, les déterminations des distances par la comparaison des phénomènes célestes avec les lieux terrestres. C'est ce qui l'a fait préférer pour le commerce à Strabon plus agréable à la lecture, qu'utile dans la pratique aux voyageurs dont il dirigea désormais les courses, particulièrement sur mer. Et si ces déterminations ne sont pas bien précises, à cause de l'insuffisance de ses instrumens astronomiques, elles étoient au moins fondées sur des principes invariables, qui n'attendoient que la perfection, fruit d'un long usage, pour donner de plus justes résultats.

La géographie de Ptolémée est fondée sur celle de Marin de Tyr, elle est le seul corps méthodique de cette science chez les anciens. C'est ainsi qu'il avoit formé son almageste ou composition mathématique du monde, d'après les mémoires astronomiques d'Hipparque, qu'il réduisit ainsi en un traité coordonné de toutes les parties de la science du Ciel, sur laquelle il établit ensuite son traité de géographie.

Je n'entrerai dans aucune discussion sur les hypothèses de M. Maltebrun, dans la biographie universelle, concernant Marin de Tyr; pour être opposées à celles de M. Gossellin, elles n'en sont pas moins des hypothèses. Je relèverai seulement une contradiction de M. Maltebrun au sujet du nom de Marin. il dit que ce nom étant latin d'origine, ce géographe a dû écrire son ouvrage dans la langue des Romains, vu que les Grecs par jalousie, ignorance ou orgueil, ne savoient et n'écrivoient qu'en leur langue propre. Mais Ptolémée étoit Grec, et cependant il prit le nom de Claude romain aussi, et comme Marin, il vivoit sous la domination romaine. Si donc Marin, a écrit en latin, il a fallu que Ptolémée sût la langue latine pour extraire ou abréger l'ouvrage de Marin. Il seroit donc faux que les savans grecs n'entendissent pas la langue des Romains, si Marin, avoit écrit en latin ; ou il seroit faux que Marin eût écrit en latin, si ces Grecs n'entendoient pas la langue latine.

Marin de Tyr a vécu dans le premier siècle de notre ère. Sa vieillesse a pu coïncider avec la jeunesse de Ptolémée. L'assujettissement des grandes régions qui entourent la mer méditerranée, à l'empire des Romains, ayant transmis à ces vainqueurs du monde alors connu, tout le commerce d'orient et d'occident, qui se faisoit sous leur autorité par les voyageurs indigènes de chacune de ces régions, plus accoutumés au négoce et à la mer, qu'à la guerre qui leur étoit interdite entr'eux par leurs maîtres. Ainsi Carthage et Marseille rétablies par les Romains même, trafiquoient au loin, et c'étoit Rome qui profitoit le plus de leurs gains.

Tyr s'étoit également rétablie depuis Alexandre qui l'avoit détruite, et son port envoyoit et recevoit encore des vaisseaux, nous le voyons par les actes des apôtres (c. XXI) nous y lisons que des disciples de S. Paul, s'embarquèrent à Patare, ville et port de Lycie, où trouvant un navire qui alloit en Phénicie, ils montèrent dessus, levèrent l'ancre et firent voile : ils découvrirent l'île de Chipre qu'ils laissèrent à gauche, et continuant leur route vers la Syrie ils abordèrent à Tyr,* où leur navire devoit décharger ses marchandises de Tyr, ils vinrent à Ptolémaïs, ayant achevé leur navigation.

Tyr étoit donc redevenu une ville maritime et commerçante par mer. Son port auparavant ruiné par Alexandre étoit donc rétabli, comme nous voyons ceux de Marseille et de La Rochelle, restaurés après avoir été ruinés par César, et par Louis XIII. Les plus célèbres ports maritimes ont toujours possédé, entretenu des hommes savans qui cultivoient l'astronomie et la géographie pour l'avantage du commerce par les progrès de la navigation ; voilà pourquoi nous voyons Hipparque à Rhodes, Ptolémée à Alexandrie, et auparavant Pythéas à Marseille. Voilà pourquoi aussi nous voyons à Tyr, Marin qui en a reçu le surnom, ainsi donc Marin a écrit en grec ses mémoires consultés par Ptolémée pour la géographie que nous avons de ce dernier.

Note pag. vij, *dernière lig.*

Diogène Laërce dit qu'Anaximandre de Millet fut le premier qui décrivit le contour de la terre et de la mer. Mais il ne paroît pas en avoir mesuré lui-même quelque partie ; il s'est vraisemblablement contenté d'en faire la conséquence de ses réflexions. Sur cet objet on peut dire la même chose d'Aristote qui rapporte qu'on donnoit quatre cent mille stades à la circonférence de la terre, dont la rondeur étoit connue par celle de son ombre dans les éclipses de lune. Mais il ne dit pas comment on étoit parvenu à cette evaluation ; nous devons cependant regarder le procédé d'Ératosthène en Égypte, comme imité de ce qu'il avoit vu ou appris en Grèce, en partageant la circonférence de la terre, et le grand cercle correspondant du ciel en 360 parties égales ou degrés, si la même étoile est pour l'un de ces lieux, élevée d'un de ces 360 degrés au dessus de son horizon ; et pour l'autre lieu, dans l'horizon de celui-ci, c'est-à-dire dans l'équateur même, ce dernier lieu sera sous le pôle, tandis que le premier verra ce pôle élevé d'un degré au dessus de son horizon. La latitude d'un lieu, ou sa distance à l'équateur, fut donc reconnue égale à la hauteur du pôle sur l'horizon ; mesurant astronomiquement cette hauteur d'un degré dans le ciel, et géométriquement aussi la distance terrestre qui sépare ces mêmes lieux, on obtient en mesures itinéraires la valeur d'un degré du grand cercle du globe terrestre, qui répond au degré céleste semblable, et multipliant la valeur itinéraire de ce

* Επλεομεν εἰς συρίαν, καὶ κατήχθημεν εις τυρον ἐκεισε γὰρ ἦν το πλοῖον ἀποφορτιζομένον τον γομον. (V. v. VII) ἡμεῖς δὲ τὸν πλοῦν διανύσαντες ἀπὸ Τύρου κατηντήσαμεν εἰς Πτολέμαιδα.

degré terrestre, par les 360 degrés de la circonférence, on trouve aisément la valeur de la circonférence entière en mesures itinéraires ; soit stade, milles, toises ou mètres.

On déduit également cette valeur, par l'observation de deux astres dont l'un passe par le point vertical de l'un de ces deux lieux, et l'autre astre par le point vertical de l'autre lieu ; après avoir mesuré par un instrument astronomique, tel qu'un quart de cercle divisé en 90 degrés, l'intervalle de ces deux points verticaux dans le ciel ; et par le moyen d'une perche divisée en pieds, palmes ou autres sortes de parties égales entr'elles, l'intervale des deux lieux terrestres, on trouve quel nombre de ces parties répond sur cet intervalle terrestre, au nombre des degrés de l'intervalle céleste semblable *. Cette métdode fut employée par Eratosthène à Alexandrie dans le 3e siècle avant J.-C. Pour mesurer en stade la distance d'Alexandrie au tropique d'été qui passe par Syène dans la haute Égypte, et en conclure la valeur de la grandeur du tour de la terre en stades, ensuite Posidonius dans la même ville, évalua par première de ces deux méthodes, la distance d'Alexandrie à Rhodes, sachant que l'étoile nommée Canopus, paroissoit à Rhodes, dans l'horizon de cette ville ; mais à Alexandrie, de 7 degrés et demi au dessus de l'horizon de cette dernière ville, ces $7\frac{1}{2}$ dont la 48e partie de la circonférence, il supposa la distance de ces deux villes de 5000 stades, et sous le même méridien, d'où il conclut la circonférence terrestre de 240000 stades, et le degré terrestre, de $333\frac{1}{2}$ $333\frac{1}{3}$ stades.

Pag. viij, l. 4, de bas en haut.

Pour réparer l'ommission sur laquelle Ptolémée garde le plus profond silence sur l'opération même (figure *a*) « soient ZP et VP les distances observées du » pôle aux deux Zéniths, PZV l'azimut également observé. Cos PV = cos Z sin PZ sin ZV + cos PZ cos ZV,

$$\frac{\text{Cos PV}}{\text{Cos PZ}} = \cos Z \text{ tang PZ} \sin ZV + \cos ZV = \text{tang } \varphi \sin ZV + \cos ZV.$$

$$\frac{\text{Cos } \varphi \cos \text{PV}}{\text{Cos PZ}} = \sin \varphi \sin ZV + \cos \varphi \cos ZV = (\varphi - ZV),\ ZV = \varphi - (\varphi - ZV),$$

$$\text{Sin Z} : \sin \text{PV} :: \sin \text{P} : \sin ZV,\ \sin \text{P} = \frac{\sin ZV \sin Z}{\text{Sin PV}}.$$

ZV en degrés : ZV en stades : : 1d : nombre des stades du degré.

Cette solution de Delambre prouve la sagacité de Ptolémée qui avoit conçu ce moyen de résoudre le problême, quoiqu'il ne l'ait pas mis en pratique. Il n'em-

* Κεομηδις κυκλικ, θεως β. α.

ployoit pas les sinus qui résolvent si bien le neuvième des cas des triangles sphéritiques obliquangles marqués dans les leçons * de l'abbé Marie; car on connoît les deux côtés qui aboutissent des deux zéniths au pôle, et l'angle azimutal compris entre ces deux cotés.

Note p. 1, *chapitre* 1. — En quoi la Géographie diffère de la Chorographie.

La géographie est la présentation et l'imitation de toute la partie que l'on connoît de la terre, avec tout ce qu'elle renferme. Elle diffère de la chorographie, en ce que celle-ci, isolant les lieux particuliers, les expose chacun à part, en y comprenant leurs havres, leurs villages et les plus petites circonstances, telles que les dérivations, et les détours des premiers courans d'eaux, et autres semblables détails.

L'objet propre de la géographie est de montrer la terre connue, une et entière, dans toute son étendue, considérée tant sous ce rapport physique, que généralement quant aux positions de celles de ses parties qui doivent entrer dans une description complète des objets les plus considérables, tels que des golfes, des grandes villes, des nations, des plus grands fleuves, et enfin de tout ce qui mérite le plus d'être remarqué en tout genre.

L'objet de la chorographie est d'exprimer spécialement chaque chose, comme quand on se borne à ne figurer qu'une oreille ou un œil. La géographie au contraire embrasse l'ensemble des choses, à l'exemple des peintres qui, pour imiter une tête, la représentent tout entière; car les parties principales des images à former d'après les sujets qu'elles représentent doivent être préalablement coordonnées entr'elles et au tout ensemble; et celles qui doivent être exécutées en couleurs, doivent aussi être proportionnées aux distances de la vue à un éloignement convenable, et si cette représentation est générale et complète ou simplement particulière afin que tout y soit bien distinct, les particularités locales doivent, par une conséquence utile et convenable être attribuées à la chorographie; et les grandes régions avec tout ce qu'elles renferment, être réservées pour la géographie; telles sont les principales parties de la terre habitée, disposées en grandeurs commensurables ou proportionnelles; et les positions des lieux, avec ce qui leur appartient en général, et leur différences les plus remarquables.

Note p. 1. *l.* 1.

Riccioli dit, de cette singulière définition, dans la préface de sa *Geographia reformata*, qu'elle signifie que la géographie est l'imitation de la peinture de

* Leçons élémentaires de mathématiques, p. 366, Edit. in 8°, 1784.

toute la partie de la terre connue, avec ce qui lui appartient généralement, savoir : sa forme, sa triple division, sa situation dans sa relation avec le ciel, d'où résultent la diversité des climats, des parallèles, des saisons de l'année, des jours, des nuits, des ombres, des gnomons, et les diverses apparences des astres, tous objets dignes d'une observation fine et agréable, puisqu'on peut les démontrer par des raisons mathématiques.

Riccioli ajoute que l'on peut définir la géographie plus exactement, en disant qu'elle est la simple science mathématique du volume du globe, terraquée en général, considérée sous le rapport de sa grandeur, et de sa mensurabilité, tant en elle-même que relativement au ciel, et il explique la qualité de simple qu'il donne à cette science de la géographie, par la comparaison qu'il fait de la sienne qui, comme celle de Ptolémée est établie uniquement sur l'arithmétique, la géométrie, l'astronomie et la gnomonique ; et non mélangée d'histoire civile, d'histoire naturelle, ou de chronographie, comme celle de Janson et d'autres.

Note p. 3. l. 3. de bas en haut.

Le mot *symmétrie* (que le dictionnaire de l'Académie écrit symétrie) est défini par ce dictionnaire, « proportion ou rapport d'égalité ou de ressemblance que les parties d'un corps naturel ou artificiel ont entr'elles et avec leur tout. »

Ce n'est pas là le sens dans lequel Ptolémée entend ce terme, quand il dit : Défaut de symmétrie de la carte géographique de Marin. Il reproche à ce géographe d'avoir tracé les méridiens et les parallèles en lignes droites, tandis qu'elles sont des courbes : et effectivement ces droites menées des points de divisions en degrés égaux de la circonférence de l'hémisphère terrestre, deviennent d'autant plus serrées les unes contres les autres, qu'elles sont plus éloignées du centre ; ce qui donne une fausse configuration aux terres et aux mers qui doivent être mises à leurs degrés respectifs de longitude et de latitude, et empêche d'y appliquer une échelle qui serve pour les distances de toutes les parties de la carte. Cette projection qu'on nomme orthographique ne pourroit être employée tout au plus que pour des portions de la zône torride, très-voisines de l'équateur. Or les pays connus de Ptolémée n'étant, pour la plus grande partie, situés que dans la zône boréale tempérée, depuis le tropique d'été jusqu'au cercle arctique, la courbure des méridiens et des parallèles y est trop forte, pour qu'ils y soient proportionnellement représentés par des lignes droites. Le mot symmétrie ne signifie donc pas ici proportion d'égalité ou de ressemblance, mais bien *commensurabilité*, c'est-à-dire susceptibilité d'une même mesure applicable, par exemple, à un méridien du globe naturel de la terre, et à un méridien du globe artificiel qui la représente : en sorte que si le premier est au second, dans le rapport de leurs rayons, ou comme 6370541 mètres à 1, un degré du méridien du gros globe terrestre, soit à un degré du méridien du petit globe, dans la même raison, cette raison ne pouvant pas exister sur une carte où l'on changeroit le méridien circulaire en une ligne droite, non-seulement il n'y auroit ni ressemblance ni égalité, mais il n'y auroit aucune proportionnalité ni la moindre possibilité d'y appliquer le mètre pour mesurer le quart du méridien du grand globe terrestre, réduit à une ligne droite qui lui seroit incommensurable, et moins encore un degré de ce quart du grand cercle. Il en est de même pour l'équateur et les parallèles. Je reviendrai sur cela dans une des notes suivantes, avec Régiomontan qui reproche au traducteur Angelo d'avoir rendu le grec συμμετρον de Ptolémée, par le latin *coæquale quum longè aliud sit* συμμετρον, *hoc est commensile, coæquale*, dit-il, puisque συμμετρον c'est-à-dire *commensurable*, et égal, sont bien différens : et il explique ainsi les mots προσαρμοσομεν αυτη κανονα συμμετρον και ορθον du chapitre XXIV : *non coæqualem lineam, quum ultra porrigi debeat, sed lineam commensuralem, hoc est iisdem aut æqualibus distinctam particulis*, non égale, puisqu'elle doit être prolongée au delà, mais de mesure proportionnée, et divisée en petites parties, les mêmes ou égales *.

L'expression, incommensurabilité de la carte géographique de Marin de Tyr, au titre du 20e chapitre, signifie donc défaut de proportion de cette carte avec la surface terrestre, dans ses dimensions de longitude et de latitude, « car il réduisoit sur le parallèle de Rhodes, dit M. Gosselin, le degré de longitude pris sur le grand cercle, dans la proportion de 93 à 115. Ainsi les méridiens tracés sur sa carte se trouvoient plus rapprochés entre eux, que ne l'étoient les parallèles... Les distances prises au nord du parallèle de Rhodes continuoient donc d'être trop grandes en longitude, et celles qui étoient prises au midi devenoient trop petites, de manière que la graduation ne répondoit plus au nombre des stades qu'il comptoit lui-même entre un lieu et un autre. »

Géograph. anal. des Grecs.

* La méthode la plus exacte que nous ayons, aujourd'hui même, pour connoître les longitudes géographiques, ou les différences des méridiens, est certainement celle des éclipses de soleil ou d'étoiles par la lune; le seul inconvénient est la longueur des calculs qu'elle exige, mais cela n'empêche pas que nous n'en fassions un usage continuel.

Lorsqu'on a observé le commencement et la fin d'une éclipse de soleil, l'immersion et l'émersion d'une étoile cachée par la lune, ou celle d'une planète, il faut en déduire le temps de la conjonction vraie; et quand on a le temps de la même conjonction pour chacun des deux pays, la différence des temps est évidemment celle des méridiens : cette méthode est la plus directe, la plus élégante et la plus sûre, et je ne pense pas même qu'on en doive employer d'autre.

LALANDE, astronomie, L. X. T. 2. p. 555.

Le célèbre astronome Delambre nous donne dans le passage suivant de son astronomie abrégée, un exemple de ces méthodes employées par Ptolémée, et de leur correction par les modernes :

« Les anciens qui n'avoient que les éclipses de lune pour déterminer les longitudes terrestres, pouvoient aisément s'y tromper de deux degrés et plus, car 2 degrés ne font que 8 minutes de temps ; et quand ils auroient eu le temps vrai à la minute, ce qui ne pouvoit arriver que par hasard, il étoit très facile que les deux observateurs qui voyoient l'éclipse de deux lieux différens en longitude se trompassent de 4 minutes chacun en sens différent, et l'on voit en effet dans leurs tables géographiques des erreurs encore plus considérables. »

Chacun de ces phénomènes arrive au même instant physique pour tous les observateurs. Si l'un compte minuit, tandis que l'autre compte 6 heures du matin il en résulte que l'angle horaire de l'un diffère de 90 degrés de l'angle horaire de l'autre, et que l'angle au pôle entre les deux méridiens est de 90^d. Il n'y aura que 15 degrés, si la différence des temps n'est que d'une heure, et celui qui compte une heure de plus est à 15 degrés à l'orient de l'autre ; car il a vu le soleil à son méridien 1^h avant l'autre. Ce que Delambre dit ici des instants différemment comptés où le bord de l'ombre de la terre *atteint ou dépasse les diverses taches* que l'on observe sur le disque de la lune, Ptolémée le dit également des différentes heures où deux observateurs voient une éclipse commencer, durer et finir, pour en conclure la différence en longitude de leurs méridiens respectifs.

Bien loin de censurer, dans la géographie de Ptolémée, l'emploi des méthodes astronomiques, M. Gosselin s'exprime en ces termes sur leurs avantages ; en parlant de cet auteur, dans sa géographie analysée des Grecs :

« Ptolémée entreprit de donner à la géographie des principes purement astronomiques, et d'écarter de la science la combinaison des mesures toujours si incertaine. Marchant sur les traces d'Hipparque, il voulut que dorénavant les cartes fussent construites sur des bases sûres et invariables, susceptibles d'être connues et vérifiées par tous les peuples et dans tous les temps. »

Pag. 9. *l.* 8.

Σκιοθηρος εςι χημα πυραμιδος εκ τεσσαρων τριγωνων περιεχομενον, περιεςωντων ορθην γωνιαν των τριγωνων ; δι'ου λαμβανομεν την μεσημβριαν.

(*Note marg. Ed. d'Erasme.*)

Le Sciothère est une pyramide de forme quadrangulaire, composée de quatre triangles dont les vive-arrêtes montantes sont à angles droits, par laquelle nous prenons le midi.

En effet, chacun des triangles de cette pyramide dont la base est un carré, regardant par sa face extérieure un des quatre points cardinaux du monde, il étoit midi pour Alexandrie, quand l'ombre de la pyramide tomboit vers le nord, dans le plan du méridien de cette ville, sans aucune inclinaison vers l'est ni l'ouest, *quum instrumentum illud, Meteoroscopium scilicet, componatur ex armillis magnis, non umbra per ipsum, sed arcus circulorum magnorum qui in sphæra cœlesti intelliguntur, deprehendi solet; cujus duplex est utilitas, videlicet quemadmodum inveniatur situs lineæ meridianæ, et distantiæ locorum ad eamdem lineam meridianam habitudo.*

Joann. de Reg. min. annot. ad jai. angel. tranit.

Le météoroscope formé de grandes armilles, sert non à prendre les ombres, mais les arcs des grands cercles de la sphère céleste, tant pour trouver la ligne méridienne, que pour connoître le rapport de la distance des lieux à cette méridienne.

Pag. 11, *note en bas.*

Σφαιροειδης μεν ὁ κοσμος, le monde a la forme d'une sphère, dit Strabon, καὶ ὁ ουρανος ainsi que le ciel; ἡ ῥοπη δ'επὶ το μεσον των βαρεων, περι τουτο συνεςωσα ἡ γη σφαιροειδως, la chute des corps se fait vers le centre, autour duquel la terre est rassemblée sous la forme d'une sphère. » Ainsi donc chez les anciens le mot *sphéroïde*, σφαιροειδης, avoit la même signification que le mot *sphérique* ὑποκειθω δη σφαιροειδης ἡ γη, συν τῃ θαλαττῃ μιαν και την αυτην επι φανειαν εχουσα τοις πεγαγεσι.

Hoc ergo pro certo positum sit, terram globum esse cum mari, eamdemque obtinere cum altis maribus superficiem. L. 2.

Pag. 13.

Εὑροντες γαρ προς αλληλους των αςερων δια του μετεωροσκοπου ποσας μοιρας αφεςηκασιν, εξομεν καὶ εν ςαδιοις ποσόν αφεςηκασιν. Εν γαρ τοις δοθεισι τοποις γενομενοι, και λαδοντες τα κατα κορυφην δια του οργανου, εὑρησομεν καὶ εν τῃ γῃ, το αυτο διαςημα απεχοντες, ὁσον και ἡ ὑποκειμενη ἑκαςη μοιρα εχει τον ςαδιας μον, και ουκ εςι χρεια ποιειν τον λογον προσ τον περιμετρον της γης. Τουτο δὲ εςαι, εαν και μη επ' ευθειας και ιθυτενης ἡ ἡ ὁδος ἡ δοθεισα.

Car après avoir pris par le météoroscope la distance de deux astres en degrés, nous aurons cette distance en stades. En effet, étant dans les deux lieux donnés, et prenant par cet instrument le point vertical de chacun de ces lieux, nous trouverons en mesurant en stades leur distance sur la terre, le nombre de stades contenu dans chaque degré. Il n'est pas nécessaire d'en calculer le rapport à la circonférence terrestre, et cela sera juste quand même le chemin de l'un à l'autre de ces lieux, ne seroit ni en ligne droite ni dans la même direction.

Pag. 19. *l.* 15.

La latitude étant égale à la hauteur du pôle, il ne faut pas dans le grec lire ἰμὲε des manuscrits ni dans les versions latines 5500, mais seulement avec Erasme, ϛαδιοις πεντακοσιοις, 500 stades; car voici quel est le raisonnement de Ptolémée : la petite ourse ne commence à paroître tout entière au dessus de l'horizon qu'à 500 stades au nord d'Océlis, or Océlis est à $11\frac{2}{5}^{d}$ latitude nord; et l'étoile de l'extrémité de la queue est à $12\frac{2}{5}^{d}$ de distance du pôle; donc le zénith d'Océlis est à une distance du pôle moindre d'un degré, que la dernière étoile de la queue. Par conséquent après être avancé de 500 stades ou d'un degré vers le nord, on commence à voir la petite ourse entière.

Note p. 60.

Ptolémée prend ici et dans sa rose des vents, pour parallèle moyen de sa figure 1, le parallèle de Rhodes, à 36 degrés de latitude boréale; c'est effectivement le moyen entre l'équateur et le 72e degré nord, ce qui feroit croire qu'il a copié ici Hipparque de Rhodes qui avoit sans doute connoissance de Pythéas de Marseille, dont Strabon a dit tant de mal, il pourroit être que Ptolémée ait voulu ici regarder l'*Ultima Thule* de Virgile, comme étant le *Thulé* de Pythéas, mais Ptolémée abandonne bientôt le parallèle de Rhodes, pour lui préférer avec Eratosthène, celui de Syène.

Note p. 65, *l.* 18.

M. Delambre semble avoir négligé cette seconde construction, comme étant d'une démonstration inexacte et tout-à-fait inintelligible, car après avoir dit de la première, qu'un seul parallèle décrit par la règle tournant sur un point fixe, suffit pour tous les autres, il se contente pour la seconde, détablir les parallèles sur la proportion 1 : cosinus latitude : l'équateur : parallèle de cette latitude, en prenant le double de chaque cosinus, celui de l'équateur étant le rayon = 1.

Pag. 65.

$EB^2 = 29160000$, $+ EZ^2 = 2044900 = BZ^2 = 31204900$, $TZ^2 = 7801225'$ mais EZ : EB :: TZ : TG, ou bien 1430' : 5400' :: 2793,6 : x, ou aussi, $23\frac{5}{6}$: 90 :: $40\frac{5}{6}$: x, ou en,

Log.	3,44623
	3,73239
C.	6,84466
	4,02328

4,02328 = Log. 10550,7 = ZT, or $TH^2 + TZ^2 = ZH^2 = 119045648$, dont la racine est ZH = 10910' = 181^{d}, 50', nombre que Ptolémée énonce sans le démontrer, ni M. Delambre non plus, dans le dernier chapitre du livre 7.

Pag. 68. *l.* 18.

Régiomontan remarque qu'ici il n'est fait mention par Ptolémée que de quatre cercles ; savoir : de trois parallèles, dont deux terminent la terre habitée, et le 3e le parallèle moyen , et du méridien qui est la droite tracée au milieu de la figure et prolongée perpendiculairement aux grands côtés du rectangle, qui renferme cette figure ; il ajoute qu'aucun autre passage ne demande plus d'explication, et n'est plus susceptible d'une fausse interprétation à cause de son obscurité ; et avec Pirckheimer, que les mots νοουμενης κατα τον ισημερινὸν , sont intrus ; or il ne les à pas traduits car si nous prolongeons ici la droite δων comme dans la première figure l'arc θω sera en moindre rapport aux arcs ZS et KU, que celui qui convient dans cette projection, ce qui seroit en défaut dans tout l'arc θτ. Si nous faisons cet arc semblable à l'intervalle KZ de latitude, les arcs ZS et KU seront encore trop grands pour être semblables à KZ, comme est θτ. Mais si nous conservons les arcs ZS et KU commensurables et d'un même nombre de degrés que l'arc ZK, l'arc θω moindre que semblable à l'arc KZ, l'arc θτ, (est le seul qui sera en rapport avec l'arc ZK,). Régiomontan supprime, après ΘT, les mots qu'il regarde comme intrus , νοουμενης κατὰ τον ισημερινον ; mais Verner , changeant νοουμένης en νοουμενην, les rétablit comme nécessaires pour la comparaison de l'arc entier ΘT à l'arc semblable de l'équateur.

Note p. 68. *l.* 21.

Ce passage inintelligible dans le texte, me paroît signifier que dans la projection stéréographique d'une zône sphérique dont les parallèles extrêmes sont plus petits que le parallèle moyen, si l'on fait celui-ci égal à l'intervalle des latitudes de ces parallèles extrêmes, leurs degrés devront conserver entr'eux la proportionnalité qui existe entre les arcs d'un même nombre de degrés de ces trois parallèles comparés entr'eux, ou même entre leurs circonférences entières ; c'est ce que les géomètres modernes expriment par la raison des cosinus de latitude des divers parallèles, pour celle des degrés de longitude sur chacun des parallèles, et c'est ce que Ptolémée a voulu indiquer par l'arc ΘΩ pris sur le parallèle moyen ΘT ; car ce parallèle étant fait égal ou proportionnel à l'intervalle KZ de latitude, les degrés comptés sur l'arc ΘT seront égaux ou proportionnels à ceux de l'arc KZ ; et alors les degrés pris sur ΘΩ seroient trop petits ; mais si l'on fait ΘΩ proportionnel au cosinus de la latitude de 24 degrés, les degrés de longitude comptés sur ΘΩ doivent être plus grands que ceux des arcs KU, ZS, puisque ceux-ci sont des parallèles plus petits que le parallèle moyen ΘT ; ou bien, si l'on conserve les parallèles ZS, KU, égaux ou proportionnels à KZ, non seulement

ΘΩ, mais encore ΘT seront trop petits relativement à ZS, et à KU; et pour rétablir la vraie raison des degrés de l'arc ou du parallèle ΘT, aux degrés des arcs ZS et KU, il faudra étendre les degrés de latitude sous chacun de ces deux parallèles, en raison inverse du cosinus de la latitude de chacun, ce qui conduit à la méthode des latitudes croissantes de Mercator.

Mais comment ΘΩ pris sur ΘT rend-il plus grands qu'il ne convient les degrés des parallèles extrêmes qui sont plus petits que ΘT? c'est parceque la tangente de 24 degrés coupant l'arc ΘT, feroit de ΘΩ le parallèle moyen, y rendroit par-là les 90 degrés du quart de cercle ΘΩ plus petits chacun que les 90^{d} du quart de cercle ΘT sur lequel la droite OS est tangente.

Note p. 79. l. 13.

Ptolémée compare d'abord l'arc EO de l'obliquité de l'écliptique au quart de cercle EA, et il assigne pour leur rapport celui de 4 à 15. En effet, il est de 24^{d} environ à 90^{d}; or $\frac{24}{90}$ est égal à $\frac{4}{15}$, en divisant 24 et 90, par 6, ensuite considérant que 4 est à 3, comme 15 est à 11, d'où $3 + 15 = 45$, et $4 + 11 = 44$ qui est presqu'égal à 45, moitié de 90, il en conclut que la moitié de EA est à OA comme 4 est à 3, et qu'ainsi OA est les $\frac{3}{4}$ de EA. Tout ce calcul n'est pas rigoureux mais il suffit en approximation. Si donc on exprime EA par 15, ou par 4, on exprimera OA par 11, ou par 3.

Hoc vocabulum συμμετρον *animadvertimus multiplici significatione distractum esse.* Συμμετρον *enim nunc commensile dicitur, cui apponitur* ασυμμετρον. *Nunc autem pro idoneo, vel competenti, aut pro congruo accipitur qua quidem significatione in præsentia usus est Ptolemæus, non interpretatur cum æqua dimensione.*

Verner à éludé la difficulté en traduisant συμμετραις par *symmetriis*, ce qui ne résout rien, et laisse tout dans l'obscurité.

Pirckheimer rend σύμμετρον par *commensuratam*, de même mesure; comme depuis lui, *Moletius*, *Villanovanus*, *Bertius*, *Leucho*, *Mumter* et les anciennes éditions qui disent indifféremment *coæquales* et *commensuratas*. La version italienne n'est pas plus claire que les autres, dans ce passage, qu'elle explique par les mots *misure*, et *commisuratione*.

La version latine imprimée sur parchemin à Venise en 1511, dit que EO est à EA comme 4 est à 20 environ, et qu'ainsi EA est $\frac{3}{4}$ du rayon de la terre. Ce qui ne peut pas être, car la raison de 4 : 20 n'est pas 3 : 4. Mais le grec ne parle pas de 20. Il dit seulement que EA : EO :: 4 : 3 donc EA $= \frac{4}{3}$ EO, et EO $= \frac{3}{4}$ EA. La faute dans le grec est qu'il y a EO au lieu AO, suivant l'analogie ci-dessus énoncée, ainsi EO $= \frac{1}{4}$ EA, donc sur le plan, l'arc du quart de cercle étant représenté par EA $=$ rayon $= 1$, l'arc EO sera représenté par $\frac{1}{4}$, et l'arc AO par $\frac{3}{4}$ c'est pourquoi la conclusion du texte grec EA $= \frac{3}{4}$ du rayon est mauvaise; il faut AO $= \frac{3}{4}$ du rayon.

La plus grande déclinaison du soleil est $= 23^d, 51' 10''$, suivant Ptolemée, ou environ 24^d, donc l'arc d'obliquité de l'écliptique est au quart de cercle, dans la raison de 24 à 90, ou de 4 à 15, or $90 - 24 = 66$, et $15 - 4 = 11$, donc selon Euclide, $24 : 90 - 24 :: 4 : 15 - 4 :: 4 : 11$. Donc $66 : 90 :: 11 : 15 : 12 : 16 :: 3 : 4$, donc le restant du quart de cercle, quand on en a retranché l'arc de déclinaison, de l'écliptique est au quart de cercle, comme 3 est à 4. Donc AO est à EA, comme 3 à 4, donc $AO = \frac{3}{4}$ EA.

On a déprimé Ptolemée pour sa géographie, comme on a méconnu les services que son astronomie a rendus aux astronomes des temps modernes, l'erreur que son Almageste a propagée sur le véritable système du monde, a fait oublier les vérités qu'elle contient, et qui ont été la base de la perfection acquise depuis à l'astronomie moderne, il en est ainsi de tous les savans des premiers temps. On méprise les anciens dont les leçons ont ouvert la carrière qui seroit encore fermée sans leurs premiers efforts.

Cette Géographie est donc purement mathématique; unique dans son genre chez les anciens, elle ne peut être attribuée qu'à Ptolemée qui l'annonce, qui l'exécute et qui nous la transmet bien différente de celle de Strabon qui n'est qu'historique et variée de plusieurs accessoires qui la rendent plus agréable sans doute, mais moins exacte que celle de Ptolemée, celle-ci entre dans la nature de cette science, que l'autre ne fait qu'effleurer.

On sent combien de telles images de la face du monde, fruits de l'imagination qui supposoit que la terre pouvoit être figurée plate, étoient très-infidèles. Nous en avons un exemple dans la table dite de Peutinger. Ce n'est qu'une carte plate et informe des grands chemins de l'Empire, dressée sans aucune règle géométrique, sous le règne de Théodose le jeune.

Les Vénitiens et les Génois qui furent les seuls navigateurs de l'Europe dans le moyen âge, auroient pu apporter quelqu'accroissement à la géographie. Mais leurs voyages se bornoient aux côtes de la méditerranée; et leur jalousie mutuelle les empêchoit de rien publier de leurs découvertes ou de leurs observations.

Il fallut que Christophe Colomb vînt nous donner un nouveau monde, et depuis lors, on ajouta sans cesse à la géographie de Ptolemée, les nouvelles découvertes, à mesure qu'elles se faisoient; de là viennent tant d'éditions de cette géographie sans cesse et toujours augmentées de plus en plus, qui ont paru dans les seizième et dix-septième siècles. Et en effet, Hipparque, dit Strabon, me semble avoir été bien injuste envers Ératosthène en opposant ses raisons tirées de la géométrie, à la confusion qui règne dans la description Géographique de ce dernier, mais Strabon n'étoit pas géomètre, et cela seul absout Hipparque. Au reste ces critiques exercées sur les anciens par leurs successeurs, prouvent les progrès de la science, et montrent que les modernes doivent à leurs devanciers les premières connoissances qui, accrues des nouvelles découvertes, servent à les rectifier. Strabon de même ne rend pas la moindre justice à Pythéas, philosophe grec de Marseille, au 4e siècle avant l'ère chrétienne, il le traite de menteur, et il ajoute que ce qu'il dit de ses voyages n'est que fables et fictions. Cependant Géminus témoigne que la description de l'Océan par Pythéas contenoit une relation de son 1er voyage par mer depuis Gades jusqu'à Thulé, et le second nommé Périple par Arthémidor d'Éphèse et *Période* par le Scholiaste *d'Apollonius* de Rhodes rendoit compte d'un autre voyage nautique qu'il avoit fait le long des côtes de l'océan jusque dans la mer Baltique.

R. Bougainville, membre de l'Acad. des Inscrip. T. 1.

Cléomède plus juste que Strabon, dit expressément « *dans l'île Thulé, où l'on dit qu'alla Pythéas philosophe de Marseille, le jour solstitial d'été est de 24 heures, quand le soleil est dans le tropique du cancer, qui y paroît tout entier au dessus de l'horizon.*

Aristote dans ses météores dit que la zône habitée va jusqu'où la couronne d'Arianne paroît dans le cercle qui est polaire arctique. La claire de cette couronne dans le tropique d'été étant visible au 67e degré de latitude, ce tropique est comme le dit Cléomède, le cercle polaire arctique de Thulé. « Pythéas, ajoute Bougainville, est, de l'aveu des anciens, le premier qui ait pénétré à cette hauteur du pôle, le premier qui ait cru ces pays habités. Donc Aristote en composant son traité des météores connoissoit le voyage de Pythéas. » Donc Pythéas avoit récemment fait ce voyage jusqu'en Norwège. » Pythéas, cultiva l'astronomie, seule capable de donner à la géographie, cette précision qui la met au nombre des sciences, et de rendre la navigation plus parfaite et plus sûre. La plus célèbre des observations de Pythéas, est celle qu'il fit à Marseille, pour déterminer la latitude de cette ville, en comparant l'ombre d'un gnomon à sa hauteur au temps du solstice : comme le rapporte Strabon dans son second livre, comparaison de laquelle Eratosthène et Hipparque conclurent que la distance de Marseille à l'équateur étoit de 43[d] 17′. Cette observation a été vérifiée par Gassendi, par le P. Feuillée, par M. Cassini ; et ce dernier remarque que si l'on en savoit exactement les circonstances, elle serviroit à décider la célèbre question du changement de l'obliquité de l'écliptique.

« Eratosthène et Hipparque avoient suivi les mesures de Pythéas pour déterminer les latitudes de l'Espagne, de la Gaule et de l'île Britannique ; et la justesse de leurs déterminations vérifiées presque toutes dans la suite, nous mon-

* Αγνωμονειν δη δοξειεν ανο Ιππαρχος προς την τοιαυτην ὁλοσχερειαν γεωμετρικῶς αντιλεγειν. Strab. liv. II.

tre quelle devoit être l'exactitude des observations de Pythéas. Strabon, qui se déchaîne en toute occasion contre ce voyageur, reproche aux deux astronomes la confiance qu'ils ont eue dans ses relations, et prétend réformer leurs latitudes. Mais la fausseté visible de celle qu'il y substitue suffit pour le réfuter. Je n'en citerai que deux exemples, le premier est la situation qu'il donne à l'île d'Hierne, aujourd'hui l'Irlande; il la place au nord de l'île Britannique, dont la partie septentrionale est dans son système sous le 52° degré, c'est-à-dire plus avancée d'environ 6 degrés vers le midi, qu'elle ne l'est réellement; il avance qu'Hierne est presqu'inhabitable, à cause de la rigueur du froid; et il y place les bornes septentrionales de l'univers. Le second exemple est la communication qu'il imagine entre la mer Caspienne et la mer du nord, quoiqu'Hérodote eût formellement assuré que la première est un bassin exactement fermé de toutes parts et sans aucune issue apparente; et que ce sentiment eût été suivi par Aristote. »

Bongainville prouve ensuite, contre Polybe que Pythéas étoit envoyé par la ville de Marseille, république marchande, qui l'avoit chargé de faire des découvertes pour l'avantage de son commerce, tant sur les côtes de l'océan, que dans la mer Baltique où les navigateurs Marseillois alloient chercher du succin, ou ambre jaune, comme les Tyriens de l'étain aux îles Cassitérides (Scilly).

Ptolemée étoit mieux instruit par Pythéas de la vraie situation des lieux et de leur état, qu'il ne l'eût été par Strabon; puisqu'il a évité entr'autres les deux fautes reprochées à celui-ci par Bougainville, car il place la côte méridionale d'Hierne au 60° degré de latitude nord, et il représente sur sa mappemonde la mer Caspienne comme un grand lac partout entouré des terres. C'est donc avec raison, que le savant jésuite Riccioli l'appelle *geographiæ princeps.*

Ptolemée, pour décrire les méridiens et les parallèles, veut qu'en chaque carte particulière, on proportionne les degrés de longitude à ceux de latitude, en raison de la grandeur du parallèle moyen de la carte, à celle du méridien ou grand cercle, et que tous les méridiens soient parallèles entre eux, mais par cette méthode, les parties extrêmes de la carte qui sont voisines du pôle, s'étendroient plus en longitude, que sur la sphère et au contraire les plus australes jusqu'à l'équateur seroient trop peu étendues.

Mercator, pour rétablir le rapport mutuel des méridiens et des parallèles à l'égard les uns des autres, divise la grandeur donnée en latitude, sur le méridien en autant de degrés que cette latitude en contient; et par les nombres donnés à chacun de ces degrés, il décrit des parallèles, puis il divise le nombre des degrés de la latitude en quatre parties égales, et il prend deux parallèles l'un plus boreal moindre d'un quart, l'autre plus austral plus grand d'un quart, en sorte que la moitié des degrés de toute la latitude, se trouve comprise entre ces deux parallèles. Après quoi il trace le méridien du milieu de la carte, perpendiculairement à tous les parallèles, et depuis ce méridien il marque par le compas sur chaque parallèle, de part et d'autre, ses degrés de longitude suivant la raison du parallèle au méridien, et enfin par les points ainsi marqués sur chaque parallèle, il trace des méridiens qui de chaque côté s'inclineront plus ou moins sur le méridien du milieu, selon que la latitude de la carte sera plus proche du pôle ou de l'équateur.

Par exemple, dans la dixième carte de l'Europe, où les degrés extrêmes de latitude sont les 34° et 42 ½, et la largeur entière de 8 ½ degrés de latitude, il prend les parallèles 36 et 4 de la carte mitoyenne, et par le méridien mitoyen de la carte, lequel est celui du 56° degré de longitude, compté du méridien des îles fortunées, il pose une pointe du compas, ouvert de trois ou quatre degrés, suivant le rapport du parallèle de 40 degrés au méridien, sur l'intersection de ce parallèle et de ce méridien mitoyen, puis faisant tourner le compas, il marque par l'autre pointe les degrés de longitude sur ce parallèle; il agit de même sur l'autre parallèle 36, suivant son rapport au méridien; et ces deux parallèles étant ainsi divisés, depuis le méridien du milieu, il fait passer les autres méridiens par les points marqués sur ces deux parallèles et les parallèles intérieurs à égales distances entre ces deux; le parallèle moyen de la carte se trouve ainsi partagé en degrés de longitude, proportionnellement à ses analogues divisions sur la sphère, à très peu-près. Soit le quart du méridien ABD, divisé en 90 degrés, dont le centre est en D, centre de la sphère et projection du pôle du monde, soit *AD*, commune section du méridien et de l'équateur; DB la moitié de l'axe, du globe terrestre, soit sur ce quart de cercle, le point au 40° degré de latitude, et menons le rayon *CD*. Ouvrant le compas de trois ou quatre degrés de latitude de moins que la longueur du rayon, j'appuie une des pointes sur le centre D, et je porte l'autre sur la ligne GD, et au point où celle-ci tombe, comme en E, celle-ci y étant fixe je rapproche la première jusqu'à ce qu'elle touche la ligne *BD* sans la couper, c'est-à-dire en F où elle est perpendiculaire. Le compas ainsi resserré comprend autant de degrés à marquer sur le 40° parallèle, qu'il y en a eu de supprimés de la latitude; ensuite ouvrant le compas de 3 ou 4 de latitude que je prends sur la ligne *GD* qui coupe le parallèle de 36 degrés, et là resserrant le compas jusqu'à ce que depuis le point H, l'autre pointe touche le rayon *BD*, j'ai la grandeur des degrés à marquer sur le 36° parallèle.

Les circonférences des cercles sont en raison de leurs diamètres ou rayons, donc le parallèle de 40 est au méridien *ACB*, comme *CK* est à *AD*, ou à *CD*. Or *EL* est à *ED*, comme *CK* à *CD*. Donc *EF* est à *ED*, comme *CK* à *CD*. Donc *ED* répondant à 3 degrés du méridien, *EF*, répond à 3^{d} de longitude sur le parallèle de 40^{d}: on démontre aussi que, de même sur le parallèle de 36 degrés *HI* répond à 3 degrés, et qu'ainsi le méridien de 36 degrés doit passer par *H*; comme celui de 40 degrés par *E*, ce sont les inclinaisons de ces méridiens sur le plan de méridien *ABD*, pour les méridiens dans lesquels il y a une grande différence de longitude, entre le plus boréal, et le plus austral tels les paralèlles de 40^{d}, et de 36 longitudes du parallèle de 40^{d}, et de celui de Rhodes. Mais quand cette différence est assez peu considérable, pour n'avoir pas besoin d'incliner les méridiens, on prend le parallèle moyen pour déterminer les distances des méridiens, et les degrés parties de longitude, et on fait les méridiens parallèles.

On déplace aussi quelquefois le méridien moyen, du milieu de la carte; et l'on trace les parallèles, sur lesquels on compte les longitudes, à des distances qui croissent inégalement du milieu en haut et en bas, à cause que la plus grande partie des pays y sont contenus, ne répond pas au milieu, et qu'elle doit pourtant être coupée en son milieu par le point du milieu du méridien qui est aussi le milieu de l'intervalle des parallèles extrêmes, afin que la défectuosité qui provient de l'inclinaison des méridiens, dans la circonférence extrême, soit plus éloignée de la plus forte partie de cette construction.

Mercator ajoute qu'il a donné dans chaque carte particulière, en proportion des parallèles et du méridien de laquelle les autres méridiens doivent être établis et inclinés, un petit tableau qui fera connoître, à ceux qui le consulteront, la symmétrie ou proportionnalité de chacune, et la raison convenable sur laquelle est fondée la construction graphique.

Bezout, dans son traité de navigation, a développé et démontré cette construction pour les cartes marines et géographiques.

Soit le cône *EAF* pénétrant la sphère *FHAOF*, le plan de la section par l'axe de ce cône, fera un triangle EAF semblable au triangle *BAC* du plan de la portion *BAC* de la section de ce même cône. Car l'angle F inscrit est mesuré par l'arc $\frac{EHA}{2}$, l'angle *ABC* excentrique par $\frac{AO}{2}\ \frac{HE}{2} = \frac{AHA}{2}$, et les angles *E* et *C* des triangles *EAF* et BAC sont droits, or B est subcontraire ou anti-parallèle à F qui lui est égal, ainsi que *E* à *C*, mais *EF* est le diamètre d'un cercle, car la section faite dans la sphère par le cône pénétrant est circulaire puisque le cône traverse la surface sphérique en passant par des points de cette surface tous également éloignés du centre de la sphère, donc tous les diamètres de cette section sont égaux entr'eux, donc ils sont les diamètres d'un cercle; donc cette section est un cercle.

BC est aussi le diamètre d'un cercle, car *BAC* est le tiers d'un cylindre de même base et de même hauteur, donc *BC* est le diamètre d'une base circulrire; donc la section faite dans le plan de l'équateur par la base dont *BC* est le diamètre, est un cercle.

Donc généralement les sections faites dans le cercle par des plans triangulaires dont les angles égaux sur la base sont anti-parallèles sont des cercles et par conséquent les sections faites dans la sphère par des cônes dont les plans par la section de l'axe forment des triangles subcontraires, sont des cercles.

2° Tous ces cercles se coupent à angles droits sur le plan de projection, comme sur la sphère du méridien qui passe par le centre C de la figure, se confond à la vue avec la demi-circonférence antérieure de ce méridien, qui forme des angles droits sur la convexité de la sphère, comme le diamètre en forme au centre et parce que tous les méridiens sont perpendiculaires sur le plan de l'équateur, tous aussi, tels que ABE sont coupés à angles droits par tous les cercles parallèles.

Pour projeter l'hémisphère BKZ sur le plan MF, je suppose la sphère transparente ABKZA inscrite dans le cylindre transparent SREG de même hauteur que l'axe de la sphère, et de même base que son grand cercle.

Si l'œil étoit élevé à une distance infinie au dessus de la sphère, les degrés de chaque demi-cercle de l'hémisphère BKZ seroient marqués sur le plan de projection par les rayons visuels parallèles, comme les côtés, du cylindre, et couperoient le quart de cercle en degrés d'autant plus petits qu'ils seroient plus éloignés du point de contact K. Car le sinus de 30 degrés comptés du point B étant égal à la moitié du rayon, son cosinus est le sinus de 60 degrés et son sinus verse égal à la projection de ses 30 degrés sur le plan, est moindre que le tiers de ce cosinus ou sinus des 60^{d} comptés du point de contract K, et projection des 60 degrés restans du quart de cercle.

Au contraire si l'œil est en A à la surface de la sphère, les rayons visuels AL, AE, AK, projeteront les degrés en espaces d'autant plus grands qu'ils seront plus distans du point de contact K, car l'espace *LE* qui est la projection de l'arc BI, est égal à l'arc EK projection de l'arc EK double de BI l'arc BI : a donc ses degrés un espace égal à celui de la projection de l'arc IK, d'où il y a donc un point intermédiaire d'où les rayons visuels projettent les degrés en intervalles moins inégaux.

Pour trouver ce point menons le rayon du cercle CT au 45ᵉ degré, au milieu de l'arc TB du quart de cercle; et OTD tangente en T est perpendiculaire à l'extrémité du rayon CT.

Dans cette construction comparons l'angle *FAK* inscrit à l'angle *DOK* circonscrit étant censé faire les mêmes opérations sur tous les autres méridiens de la sphère, dont *BZ* est l'équateur.

L'angle inscrit FAK $= \frac{135}{2}{}^{d} = 67\frac{1}{2}$ degrés.

L'angle circonscrit DOK $= 45$ degrés $= 67\frac{1}{2}\ 22\frac{1}{2}{}^{d}$ or l'angle FAK $=$ les angles OTA $+$ TOA $=$ FTD $+$ DOK donc l'angle FAK $=$ FTD $+ 45 =$ OTA $+ 45^{d}$ et puisque FAK $= \frac{135}{2}{}^{d} = 67\frac{1}{2}{}^{d}$ on aura FTD $=$ OTA $= 67\frac{1}{2}{}^{d} - 45^{d} = 22\frac{1}{2}$, etc.

Quoique dans tout triangle les côtés opposés aux angles ne soient pas dans le rapport de ces angles, néanmoins les plus grands côtés sont toujours opposés aux plus grands angles, et réciproquement : l'angle *DOK* embrasse le même arc TBK que l'angle FAK.

Donc le même arc TBK est projeté sur la droite *DK* moindre que la droite *FK* qui est la projection du même arc TBK.

Cherchons maintenant la quantité dont l'œil doit être élevé au dessus de la sphère, pour diminuer la différence de projection des degrés d'un arc sur un plan, et d'abord comparons les triangles ETD, OTA, pour avoir les rapports approchés de leurs côtés.

L'angle $DOK = TOA = 45^{d}$.

L'angle $FAK = 22\frac{1}{2}$.

Donc l'angle *FAK* est la moitié de l'angle DOK, donc le côté *FK* opposé à l'angle *FAK* est moins que la moitié du côté *DK* opposé à l'angle *DAK*, donc en élevant l'œil, de la quantité *OA*, l'arc *TBK* se projette en une ligne droite qui est d'environ les $\frac{2}{3}$ de celle qui est la projection du même arc quand l'œil est en *A*.

Voyons quelle est la valeur de *OA*.

TO est la tangente de 45 degrés égale au rayon *CT*, donc le triangle *CTO* est isocéle et rectangle. Si l'on fait le rayon $= 10$ son carré est 100, l'hypothénuse *CO* sera $= \sqrt{200}$, et en logarithmes $= \frac{1}{2}$ l. $200 = \frac{2301030}{2} = 1,150515$ $=$ l. 14. donc *CA* étant 10, *OA* est 4 qui est à 10, comme 2 à 5 ainsi le prolongement du rayon est les $\frac{2}{5}$ du rayon, donc l'œil doit être élevée au dessus de la sphère des deux cinquièmes du rayon, pour que les espaces des projections des degrés de la sphère sur un plan, deviennent à-peu-près égaux entr'eux.

Si donc le rayon étoit partagé en 100 parties égales, l'œil devroit être élevé de 40 de ces parties au dessus de la sphère, pour rendre les intervalles des projections des degrés à très-peu près égaux entr'eux.

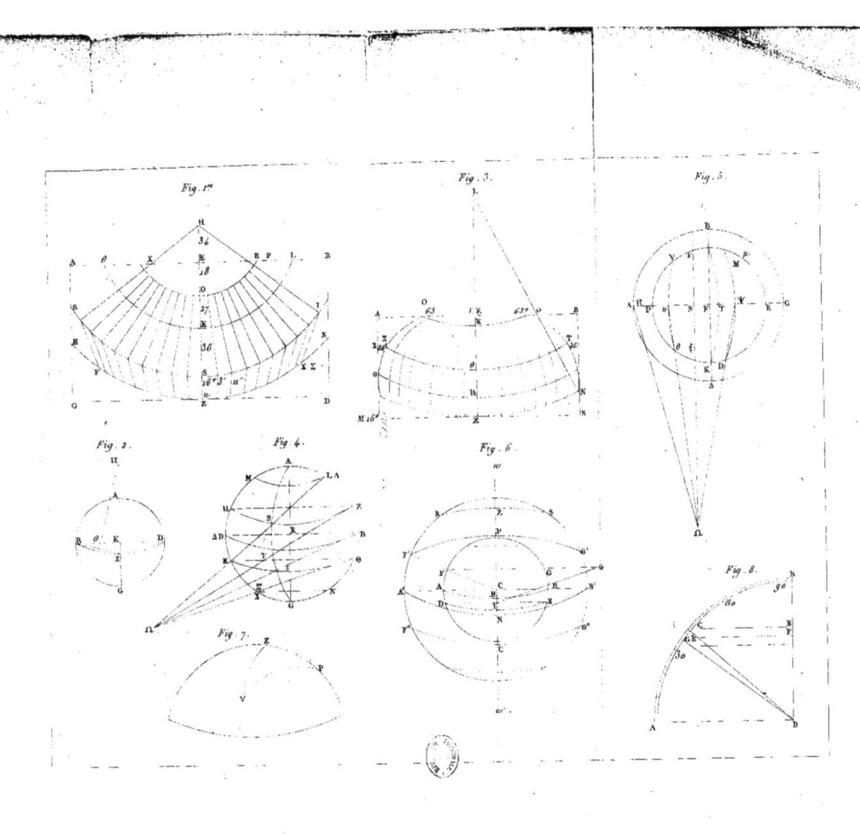
Fig. 1re
Fig. 2.
Fig. 3.
Fig. 4.
Fig. 5.
Fig. 6.
Fig. 7.
Fig. 8.

www.ingramcontent.com/pod-product-compliance
Ingram Content Group UK Ltd.
Pitfield, Milton Keynes, MK11 3LW, UK
UKHW020213250726
13967UKWH00003B/1434

9 782013 072021